HAR
NACK

Ulrich Gruber

IN DEN TÄLERN DES NEPAL-HIMALAYA

Wanderungen und Begegnungen

HARNACK

Frontispiz:
Die Gebetsfahnen bei Pangpotsche senden ihre frommen Worte zum heiligen Berg Amadablam hinüber.

CIP-Kurztitelaufnahme der Deutschen Bibliothek
Gruber, Ulrich:
In den Tälern des Nepal-Himalaya: Wanderungen u. Begegnungen ; e. Reisebegleiter / Ulrich Gruber. – München : Harnack, 1985.
ISBN 3-88966-014-2

Umschlaggestaltung: Manfred Limmroth
Produktion: Bettina Best, München
Gesamtherstellung: Druckerei Ernst Uhl, Radolfzell
Printed in Germany
ISBN 3-88966-014-2

Inhalt

Vorwort

Wohl jeder junge Mensch, der sich an den Reise- und Bergabenteuern Sven Hedins, Wilhelm Filchners oder Sir Edmund Hillarys begeistert, träumt von eigenen Expeditionen zu den höchsten Bergen der Erde. Für mich ging ein solcher Jugendtraum in Erfüllung, als an einem Dezembertag im Jahr 1960 die Düsenmaschine der KLM vom Züricher Flugplatz Kloten abhob, um mich in die indische Hauptstadt New Delhi zu fliegen. Von dort sollte es mit der Indian Airlines nach Kathmandu im Himalayakönigreich Nepal weitergehen.

Als junger Zoologe gehörte ich damals zum Wissenschaftleraufgebot des Forschungsunternehmens Nepal Himalaya, das unter der Gesamtleitung des inzwischen verstorbenen Prof. Dr. Walter Hellmich stand und von der Fritz Thyssen-Stiftung finanziert wurde. Es gehörten zu dem Unternehmen: Kartographen, Zoologen, Botaniker, Geologen, Geographen, Ethnologen, Anthropologen und Ärzte. Die wissenschaftlichen Ergebnisse sind in der Schriftenreihe »Khumbu Himal« (Herausgeber Prof. Dr. Walter Hellmich, Universitätsverlag Wagner, Innsbruck) veröffentlicht worden. Späterhin habe ich viele weitere Reisen nach Nepal unternommen, teils als selbstorganisierte Forschungsreisen, teils als Reiseleiter mit Wandergruppen und teils als private Urlaubsreisen.

Ich will in dem vorliegenden Buch in erster Linie von meinen persönlichen Erlebnissen und Begegnungen berichten. Ich habe dies bereits in dem 1970 erstmals veröffentlichten Buch »Pagoden, Yaks und Lamaklöster« getan, aber hier ist nun ein ganz neuer Band entstanden. Im Kern enthält er zwar noch den alten Text, jedoch wurde dieser grundlegend überarbeitet ergänzt und erweitert sowie mit neuen Kapiteln versehen. Meine erste Reise, im Rahmen des Forschungsunternehmens Nepal Himalaya, führte mich mit vier Expeditionen von Kathmandu aus in das Landesinnere. Eine weitere Forschungsexpedition unternahm ich 1973, zusammen mit einigen Kollegen von der Zoologischen Staatssammlung München. Wir widmeten uns dabei der Erforschung der in Zentralnepal lebenden Tierwelt im Gebiet südlich der Annapurna und im Kali

Gandaki-Tal. In der Zeit vor und nach dieser Expedition, bis zur Drucklegung dieses Buches, war ich mit Reisegruppen, mit Freunden und mit meiner Familie im Langtang-Tal, an den Gosainkund-Seen, auf dem großen Wanderweg rund um die Annapurna und wiederum in Ostnepal unterwegs. Neben den Wanderungen durch das Bergland blieb immer genügend Zeit, sich im Kathmandutal mit seinen Kulturschätzen umzusehen; unvergeßlich bleibt für mich die Pilgerfahrt nach Lumbini im Terai.

Daß meine Wanderungen in dem Bergland Nepals erfolgreich und harmonisch verliefen, habe ich der Hilfe, der Förderung und dem Verständnis vieler, mir verbundener Menschen zu verdanken. Allen voran danke ich den Bewohnern Nepals, an ihrer Spitze Ihren Majestäten König Mahendra Bir Bikram Shah Deva und König Birendra Bir Bikram Shah Deva. Ich danke den verständnisvollen und entgegenkommenden Beamten der Regierung Seiner Majestät von Nepal, den leitenden Herren der Tribhuban Universität, den vielen Frauen und Männern des öffentlichen Lebens, die mir begegneten und meinen persönlichen Freunden: Herrn Rinji D. Lama, Herrn G. B. Kalikote Herrn Shashi R. Bhandari und Herrn Prof. Mukunda R. Aryal, alle vier aus Kathmandu, dem inzwischen verstorbenen Rinji Lama von Junbesi mit seinen beiden Söhnen, dem Abt von Bigu, Netra Bahadur Tschetri in Bigu Kola, den Bewohnern der Bergbauernhöfe, in deren Häusern ich Gast sein durfte, schließlich meinen treuen Trägern und Sherpas, die in meinen Erzählungen eine wichtige Rolle spielen.

Dank sage ich aber auch meinen Schweizer Freunden, zu denen in erster Linie die Himalaya-Käser Josef Dubach und Hans Fröhlich, sowie viele Mitglieder der Schweizer Entwicklungshilfe in Nepal gehören. Ich danke meinem verehrten Doktorvater Prof. Dr. H. Kahmann für das Verständnis gegenüber seinem eigenwilligen Schüler und meinen Kollegen von der Zoologischen Staatssammlung München für die hilfsbereite Zusammenarbeit während unserer gemeinsamen Forschungen zwischen Annapurna und Dhaulagiri. Dank gebührt auch dem verstorbenen Leiter des Forschungsunternehmens Nepal Himalaya, Prof. Dr. Walter Hellmich, und Herrn Diplomingenieur Erwin Schneider für ihre Förderung und Unterstützung. Schließlich möchte ich meinen Dank an den verstorbenen Konsul von Nepal in München, Herrn Günter Hauser, richten, der mir durch die Reiseleitungen in seinem Unternehmen auf großzügige Weise viele Reisen ermöglichte.

Meine ganz besondere Dankbarkeit aber gebührt meinen geduldigen Eltern und meiner Frau, deren Vertrauen und aufopfernde Hilfe wesentlichen Anteil an der Entstehung dieses Buches hatten.

Ulrich Gruber

Die erste Begegnung

Was nützen einem die Wunder des heiligen Himalaya, wenn man sie nicht sehen kann? Kaum hatte ich seit ein paar Stunden meinen Fuß auf den Boden des Königreiches Nepal gesetzt, da stach mich eine nepalesische Biene als Willkommensgruß in die Nasenwurzel. Mit verquollenen Augen liege ich in einem dunklen Zimmer bei europäischen Freunden und kühle mein brennendes Gesicht mit einem feuchten Tuch. Die ersten Wahrnehmungen in dem fremdartigen Land bleiben daher zunächst auf Nase und Ohr beschränkt: Geruch nach Holzfeuer dringt durch das offene Fenster, und von ferne hört man einen seltsam näselnden, monotonen Gesang.

Dank der Kunst der Apotheker hat eine Antihistaminsalbe meine Augenpartie bis zum nächsten Morgen wieder abschwellen lassen, und ich kann zu einem ersten Spaziergang in meine neue Umgebung aufbrechen. Ich trete vor das Haus meiner Freunde, und im selben Moment stürzt ein Nepalese mit breitem Lächeln auf mich zu. »Namastey, Sahib«, ruft er, »Taxi, Sahib.« Sein Arm weist einladend auf einen uralten Ford, Baujahr anno 1910, knallrot, ohne Fenster und mit einer Gummiballhupe an der Seite. Warum soll ich nicht meinen ersten Ausflug im Kathmandutal mit einer Taxifahrt beginnen? Vorsichtig lasse ich mich auf dem erhöhten Rücksitz nieder und versinke zwischen Seegraspolstern und zerbrochenen Sprungfedern. Der Chauffeur wirft mit einer Eisenkurbel den Motor an, der den Autoveteranen in ruckelnde Bewegung versetzt.

Wir erreichen einen Vorort von Kathmandu. Die Gassen wimmeln von lastentragenden Männern, blumengeschmückten Frauen, Kindern, heiligen Kühen und Hunden. Unser Auto folgt, trotz geringen Tempos, einem atemberaubenden Slalomkurs. Unentwegt hupend, vermeiden wir den Zusammenstoß mit zwei schwatzenden Männern, einem erschreckt gackernden Huhn und einem in der Sonne liegenden Hund nur knapp. Sobald wir an einem Tempel vorbeifahren, verneigt sich mein Fahrer und legt die Hände, ohne die Fahrt zu verlangsamen, vor der Stirn zum Gruß zusammen. Bekannte begrüßt er, indem er sich weit aus seinem Gefährt herauslehnt, ruft und gestikuliert. Es gibt unzählige Tempel für fromme Männer am Straßenrand, und mein Taxifahrer scheint mit der halben Stadt befreundet zu sein. Plötzlich rumpelt und poltert es. Das Auto neigt sich nach vorne, als ginge es in die Knie, und bleibt mit einem Ruck stehen. Der Chauffeur springt von seinem Sitz, reißt die Kühlerhaube auf und ist von einer dichten Dampfwolke eingehüllt. Im Nu sind wir von Passanten umringt, die in das Motorgehäuse starren und uns, nach ihren Gesten zu schließen, die widersprüchlichsten Ratschläge erteilen. Ich klettere von meinem Seegrasthron und stelle mich dazu.

»Da werden Sie Ihre Taxifahrt beenden müssen«, sagt eine Stimme in fließendem Englisch neben mir. Ein schlanker, dunkelhaariger Mann mit braunem Gesicht und mandelförmig geschnittenen Augen lächelt mich an. Er trägt die landesübliche Kleidung: lange, enge Hosen, darüberhängendes, hochgeschlossenes Hemd, Jakett und auf dem Kopf eine kleine, schwarze Kappe. »Das Auto wird in Reparatur müssen.« »Das macht nichts, ich wollte ohnehin nur eine kleine Spazierfahrt durch die Stadt unternehmen«, sage ich.

»Sind Sie Tourist? Sie scheinen noch nicht lange hier zu sein.«

»Nein. Ich bin Wissenschaftler und möchte auf einer Forschungsreise die Tiere, Pflanzen und Menschen Ihres Landes kennen lernen. Ich will möglichst weit in Nepal herumkommen, um recht viel zu sehen und zu erfahren.«

»Ein Forscher! Sie werden sicher viel mehr von unserem Land zu sehen bekommen, als die meisten von uns. Darf ich Sie ein wenig begleiten?«

Gern nehme ich die Gesellschaft des offensichtlich sprachgewandten, einheimischen Herrn an. Ich entlohne den Taxifahrer, der sich hocherfreut zeigt, daß er trotz des Mißgeschicks ein Honorar erhält, und wir schlendern durch ein weißes, überdachtes Steintor nach Kathmandu hinein.

Die Häuser rechts und links der Straße müssen in neuerer Zeit entstanden sein. Ihre Fassaden sind glatt, oft eintönig, ohne die künstlerische Eleganz der Holzschnitzereien an den alten Bauwerken. »Diese Straße heißt New Road, weil sie vor 26 Jahren neu gebaut werden mußte«, erklärt mein Begleiter. »1934 hat ein fürchterliches Erdbeben das Kathmandutal heimgesucht. Besonders schlimm traf es Kathmandu selber. Ganze Stadtteile sind in Trümmer gesunken, die Häuser waren ja nur aus Ziegeln und Holz gebaut. Tausende von Menschen sind ums Leben gekommen. Als man dann die Trümmer beseitigt hatte und an den Neuaufbau ging, tat man das im damals gerade modernen Stil. Das Ergebnis sehen Sie hier: Die Straße ist zwar breiter geworden, aber die neuen Häuser können sich mit der Schönheit der alten nicht messen.«

Wir biegen von der New Road ab, und schlagartig ändert sich das Stadtbild. Die Balken der roten Ziegelbauten sind mit kunstvollem Schnitzwerk verziert, ebenso Fenster- und Türstöcke. Wir schon vorher in der modernen Straße schiebt sich ein vielfarbiges Menschengewirr durch die Gassen. Die Läden stehen offen, Menschen drängen hinein und heraus. Neben einem Tempel kauern Obst- und Gemüseverkäufer vor ihren Ständen. Ein buntes Durcheinander von Mandarinen, Bananen, Tomaten, Rettichen, Blumenkohl und Zwiebeln türmt sich auf den Stellagen. Die goldene Spitze des Tempels blinkt in der Sonne. Männer und Frauen verrichten vor dem Schrein ihre Andacht. Da entsteht Unruhe und Geschrei an einem Gemüsestand. Ein dünner, vertrocknet aussehender Mann schwingt einen Knüppel in der Hand und jagt eine humpelnde Kuh von seinen Körben fort. Lässig springt sie zur Seite, und während ihr noch einige Salatblätter aus dem Maul hängen, steuert sie schon den nächsten Obststand an.

»Die heiligen Kühe, für den Hindu Symbol der Mütterlichkeit und des Friedens, sind nicht immer gern gesehene Gäste«, der junge Mann lacht. »Wenn man Salat, Spinat und Blumenkohl mühsam ziehen muß, schätzt man es nicht,

Im Kathmandutal ist Brennholz knapp. Deshalb werden die getrockneten Dungfladen der heiligen Kühe zum Brennen verwendet.

wenn jemand ohne zu zahlen sie auffrißt. Auch wenn dieser Jemand das als sein heiliges Vorrecht betrachtet.«

»Den vielen Kühen nach zu schließen muß es hier zahlreiche Hindus geben.«

»Gewiß! Aber auch viele Buddhisten. Um die christliche Zeitwende gehörten die Menschen des Kathmandutales sogar vorwiegend dem Buddhismus an. Buddha wurde etwa 500 vor der Zeitwende in Lumbini geboren, das im heutigen nepalesischen Terai nahe der indischen Grenze liegt. Zweihundertfünfzig Jahre später soll der sagenumwobene, indische Religionskönig Ashoka das Kathmandutal besucht haben; er war Buddhist. Man sagt, er habe die uralten Stupas drüben in der Stadt Patan errichten lassen. Der Hinduismus kam erst im 1. oder 2. Jahrhundert nach der christlichen Zeitwende mit den von Indien her einwandernden Licchhavi-Fürsten in unser Tal. Seitdem aber leben hier beide Religionen friedlich nebeneinander, durchringen und befruchten sich gegenseitig. Oben auf dem Hügel von Swayambunath, wo der berühmte große Stupa steht, können Sie sehen, wie Hindus vor einer Buddhastatue Blumenopfer ausbreiten und Buddhisten den Tempeln Shivas ihre Verehrung erweisen.«

»Gibt es keinen Haß untereinander, keinen Neid, keine Rivalität?«

»Nein! Wir sind stolz auf unsere religiöse Toleranz. Glaubensverfolgungen sind uns fremd und unverständlich.«

Wir wenden uns einem Tempel-Haus zu, das ganz aus Holz erbaut ist und sehr alt zu sein scheint. Ein wenig windschief steht es da, wie ein buckliger Greis. Seine Balkone und Balustraden, seine Tür- und Fensterstöcke sind mit einem Gewirr von Schnitzereien überzogen. Das Auge wandert von einer Figur zur anderen, von einem Ornament zum nächsten und findet nirgendwo Ruhe. Die Stimme meines Begleiters reißt mich aus meinen Betrachtungen.

»Dies hier ist das älteste Haus; es gab der ganzen Stadt den Namen, denn in der Newari-Sprache ihrer Bewohner heißt Kath Mandir – Holztempel. Bis zum 16. Jahrhundert hieß unsere Stadt Kantipur. Dann aber, so erzählt die Legende, wurde dieser Bau aus dem Holz eines einzigen Baumes zu Ehren eines Gottes errichtet und so entstand der Name Kathmandu. Doch lassen Sie uns jetzt diese Gasse hinuntergehen, sie führt zum großen Tempelbezirk neben dem alten Königsschloß.«

Ein enges Gäßchen nimmt uns auf. Alte Häuser stehen rechts und links, deren Holzbalken ebenfalls geschnitzt sind, wenngleich längst nicht so kunstvoll wie an dem Holztempel. Dicht drängen sich die Menschen über das unebene Straßenpflaster.

»Sicher gehören diese Leute den verschiedensten Stämmen an. Können Sie auf den ersten Blick die Angehörigen aller dieser Stämme auseinanderhalten?« frage ich, während wir uns durch das Menschengewühl schieben.

»Einem trainierten Auge und vor allem einem trainierten Ohr fällt das nicht schwer. Hier vor uns, die Männer mit den breiten, braunen Gesichtern und den schrägen Augen sind ihrer Sprache nach Tamangs. Dort drüben die zwei wild aussehenden Kerle mit den silberbeschlagenen Kukrimessern im Gürteltuch, das sind Mangars. Der Polizist mit dem Schnauzbärtchen neben jenem Laden müßte ein Gurung sein. Hier diese Mädchen mit den rotgesäumten Saris und den roten Bändern in den Zöpfen sind Newarimädchen aus dem Kathmandutal. Und dort auf den Stufen vor dem Tempelchen, die zwei Burschen mit den Filzstiefeln unter den knielangen Mänteln und die drei Frauen mit den buntgestreiften Wollschürzen, das sind Sherpas aus dem Osten.«

»Hören Sie auf, mir wird schwindelig! Sind das nun alles selbständige Gemeinschaften?«

»Mit eigenen Sitten und eigener Stammessprache, die vom Nachbarstamm schon nicht mehr verstanden wird. In Nepal leben mehr als 30 Stämme und Unterstämme. Sie können sich denken, wie wichtig da das Nepali als Landessprache ist, dem indischen Hindi verwandt und ursprünglich die Sprache der vornehmen Hindufamilien.«

»Mich interessieren vor allem die Sherpas.« Ich lasse die selbstbewußten Gestalten vor dem Tempel nicht aus den Augen, »ich möchte ihre Heimat besuchen, das Khumbugebiet am Fuße des Mt. Everest. Was wissen Sie über die Sherpas?«

»Ich bin selbst wenig im Lande herumgekommen und habe Sherpas nur in Kathmandu kennengelernt. Sie sind freundlich und höflich, und ihre Gastfreundschaft ist berühmt.«

Über unserem Gespräch habe ich kaum bemerkt, daß wir auf einen weiten Platz gelangt sind, der von zahllosen Tempeln und Schreinen gesäumt wird. Man wähnt sich plötzlich in dem Märchenland von Tausendundeinernacht. Wie Hügel und Berge wachsen die Tempeldächer übereinander in die Höhe. Ihre vergoldeten Spitzen scheinen die Wattewolken im blauen Himmel aufreißen zu wollen. Auf einem künstlichen Hügel aus Ziegelsteinen erhebt sich ein dreistufiger Pagodentempel weit über alle anderen. Über der golden schimmernden Tür ist eine Bronzeplatte mit vergoldeten Götter- und Dämonenfiguren angebracht. Die Stützbalken der Dächer zieren vielarmige, streng blickende Gottheiten. Von den Ecken der aufgebogenen Dachkanten hängen Wimpel aus Bronze.

»Was ist das für ein herrlicher Tempel?« frage ich meinen Führer.

»Es ist die Hauptpagode des alten Königspalastes, der Taleju-Tempel.«

»Welche Kraft steckt in diesem Bau, welche Harmonie in dieser Architektur. Begnadete Baumeister müssen das gewesen sein!«

»Die Newari des Kathmandutales waren schon seit alten Zeiten berühmte Künstler: Holzschnitzer, Bildhauer, Goldschmiede, Architekten, Maler. Sie waren weit über die Grenzen ihrer Heimat hinaus bekannt, arbeiteten in Sikkim, Buthan, Kashmir und Tibet. Ich will Ihnen als Beispiel die verbürgte Geschichte von Aniko erzählen, einem nepalesischen Künstler und Baumeister. Im 13. Jahrhundert christlicher Zeitrechnung berief Kubilai Khan, Enkel des Dschingis Khan und mächtiger Beherrscher Chinas und Innerasiens, eine nepalesische Künstlerdelegation nach Tibet, um dort eine goldene Pagode zu bauen. Chef dieser Gruppe war Aniko, ein damals etwa 27jähriger Künstler aus Kathmandu. Nach zwei Jahren war das Bauwerk vollendet und erregte durch seine Pracht derart große Bewunderung, daß Aniko an den Hof des kunstsinnigen Kubilai Khan gerufen wurde. Seine Bauten und Statuen, seine Silberarbeiten und Malereien waren das Erlesenste, was damals geschaffen wurde. Schließlich stieg er zum höchsten Direktor der Kaiserlichen Manufakturen auf und wurde eine der am meisten geachteten Persönlichkeiten am chinesischen Kaiserhof. Ein Sohn unseres Bergtales!«

»Heute würde man sagen, der Mann hat Karriere gemacht. Wie steht es denn jetzt mit der künstlerischen Begabung Ihrer Landsleute? Können sie immer noch Tempel und Schnitzwerke wie diese schaffen?«

»Leider ist das Kunsthandwerk im Schwinden begriffen. Es gibt nur noch vereinzelt alte Holzschnitzer, die solch kunstvolle Fenster, Türstöcke und Simse herstellen können, wie Sie sie dort drüben an dem großen Patrizierhaus sehen. Bronzeschmiede- und Malereikunst gehen zurück, die großen Lehrmeister sterben aus. Sehr bedauerlich. Aber auch bei uns tritt an die Stelle von Geduld und Sorgfalt die Technik. Es wäre höchste Zeit, daß wir uns wieder auf unsere Fähigkeiten besinnen, ehe es zu spät ist und das überkommene Wissen endgültig verloren geht.«

Wir wandern langsam um den Gebäudekomplex des alten Königspalastes. Auch hier wurden neue, weiß getünchte Häuserteile zwischen die ursprünglichen, roten Ziegelsteinmauern gesetzt, wohl immer noch eine Folge jenes großen Erdbebens in den dreißiger Jahren.

»Wird der Palast noch bewohnt? Ist er die Residenz des Königs?« nehme ich nach einer Weile die Unterhaltung wieder auf. »Nein. Heute überreichen hier nur die neu akkreditierten Botschafter ihre Beglaubigungsschreiben. Der König, Seine Majestät Mahendra Bir Bikram Shah Deva, muß eigens dazu mit großer Eskorte aus seinem neuen Palast vor den Toren der Stadt herüberfahren. Es ist früher viel Blut geflossen in diesen Räumen und Höfen, besonders, als die Adelsfamilie der Ranas ihre Vorherrschaft über Nepal mit dem jungen Jung Bahadur Rana begründete. Ihm fiel deshalb so leicht alle Macht zu, weil die damalige Königin einen großen Teil seiner Nebenbuhler bei einem Festessen hatte töten lassen. Doch kühn und mutig war dieser Mann, und politisches Geschick besaß er auch. Ihm ist es nicht zuletzt zu danken, daß sich Nepal gegenüber dem mächtigen Einfluß der englischen Kolonialregierung in Indien behauptete und niemals Kolonie wurde.«

»Die Ranas sind mir durchaus ein Begriff. Wenn ich nicht irre, herrschten sie über Nepal uneingeschränkt während der letzten hundert Jahre.«

»Das ist richtig. Seit Jung Bahadur Ranas Tagen stellte die Rana-Familie den Premierminister mit dem Titel Maharadscha. Er war mächtiger als der König, benutzte diesen nur als Marionette und besetzte alle Schlüsselpositionen in der Armee mit Mitgliedern seiner Familie. Das autokratische Verwaltungsprinzip, das zunächst ganz gut funktionierte, erstarrte schließlich, und 1951 war die Uhr für die Ranas abgelaufen. König Tribhuban, der Vater unseres heutigen Königs Mahendra, stürzte im Verein mit den gerade neu erstandenen nepalesischen Volksparteien den letzten Rana-Premier Mohan Shamsher Rana und übernahm die Regierungsgewalt. Nepals Weg in die moderne Zeit begann.«

»Die moderne Zeit muß aber schon früher angefangen haben, wenn ich an mein Taxi von heute morgen denke.«

»Spotten Sie nicht! Es ist gar nicht lange her, da mußten die Autos, als Ganzes oder zerlegt, auf Menschenrücken von Indien über die Vorberge nach Kathmandu getragen werden. Jetzt gibt es allerdings eine gut befahrbare Autostraße, den Tribhuban Rajpath, auf dem sogar eine regelmäßige Buslinie zur Eisenbahnstation Amlekhganj nahe der indischen Grenze verkehrt. Außerdem stellen die Chinesen gerade den Aniko-Highway fertig, die große Autostraße nach Norden über den hohen Himalaya, die Kathmandu mit Shigatse und Lhasa in Tibet verbindet. Die Straße wird für unsere Handelsbeziehungen mit Tibet und China sehr wichtig werden. Welch eine phantastische Vorstellung, daß man nun von Indien durch Nepal über den gewaltigen Himalaya hinweg und quer durch das wilde Hochland Tibet bis nach Peking mit dem Auto fahren kann!«

Während dieser motorisierten Zukunftsvision sind wir wieder in eine breitere Geschäftsstraße eingebogen. Die Läden sind zur Straße hin offen. In einem Lebensmittelgeschäft, das sich über die ganze Länge eines Hauses erstreckt, türmen sich die Waren, quellen geradezu aus den Regalen. Was es da alles zu kaufen gibt: Butter in Dosen, Schuhcreme, Konfitüren, Cornflakes, Bürsten, Plastikkämme, Zuckersäcke, feinsten Ceylontee, Milchpulver, Zahnpasta, Sonnenbrillen, Plumpuddingbüchsen, Gewürze, Sonnencreme – die Aufzählung würde kein Ende nehmen. Es amüsiert mich, an die Berichte von Expeditionen zu denken, die tonnenweise Lebensmittel von Europa nach Nepal schleppten.

Sie hätten viel Geld und Mühe sparen können, wenn sie von Läden wie diesem gewußt und sich in Kathmandu selbst verproviantiert hätten. Mir scheint dies der ideale Platz zu sein, um mich mit all den Dingen einzudecken, die für mein zukünftiges Wanderleben notwendig sind oder es versüßen sollen. Wir betreten das Geschäft, um uns ein wenig umzusehen. Bereitwillig zeigt der Besitzer seine Schätze, berät mich über Qualität und Haltbarkeit der Waren. Mein neuer Freund übersetzt, wenn das holprige Englisch des Kaufmanns stockt, und wir kommen überein, daß ich in den nächsten Tagen einen meiner Diener zum Einkauf schicken werde. Als wir den Laden wieder verlassen wollen, fällt mein Blick auf ein paar Bilder über den Regalen. Eines stellt König Mahendra dar, im Schmuck seines Staatsornates. Auf einem anderen gewahrt man die Königin Ratna Rajyeshwari Devi mit ihrem ernsten und klugen Gesicht. Ein drittes Bild aber hängt im Halbschatten. Es zeigt im Stil der indischen Miniaturen einen königlich gekleideten Mann im Halbprofil. Mit untergeschlagenen Beinen sitzt er auf einem Thronsessel, in der Hand eine Blüte haltend. Seine Oberlippe ziert ein geschwungener Schnauzbart, die gebogene Nase verleiht dem Gesicht Härte und Kühnheit. Den Kopf bedeckt ein diademgeschmückter Turban mit Pfauenfeder.

»Auch ein König Ihres Landes?« will ich von meinem Begleiter wissen. »Warum hängt er neben den Majestäten von heute?« »Das war König Prithvi Narayan Shah, der große Einiger Nepals. Wir sehen in ihm einen der bedeutendsten Herrscher in unserer geschichtlichen Vergangenheit. Er war ein gefürchteter und erfolgreicher Feldherr. Als unbekannter Regionalfürst, aus dem Städtchen Ghurka in Mittelnepal stammend, hat er im 18. Jahrhundert die zerstrittenen Teilkönigreiche des Kathmandutales erobert, sich zum König erklärt und mit seinen Eroberungszügen Nepal innerhalb seiner heutigen Grenzen geeint.«

»Kühn sieht er aus, aber auch grausam!«

»Große Eroberer müssen wohl so sein. Man erzählt, daß Prithvi Narayan Shah nach der Einnahme einer Stadt, die Widerstand leistete, allen männlichen Einwohnern Nasen und Ohren abschneiden ließ. Das Städtchen Kirtipur südwestlich von Kathmandu heißt deshalb heute noch scherzhaft »Naskatipur« – die Stadt der abgeschnittenen Nasen. Aber Prithvi Narayan war auch ein großmütiger Sieger. Wenn eine Stadt sich ihm ohne Widerstand ergab, gingen die Bewohner straffrei aus und wurden durch Privilegien belohnt.«

Wir sind inzwischen wieder vor die Stadt gelangt und schlendern über eine breite, von Bäumen gesäumte Teerstraße. Plötzlich öffnet sich an einem wei-

Als vergoldete Bronzefigur kniet König Bhupatindra Malla in betender Haltung vor seinem Palast in Badgaon.

ßen, palastähnlichen Gebäude ein Tor, und lärmend stürmt ein Schwarm von Schulkindern heraus. Wie alle Schulkinder dieser Erde freuen sie sich über das Ende des Unterrichts. Sie toben die Straße entlang, lachen, schreien und schnattern durcheinander, so daß man sein eigenes Wort nicht mehr versteht.

»Das ist eine der wichtigsten Hauptschulen in Kathmandu«, sagt der junge Nepalese und sieht der geräuschvollen Schar lächelnd nach. »Hier werden die Kinder der verschiedensten Stände, Berufe, Familien und Kasten unterrichtet. Eine wirklich demokratische Einrichtung in unserem jungen Staat. Es ist gar nicht lange her, da war so etwas keine Selbstverständlichkeit, da gab es Wissen und Bildung nur für die vornehmen Familien und einen Teil des gehobenen Bürgertums. Die Menge der Bauern, Lastenträger und Arbeiter jedoch konnte weder lesen noch schreiben.«

Ein Park mit mächtigen Bäumen nimmt uns auf. Angenehm umweht uns, in der Hitze des späten Vormittages, die schattige Kühle dieses Gartens. Ein breiter, mit Kies bestreuter Weg führt vor das Portal eines ehemaligen Palastes: Das Royal Hotel. Ich lade meinen neuen Freund zu einer kleinen Erfrischung in die Bar des Hotels ein. Mit schwarzer Farbe sind Yak- und Yetispuren auf die weiße Wand über der Bartüre gemalt, darüber steht in großen Buchstaben »Yak and Yeti«. Außer dieser Zeichnung erinnert hier nichts an die nahe, wilde Heimat der beiden Himalayawesen. Der junge Barkeeper unterscheidet sich in nichts von denjenigen irgendeines anderen modernen Hotels in Delhi, Rom oder London. Mit freundlichem Lächeln bringt er uns einen Whisky-Soda und zieht sich diskret hinter seinen Bartisch zurück. Es ist still, wir sind die einzigen Gäste zu dieser Tageszeit.

»Sie sagten, daß das einfache Volk von Nepal bis in die neueste Zeit hinein nicht lesen und schreiben konnte«, knüpfe ich das Gespräch wieder an, »gibt es heute noch viele Analphabeten?«

»Das ist eines unserer großen Probleme, vor allem auf dem Lande. In den Dörfern der abgelegenen Gebirgstäler war und ist Analphabetentum weit verbreitet. Aber seit Seine Majestät König Mahendra mit Klugheit und Geschick regiert, hat sich auch auf diesem Gebiet vieles geändert. Eines der vordringlichsten Programme seiner Regierung ist der Bau und die Einrichtung von Schulen, vor allem von Dorfschulen. Junge Lehrer werden aufs Land geschickt, man plant eine obligatorische Lehrzeit für alle frisch examinierten Studenten, neue Schulen sprießen wie Pilze aus dem Boden. Sie werden erstaunt sein: bald gibt es kaum mehr ein Dorf, kaum eine Talschaft, und sei sie noch so abgelegen, die nicht eine eigene Schule besitzt. Zwar sind die Räume oft primitiv und die Ausstattung mit Lehrmitteln ist meist armselig, aber beinahe jedes nepalesische Kind wird die Möglichkeit erhalten, Lesen und Schreiben zu lernen.«

»Zweifellos eine bewundernswerte Leistung für ein wirtschaftlich so schwach entwickeltes Land. Was stellen sich sonst noch für Probleme?«

»Vor allem die Unwegsamkeit unseres Landes. Sie wissen, daß man Nepal das Land ohne Straßen nennt. Echte Autostraßen gibt es, außer den schon erwähnten Verbindungen von Kathmandu nach Indien und Tibet, nur im flachen Kathmandutal und im Terrai an der indischen Grenze. Dort führen ein paar Stichstraßen von Indien durch die dichten Urwälder in einige nepalesische Grenzstädte. Der gesamte übrige Teil unseres Landes kann nur zu Fuß erreicht werden. Die Verkehrsadern sind schmale, steinige Fußpfade, oft zu steil für Reittiere. Der Verkehr läuft auf ihnen, im wahrsten Sinne des Wortes. Alle Waren müssen auf den Rücken von Menschen geschleppt werden. Heute noch. Sie werden das selbst erleben, wenn Sie auf Wanderschaft gehen. Wohin soll Ihr Weg führen?«

»Nach Osten. Ich hoffe, bis an den Fuß des Mt. Everest zu kommen, denn ich möchte gern einmal den höchsten Berg der Erde aus der Nähe sehen. Außerdem will ich die Tiere und Pflanzen des hohen Himalaya studieren. Die übliche Route also in das Solu-Khumbu-Gebiet mit Abstechern in die Seitentäler.«

»Dann kommen Sie gewiß durch den Ort Rishingo, er wird von Tamangs bewohnt. In der kleinen Gompa dort, dem Dorftempel, lebt ein junger Tamang-Lama, der als mehrfache Wiedergeburt eines frommen Mönchs verehrt wird. Ich bin selbst einmal nach Rishingo gekommen und kenne den jungen Mann. Würden Sie ihm einen Gruß von Lal Bahadur Kathga sagen?«

»Gern. Haben Sie sonst noch Aufträge für mich?«

»Nur noch einen Gruß, den ich Ihnen auftragen möchte. Sollten Sie einmal in das Tal von Bigu kommen, so könnten Sie einen guten Freund von mir besuchen. Er heißt Netra Bahadur und gehört zum Stamm der Tschetris. Er wohnt mit seiner Familie im Hause seiner Eltern, das wie eine von Bananenstauden und Mandarinenbüschen umgebene Burg auf einem Bergvorsprung hoch über dem Talgrund liegt. Wir sind zusammen in Kathmandu aufs College gegangen und haben später an der Tribhuban Universität, der bislang einzigen nepalesischen Universität, Literatur und Kunstgeschichte studiert. Mein Freund wird Sie mit offenen Armen aufnehmen, wenn Sie ihm von mir erzählen. Da er mit dem Abt des buddhistischen Klosters von Bigu befreundet ist – eine Wegstunde oberhalb seines Hauses –, kann er Sie dorthin empfehlen. Sie werden sicher noch ein paar Tage in Kathmandu bleiben?«

»Ja, ich muß mir noch meinen Proviant besorgen und auf das Visum warten, das mir erlaubt, die inneren Provinzen zu bereisen.«

»Dann werden Sie auch im Singha Durbar zu tun haben, dem Palast der 1800 Räume, in dem unsere Regierung untergebracht ist.«

»Die ganze Regierung in einem einzigen Gebäude?«

»Wir sind ein kleines und nicht sehr reiches Land. Der riesige Palast der vergangenen Rana-Maharadschas mit seiner Unzahl von Zimmern, seinen Repräsentationssälen und Gärten steht dicht vor der Hauptstadt. Er bietet sich als Sitz der Regierung geradezu an. Aber gewiß bleibt der Singha Durbar nicht die einzige Attraktion, die Sie im Kathmandutal besuchen werden. Versäumen Sie nicht, die buddhistischen Stupas von Swayambunath und Bodnath zu besichtigen und in die alte Königsstadt Badgaon zu fahren. Sie hat den traditionellen, nepalesischen Baustil am reinsten bewahrt.«

An der Tür zur Bar entsteht Unruhe. Eine amerikanische Reisegesellschaft will sich von ihrem Vormittagsausflug zu den Sehenswürdigkeiten des Kathmandutales erholen. Mein nepalesischer Gesprächspartner erhebt sich. »Verzeihen Sie bitte, aber es wird Zeit, daß ich zu meiner Familie zurückkehre. Ich wünsche Ihnen ein gutes Gelingen und daß Sie in unserem Lande finden mögen, was Sie suchen.«

Damit verbeugt er sich und legt die Handflächen zum Gruß zusammen. Ich tue das gleiche: »Seien Sie herzlich bedankt für die Führung und das Gespräch. Ich habe an diesem Vormittag in Ihrer Gesellschaft mehr gelernt, als allein in vielen Tagen. Darf ich Sie wiedersehen?«

»Vielleicht können wir nach Ihrer Rückkehr unsere Unterhaltung fortführen, und Sie erzählen mir, was Sie gesehen und erlebt haben.«

»Sehr gern. Aber wo kann ich Sie treffen? Wollen Sie mir einen Treffpunkt nennen oder Ihre Adresse geben?«

»Das ist nicht notwendig. Ich werde erfahren, wann Sie zurückgekehrt sind und Sie dann aufsuchen.«

Noch eine leichte Verbeugung, ein Lächeln, dann schließt sich die Tür hinter ihm.

Die Amerikaner erfüllen den Raum mit Lärm und Stimmengewirr. Mir ist jedoch nicht nach Unterhaltungen über Souvenirs und Taxipreise zumute, und so verlasse ich das Royal Hotel ebenfalls. Auf der Straße, die zu meiner Unterkunft nahe der Stadt Patan führt, bleibe ich stehen und schaue nach Norden. Mein Blick gleitet von der eisglitzernden Kulisse des Ganesh Himal und Langtang Himal hinüber zu den Solu-Bergen. Dorthin werde ich in ein paar Tagen aufbrechen. In den Tälern dort oben werde ich die kommenden Wochen und Monate fernab jeglicher westlicher Zivilisation verbringen. Voll Unruhe und Spannung stelle ich mir die Frage nach den Abenteuern und Erlebnissen, die mich am Fuß der hohen Berge erwarten.

Man schreibt das Jahr 1983. Ich bin seit dem ersten Gespräch in Kathmandu noch viele Male nach Nepal gereist, seit 1979 sogar alljährlich. Es hat sich seit jener Zeit manches verändert, aber diese Veränderungen sind überwiegend materieller Natur, betreffen das äußere Bild des Landes. Die Grundsubstanz, die Seele Nepals und seiner Menschen ist die gleiche geblieben. Mit gleicher Freundlichkeit begegnet man dem fremden Gast, mit gleicher Hilfsbereitschaft und Einsatzfreude begleiten die Sherpas die Reisenden aus den Industrieländern auf ihren Trekkingtouren, mit gleicher Gelassenheit betrachtet man die technischen und zivilisatorischen Neuerungen, und der Eindruck des urgewaltigen Hochgebirges ist noch ebenso atemberaubend, wir vor 23 Jahren. Dabei sei jedoch nicht verschwiegen, daß die Probleme des Landes größer geworden und daß neue hinzugekommen sind. Wir wollen einigen der Veränderungen nachgehen, wollen uns die Problematiken vor Augen halten, um am Beispiel die lebendige Fortentwicklung Nepals zu erleben.

Am auffälligsten ist die Entwicklung im Kathmandutal vorangeschritten. Wer hätte vor 23 Jahren vorausgesehen, daß die Straßen in Kathmandu einmal von Autos und Motorrädern wimmeln würden, daß Ampeln an den wichtigsten Kreuzungen den Verkehr regeln und daß es täglich eine echte Großstadt-Rushhour geben würde? Mein altes Taxi mit Speichenrädern und Gummiballhupe ist verschwunden. Heute fahren vor allem billige Personenwagen aus Japan als Taxis durch die Straßen. Wenn ich bei meinem ersten Besuch im Kathmandutal noch mit dem Fahrrad über holperige Wege nach Badgaon fahren mußte, so kann man diese Königsstadt heute auf einer asphaltierten Schnellstraße mit dem Trolleybus erreichen. Man muß auch nicht mehr von Banepa aus zu Fuß nach Osten weitermarschieren, sondern die Schnellstraße zwischen Kathmandu und Badgaon hat Anschluß an den von den Chinesen erbauten Aniko-Highway, der das Sun Kosi-Tal aufwärts bis zur tibetischen Grenze führt und dort auf die Straße nach Lhasa trifft. Die einst phantastische Vorstellung, über den Himalaya in die Hauptstadt Tibets mit dem Auto zu fahren, ist heute Wirklichkeit geworden. Der Straßenbau ist in den Bergen Nepals während der letzten Jahre rasant vorangetrieben worden. Im Jahr 1973 war unser Lastwagen voller Expeditionsgepäck der erste, dem die Fahrt nach Pokhara genehmigt wurde. Heute fahren täglich Busse in diese Provinzhauptstadt und die Zeit, die man für die Strecke braucht, hat sich halbiert. Mehrere Stichstraßen führen, oftmals gut asphaltiert, aus den Ebenen im Süden nach Norden zu Verwaltungs- und Wirtschaftszentren in den Bergen. Selbst Jiri kann man nun auf einer geschotterten Bergstraße erreichen; als ich das erste Mal dorthin wanderte, hätte ich eine solche Vorstellung als absurd abgetan. Es fragt sich allerdings, ob der Straßenbau in Nepal wirklich so dringend ist. Einmal leisten Straßentrassen, wenn sie Steilhänge schneiden, der Erosion durch die Monsunregen enormen Vorschub, zum anderen ist das Lastentragen und das Wandern auf den eigenen Füßen eine traditionelle Fortbewegungsweise, die noch dazu vielen Menschen Arbeit und Brot verschafft.

Wer hätte 1961 die Entwicklung im Tourismus erahnen können? Für die wenigen, anspruchsvollen Besucher aus Übersee genügte damals das Royal Hotel, das sich in einem altmodischen Ranapalast etabliert hatte. Wer weniger Geld ausgeben wollte, kam beispielsweise im einfachen Parashotel unter oder suchte sich ein Privatquartier. Heute hat das Royal Hotel seine Portale geschlossen, aber es gibt ein halbes Dutzend Hotels mit erstklassigem, internationalem Standard, während die Zahl der kleinen Hotels und billigen Lodges kaum mehr zu überblicken ist. Zusammen mit den Neubauten der Hotels haben sich die Stadtsiedlungen im Kathmandutal mächtig ausgedehnt. Viel Boden für den Reisanbau ist dadurch verloren gegangen, und man muß sich nun überlegen, ob man den Bau von Häusern auf Kosten des Ackerlandes weiterhin so unbekümmert zulassen kann. Die Zahl der Touristen, die alljährlich das Königreich im Himalaya besuchen, geht in die Hunderttausend. Sie bringen erhebliche Geldmittel in das Land und diese Einnahmemöglichkeit zeigt Auswirkungen. Aus dem Staatshaushalt sind die Einnahmen aus dem Touristengeschäft nicht mehr fortzudenken. Sehr viele Menschen arbeiten in irgendeiner Weise für den Tourismus. Interessant ist die Vorstellung, wieviele einheimische Menschen und Institutionen an einer einzigen Trekkingtour beteiligt werden. Da ist beim Anflug die nationale, nepalesische Fluglinie; im Kathmandutal sind es die Hotels, die Taxis und Busse, die lokalen Führer, die Souvenirhandwerker und -händler; die Wanderung wird betreut durch ein nepalesisches Trekkingunternehmen, das Sherpas, Köche und Träger stellt; schließlich tut sich während des Wanderns auch für die Bevölkerung am Wegesrand in den Teehäusern und Herbergen oder mit dem Verkauf von Nahrungsmitteln eine zusätzliche Einnahmequelle auf. Selbstverständlich vergrößern die fremden Gäste auch die Probleme, denkt man etwa an die Abfallbeseitigung, die Abwasserfrage oder die Zusatzbelastung beim Holzverbrauch. Für die vielen Küchenfeuer im Kathmandutal muß heute schon das Brennholz in Tagesmärschen herbeigeschleppt werden. Die Berghänge in der unmittelbaren und weiteren Nachbarschaft von Kathmandu sind stark entwaldet und werden häufig von verheerenden Erdrutschen bedroht. Aber dieses Problem hängt nicht in erster Linie mit den Touristen, sondern mit der Übervölkerung des Landes zusammen; das rasche Bevölkerungswachstum verstärkt in allen Belangen und auf geradezu beängstigende Weise den Zugriff auf die natürlichen Rohstoffquellen. Die nepalesische Regierung hat dies erkannt und versucht, mit großflächigen Aufforstungen der Gefahr entgegenzusteuern. Man kann nur hoffen, daß ihr die Zeit dabei nicht davonrennt.

Wenn man heute vom Durbar-Platz am alten Königspalast durch die Basargassen bummelt, reiht sich eine ununterbrochene Kette von Souvenirläden aneinander. Hier kann man Kitsch und Köstliches nebeneinander kaufen. Bronzebuddhas, holzgeschnitzte Masken und Figuren, einfache und kunstvoll gemalte Thankas, Holzdrucke, bunt gewebte Jacken und Teppiche mit tibetischen Mustern füllen die Regale. Ich erinnere mich, daß man anfangs der sechziger Jahre meinte, durch den Einbruch der Konsumgüter aus den Industrieländern stürbe das Kunsthandwerk in Nepal aus. Daß diese Voraussage nicht eintraf, ist den Touristen zu danken. Weil die fremden Besucher so viel Gefallen an den Figuren, Schnitzereien, Malereien oder Geräten finden, hat das Kunsthandwerk eine neue Blüte erlebt. Bronzegießer, Holzschnitzer, Thankamaler haben Arbeit und können Nachwuchs ausbilden. Auch der eigenen Kultur kommt diese Entwicklung zugute, denn für Restaurierungen der Tempel oder für die Ausstattung von Wohnhäusern stehen wieder kunstfertige Fachleute zur Verfügung. Ein Handwerkszweig ist allerdings immer noch in Gefahr, in Vergessenheit zu geraten: die Steinmetzkunst. Steinfiguren sind im traditionellen Umfang zu groß und zu schwer, um im Fluggepäck unterzukommen. Da jedoch seit kurzer Zeit kleine Skulpturen aus Stein in einigen Souvenirläden erscheinen, glimmt auch für das Steinmetzhandwerk wieder ein Hoffnungsfunken. Zwar läßt die Qualität dieser Figuren noch viel zu wünschen übrig, doch könnten – wie beim Bronzeguß – durch steigende Qualitätsforderung der Käufer die steinernen Götter mit der Zeit wohl ebenfalls die Eleganz und Schönheit ihrer historischen Vorlagen erreichen.

Nepal ist das einzige, unabhängige Hindukönigreich der Erde. An seiner Spitze steht jetzt König Birendra Bir Bikram Shah Deva, der von allen politischen Gruppierungen anerkannt und von seinem Volk tief verehrt wird. Er ist der stabilisierende Faktor in der nepalesischen Politik; er spricht in den wichtigen Regierungsentscheidungen das letzte Wort. Von seinem Vater, dem bedeutenden König Mahendra, hat er als politisches Erbe das Panchayatsystem – eine Gemeinderatsverwaltung ohne Parteien – und den Versuch übernommen, sein Land in eine neue, moderne Zukunft zu führen. Dieser Weg ist zwiespältig und wird zusätzlich dadurch erschwert, daß viele Industrieländer und die mächtigen Nachbarn das kleine Land im Himalaya als Tummelplatz ihrer Aktivitäten auf dem Gebiet der Entwicklungspolitik oder des Tourismus betrachten. Man kann sich leicht vorstellen, wieviele Schwierigkeiten aus dieser Situation erwachsen, seien es nun überflüssige oder umweltschädigende Industrieanlagen, falsch angelegte Landwirtschaftseinrichtungen oder ein kaum mehr zu steuernder Andrang auf einzelne, touristisch attraktive Ziele. Mit großen Anstrengungen versucht die nepalesische Regierung, die Probleme in den Griff zu bekommen. Nicht immer gelingt es ihr, aber beispielsweise auf dem Sektor Schulen sind Fortschritte zu verzeichnen. Als ich das erste mal durch Nepal wanderte, begegnete ich nur in wenigen Tälern dem einen oder anderen Schulhaus. Heute gibt es keine Talschaft, kein Dorf, keine Siedlungsgemeinschaft ohne zumindest eine Grundschule; an vielen bedeutenderen Orten wurden weiterführende Schulen gebaut. Die Behauptung, 80 Prozent der Nepalesen seien Analphabeten, gilt nicht mehr, denn bei der jungen Generation hat sich dieses Verhältnis geradezu umgekehrt. Gewiß, die Ausstattung der meisten Schulhäuser ist karg und oft fehlt es an allen Ecken und Enden. Manchmal müssen die Kinder sogar auf dem blanken Fußboden sitzen, aber an dem Eifer, mit dem sie die Buchstaben laut nachsprechen oder Worte auf ein Blatt Papier schreiben, können sich viele Schüler in unseren westlichen Ländern ein Beispiel nehmen. »Die Kinder und Jugendlichen sind unsere Zukunft«, sagte mir einmal ein hoher Beamter des nepalesischen Kultusministeriums, »deshalb ist die Familie in unserem Land die wichtigste Institution, und jede Förderung der Schulen bedeutet eine Investition in das zukünftige Schicksal unserer Staatsbürger«.

Pagoden und Stupas

Einige Tage nach dem Gespräch in der »Yak and Yeti«-Bar des Royal Hotels mache ich mich auf, die Wunder und Schätze des Kathmandutales zu entdekken. Sie sind in unzähliger Menge über den Talboden verstreut, die Dörfer und Städte stecken voll davon. Wie aber soll man die unendliche Fülle bewältigen? Wie die richtige Auswahl treffen? Ich hätte jetzt gern meinen Gesprächspartner aus dem Royal Hotel gefragt, doch der ist verschwunden. Ich muß meinen Weg zu den Pagoden, Stupas und Kunstschätzen, zu den Menschen und Göttern, selbst suchen.

Mein erster größerer Ausflug gilt der Königsstadt Patan, nur zwei Kilometer von Kathmandu entfernt. Lange Zeit war sie die größte der drei Städte im Nepaltal. Sie macht, mehr noch als Kathmandu, einen mittelalterlichen Eindruck. Ich lasse mich bis zu den ersten Häusern der Stadt mit einer Fahrradrikscha bringen, denn man kann aus dem schaukelnden Gefährt geruhsam über Reisfelder, Dörfer und Berge schauen. Dann entlohne ich den Fahrer mit einer Rupie und gehe zu Fuß weiter. Die Straße ist mit holprigen Kopfsteinen gepflastert und führt mitten in das Herz Patans, auf den Durbar Platz mit seinen berühmten Tempeln und Palästen. Langsam schlendere ich zwischen den Häusern dahin. Alle Türen, Läden und Werkstätten sind zur Straße hin weit geöffnet, so daß man jederzeit ungehindert ein- und ausgehen kann. In den Ladenräumen türmt sich auf Holzregalen die Ware bis zur Decke. In einem Lebensmittelladen kauern mehrere junge Frauen vor dem Verkäufer. Er hält eine Eisenkettenwaage in der rechten Hand und wiegt mit der linken Zucker und Mehl darauf ab. Während er die Ware in selbstgedrehte Tüten aus dünnem, nepalesischem Papier füllt, feilscht er mit den Frauen wortreich und ausdauernd um den Preis. Schließlich ist alles zu vollster Zufriedenheit verpackt und bezahlt. Der Mann ruft den fortgehenden Mädchen noch eine lustige Bemerkung nach, auf die er eine sicher recht deftige Antwort erhält, denn die Umstehenden brechen in schallendes Gelächter aus.

Die zwei- und dreistöckigen Häuser zeigen einen einheitlichen Stil. Es sind rote Ziegelbauten mit vorspringenden Dächern, die durch schräge Stützbalken gehalten werden. Die Rahmen und Simse der Fenster aus schwarzem Holz sind oft mit kunstvollen Schnitzereien über und über verziert. An vielen Fenstern sitzen Männer und Frauen, rauchen ihre Wasserpfeife und pflegen eine Unterhaltung zu einem Fenster auf der gegenüberliegenden Straßenseite oder mit Bekannten unten vor dem Hause.

An einer Ecke, an der ein schmales Gäßchen in die Hauptstraße mündet, sprudelt in einer ausgemauerten Vertiefung ein kleiner Brunnen. Frauen mit bunten, knöchellangen Röcken und roten Bändern in den langen schwarzen Zöpfen waschen hier unter Geschwätz und Gelächter ihre Wäsche. Kräftig schlagen sie die nassen Kleidungsstücke auf die Steine am Boden und breiten sie anschließend auf dem Mauerwerk in der Sonne zum Trocknen aus. Ich gehe ein Stück in das Gäßchen hinein und sehe einigen Knaben beim Murmelspiel zu. Man muß dabei die Kugel des Gegners mit der eigenen treffen, indem man sie mit einem Fingerschnippen über den Boden schießt. Beim Start wirft jeder seine Murmel gegen eine Hauswand und zwar so, daß sie möglichst nahe an eine gegnerische zu liegen kommt. Ein etwa zehnjähriger Junge mit kurzgeschorenem Haar ist der geschickteste, fast jeder seiner Schüsse trifft.

Nach einem Weilchen schlendere ich weiter, bis ich an eine hohe Mauer mit einem Tor gelange, das halboffen steht. Neugierig schaue ich hindurch und blicke in einen weiten, viereckigen Hof, in dessen Mitte eine prächtige, dreistufige Pagode steht. Rund um diesen Hof ziehen sich doppelstöckige Häuser mit geschnitzten Fenstern, manche mit einer ebenerdigen Terrasse. Vor einem Hause sitzen ein paar Männer, spielende Kinder laufen hierhin und dorthin. Eine wohltuend ruhige und friedliche Stimmung herrscht an diesem Ort. Ich betrete den kleinen Platz und betrachte die Pagode von allen Seiten.

Es ist ein Ziegelbau mit gleichmäßig ausschwingenden Dächern. Als sei eines aus dem anderen gewachsen, so baut sich jeweils das kleinere der drei Stockwerke aus dem größeren darunter in genau aufeinander abgestimmten Ausmaßen auf, bis hinauf zu der vergoldeten Spitze, die in der Sonne blitzt und gleißt. Die Stützbalken der Dächer sind aufgelöst in farbige Schnitzereien. Tanzende Götter, grinsende Dämonen und phantastische Fabelwesen scheinen sich in einem unaufhörlichen Tanz zu bewegen. Die Balken des Mauerwerks, wie auch die Fenster- und Türstöcke, sind mit bunten Ornamenten übersät. Den Eingang des Tempels bewachen zwei steinerne, weiße Tempellöwen, lächelnd der eine, finster blickend der andere. Jetzt fällt mir auch die Verwandtschaft der Pagodenarchitektur mit den umgebenden Häusern auf. Mir will scheinen, als ob diese Häuser in einem Traum das wundervolle Kunstwerk der Pagode geboren haben.

Während ich vor dem Wunderwerk der Architektur stehe, hat sich eine Schar Kinder um mich versammelt. Kaum haben sie mich beim Betreten des Hofes erblickt, laufen sie mit dem Ruf: »Anglesi, Anglesi!« aus allen Ecken und Winkeln herbei. Sie begleiten neugierig und vergnügt den hellhäutigen Fremdling. Sie führen mich um die Pagode, zeigen mir die große Bronzeglocke und die schönen Statuen, die auf kleinen Monolithsteinen stehen. Ich erkenne den Elefantengott Ganesha und eine Darstellung Shivas mit dem Dreizack. Dabei schwatzt die kleine Schar unermüdlich auf mich ein.

Schließlich lasse ich mich auf den Stufen des Tempels nieder, um mich mit meinen kleinen Freunden zu unterhalten. Erwartungsvoll blicken mich zwei Dutzend dunkler Kinderaugen an. Um den ersten Kontakt herzustellen, lasse ich sie zunächst durch den Lichtschacht meiner Spiegelreflexkamera schauen. Aufgeregt stoßen und drängen sie sich heran, damit jeder etwas von dem Wunder erhaschen kann. Ein kleines Mädchen, das ihren noch kleineren, nur mit ei-

Die fröhlichen Kinder Nepals führen mich als erste in die Sprache ihres Landes ein.

nem Hemdchen bekleideten Bruder auf der Hüfte trägt, steht schüchtern abseits. Ich winke die Kleine heran und sie strahlt, als sie auch durch die Linse schauen darf. Mit vor Begeisterung zwitscherndem Wortschwall zeigt sie dem Bruder das Bildchen auf der Mattscheibe. Aber dessen ernste Aufmerksamkeit gilt mehr dem seltsamen Gesicht des Fremden als dem Apparat.

Nachdem alle durch die technische Wunderapparatur geblickt haben, verschließe ich die Fototasche wieder. Da kommt mir der Gedanke, einen Versuch mit dem Erlernen der nepalesischen Sprache zu starten. Ich ziehe einen Notizblock und einen Bleistift aus der Tasche und deute fragend auf einen Baum, der in einer Ecke des Hofes steht. Zunächst verstehen die Kinder nicht, was ich will, bis mir schließlich der ganze Chor »Rhuk, Rhuk« zuruft. So, wie ich das Wort phonetisch im Ohr habe, schreibe ich es auf. Es folgen andere Beispiele, Dunga – Stein, Ghar – Haus oder Dhauka – Kopf. Schließlich überschlagen sich die Buben und Mädchen förmlich, mir in ständiger Wiederholung Worte aus ihrer Sprache beizubringen. Sie wollen sich ausschütten vor Lachen, wenn ich immer wieder ein Wort falsch ausspreche. Auch ein paar Erwachsene haben sich zu der Schar gesellt und nehmen an dem Vergnügen des Unterrichtes teil. Über dieser Unterhaltung ist es dämmerig geworden, Zeit, um zu meiner Herberge zurückzugehen. Ich nehme fröhlichen Abschied von meinen neuen Freunden und werfe noch einen bewundernden Blick auf die Pagode, zu deren Füßen mir der Nachmittag wie im Fluge verging.

Am anderen Morgen leihe ich mir bei einem Händler für wenige Rupien ein Fahrrad und fahre nach Badgaon, in die berühmte Königsstadt mit ihrem mittelalterlichen Stadtbild. Bis in die Nähe des Flugplatzes geht es auf einer gut geteerten Autostraße, dann folge ich rechter Hand einem breiten, holperigen Weg. Rechts und links der Straße dehnen sich zwischen Lehmdämmen die Reis- und Gemüsefelder des fruchtbaren Tales. Im Norden steht über den violetten Waldbergen wie eine Kulisse aus Eis die mehr als 8000 m hohe Shisha Pangma. Viele Leute sind unterwegs, manche wie ich auf dem Fahrrad, die meisten aber zu Fuß. Ein großer Teil schleppt auf dem Rücken hochbeladene Bambuskörbe, die mit einem breiten Band über der Stirn gehalten werden. Einige Männer kommen mir entgegen, dicke Bambusstangen über der Schulter tragend, an deren Enden mit Schnüren je eine Schale aufgehängt ist, wie an einer Balkenwaage. Manche haben diese Schalen mit Ziegeln bepackt, andere mit Früchten oder mit Schüsseln voll saurer Milch. Unter einem riesigen, alten Feigenbaum halte ich Rast und schaue einigen Frauen zu, die in einem Teich waschen. Die Agaven, die in einem Halbkreis um den Weiher stehen, sind mit zum Trocknen ausgebreiteten roten und grünen Saris dicht behängt. Drei Mädchen kommen von einem Bach herauf und tragen wassergefüllte Tonkrüge auf den Hüften. Vor den Reisfeldern und den leuchtenden Himalayabergen muten sie an wie ein Bild aus archaischer Zeit.

Bald nach der Rast komme ich durch das Dorf Timi, das berühmt ist für seine Töpferwerkstätten. Vor den Häusern türmen sich Schüsseln, Krüge und Töpfe zu roten Bergen. Ein Mann schleppt keuchend an einer Bambusstange zwei riesige Tonkrüge in Richtung Kathmandu und wirft mir unter seiner Last einen neugierigen Blick zu.

Kurz hinter Timi holt mich ein junger Nepalese mit seinem Fahrrad ein. In tadellosem Englisch fragt er, woher ich käme und wohin ich wolle. Auf meine Antwort, ich sei Deutscher und mache einen Ausflug nach Badgaon, fragt er höflich, ob er mich begleiten dürfe. Gern nehme ich sein Angebot an, denn ein Dolmetscher und Führer kann mir bei meinem Unternehmen von großem Nutzen sein. Nachdem wir unsere Fahrräder eine staubige Steigung hinaufgeschoben und einen Hain mit prächtigen Kiefern durchquert haben, erreichen wir die Stadt Badgaon. Durch ein mächtiges Steintor, das von einer steinernen Löwenfigur bewacht wird, führt eine holprig gepflasterte Straße in das Stadtinnere. Es bietet sich hier dasselbe Bild wie in Patan: Schöne rote Ziegelhäuser mit kunstvoll geschnitzten Tür- und Fensterstöcken, offene Straßenläden, eine laut quirlende Menschenmenge, Pagoden und Tempel an allen Ecken und Plätzen. Die Stadt ist zwar nicht so reich wie Patan oder Kathmandu, ihr Baustil jedoch ist geschlossener und ausgewogener. Kein moderner Zweckbau stört die einheitliche Häuserfront. Wenn man der leicht abfallenden Straße folgt, gleitet der Blick über ein Gewirr von ineinandergeschachtelten Dächern und geschwungenen Firsten, die von vergoldeten Pagodenspitzen wie von Kronen überragt werden.

Vor einem Haus haben zwei alte Frauen frischgefärbte, rote Wolle zum Trocknen ausgespannt. Nun laufen sie unentwegt um die Gestelle und wickeln den endlosen Faden auf. Vor einer Schreinerwerkstatt sägen zwei junge Männer einen dicken Baumstamm der Länge nach in Bretter. Sie sitzen einander mit ausgestreckten Beinen gegenüber und ziehen unermüdlich das Sägeblatt durch den Stamm, bis in mühseliger Arbeit ein Brett nach dem anderen herausgeschnitten ist. Kein Mensch würde hier fragen, wie lange so etwas dauert. Es zählt nicht die Zeit, in der eine Arbeit bewältigt wird, sondern allein die Tatsache, daß sie überhaupt zum Abschluß kommt.

In Badgaon sind fremde Besucher seltener als in Kathmandu oder Patan, deshalb hat sich uns bald eine Schar neugieriger Buben und Mädchen angeschlossen. Die Straße mündet schließlich auf einen weiten Platz, und staunend stehe ich dort vor einem Wunder: Nyatapola, der größte Pagodentempel Nepals!

Auf einem Fundament von fünf Steinterrassen erhebt er sich wie auf einem Hügel mit fünf Stockwerken in den tiefblauen Himmel, den er mit seiner golden blitzenden Spitze zu berühren scheint. Ein Pyramidenvogel, der im Begriffe ist, in die Luft zu schweben ... Doch ein Gespann von fünf steinernen Figurenpaaren, die die breite, zum Tempeleingang führende Treppe flankieren, bindet ihn an die Erde. Das Rotbraun der Dächer und Mauern findet sich mit dem Tiefbraun des Balkenwerks zusammen, dessen Dunkelheit durch die Vielfalt der geschnitzten Figuren und Symbole gemildert wird.

Während ich noch dieses herrliche Bauwerk bewundere, spricht mein nepalesischer Begleiter mit einem alten Mann, der einen großen Schlüsselbund in der Hand hält. Er stellt mir den Alten als Wächter des Tempels vor und übersetzt ihm bereitwillig meine Bitte, er möge mir über diesen Bau etwas erzählen.

»Wir nennen diesen heiligen Tempel Nyatapola«, sagt der Wächter und sieht mich mit seinen weisen Augen prüfend an, »er ist der größte und schönste, den du im Lande Shivas und Buddhas finden kannst, fremder Sahib. Der König Bhupatindra Malla hat ihn vor mehr als 250 Jahren zu Ehren der Gottheit Siddhi Lakshmi errichten lassen. Die Gottheit war seither der Stadt wohlgesinnt und hat den Tempel durch alle Stürme der Zeit und durch zahlreiche Erdbeben erhalten. Sieh dir die großen Figurenpaare neben der Treppe an. Sie bewachen den Aufgang zum Heiligtum und besitzen übermenschliche Kräfte. Zuunterst hocken die beiden Riesen Jaya und Patta, von denen jeder einen gewöhnlichen Mann an Stärke des Körpers und des Geistes um das Zehnfache übertrifft. Es folgen auf den nächsten Terrassen zwei Elefanten, zwei grimmige Tiger und zwei Drachen, die jeweils dem vorhergehenden Paar zehnfach an Größe überlegen sind. Schließlich siehst du auf dem letzten Absatz die Tigergöttin Baghini und die Löwengöttin Singhini, die sogar die Drachen an Stärke noch zehnfach überragen. So viel Kraft, wie diese Figuren besitzen, ist nötig, um in das Innere des Heiligtums zu gelangen. So viel Kraft ist aber auch notwendig, um das Böse draußen zu halten. Ich bin ein alter Mann, Sahib, und halte den Tempel seit vielen Jahren in Ordnung. Ich werde bald sterben und dann ein neues Erdenleben beginnen, vielleicht muß ich noch ungezählte Male in die Welt zurückkehren. Aber am Ende meiner Lebenstreppe hoffe ich, auch in einen Nyatapola einzutreten und durch ihn das Nirwana zu erreichen.«

Ehrfurchtsvoll hat die neugierige Menge um uns herum den Worten des Alten gelauscht. Nach einem Augenblick des Schweigens lasse ich ihn fragen, ob er mich ein wenig begleiten und mir dies oder jenes erklären wolle. Gern findet er sich dazu bereit, und wir wandern langsam vom Platz vor dem Nyatapola durch eine Gasse mit offenen Läden bis zu einem kleinen Pagodentempel. Diese Pagode erregt meine Aufmerksamkeit, denn an dem Balkenwerk rund um den

Tempel erkenne ich Darstellungen nackter Figuren, in allen nur denkbaren Stadien geschlechtlicher Vereinigung. Auf meine Frage nach der Bedeutung verzieht sich das runzlige Gesicht des Tempelwächters zu einem verschmitzten Grinsen.

»Wir haben eine hübsche Geschichte als Erklärung dafür,« sagt er, und der Schalk springt aus allen Fältchen und Winkeln seines Antlitzes. »Man glaubt hierzulande, daß der Blitz eine Jungfrau sei. Wenn ein Gewitter aufzieht und ein Blitz möchte in den Tempel schlagen, so stößt er auf diese Darstellungen, die eine Jungfrau erschrecken und verwirren müssen. Voll Scham wendet sich der Blitz ab, saust in einen Baum oder in ein anderes Gebäude und verschont den Tempel.«

Lautes Gelächter quittiert diese Erzählung, der Erfolg bereitet dem Alten sichtlich Vergnügen. »Eine ernsthafte Deutung besagt allerdings, daß mit diesen Figuren auf die Äußerlichkeit des menschlichen Daseins hingewiesen werden soll,« fügt er noch hinzu.

Hinter dem Pagodentempelchen betreten wir jetzt einen ausgedehnten Platz, mit prächtigen Bauten und Tempeln und wundervollen Statuen. Wieder bitte ich um Erklärungen, die mir gern gegeben werden.

»Das leuchtend rote Bauwerk mit dem dunkelblauen Schnitzwerk der Fenster und des obersten Stockwerkes ist der Durbar, der alte Palast der Malla-Könige. Hier suchten vor 200 Jahren die letzten Mallakönige Zuflucht vor dem Eroberer Prithvi Narayan Shah, bis er auch Badgaon einnahm. An der linken Ecke des Palastes steht das berühmte goldene Tor. Schau es dir genau an, Sahib, die Figuren an der Seite und den großen Torbogen mit den Dämonenköpfen. Man sagt, daß dieses Tor eines der köstlichsten und vollendetsten Meisterwerke der Goldschmiedekunst in ganz Asien sei. Und hier auf der Steinsäule, auch vergoldet, die Statue Bhupatindra Mallas. In betender Haltung, Schild und Schwert auf den Knien, sitzt er dem goldenen Tor gegenüber und bittet für das Heil unserer Stadt und unseres Landes.«

Es ist Zeit, wieder nach Kathmandu zurückzukehren. Ich verabschiede mich von dem alten Tempelwächter und stecke ihm ein ansehnliches Geldgeschenk zu. Er erkundigt sich, ob ich noch länger in Nepal bleibe, und als er hört, daß ich in die Provinzen reisen will, sagt er: »Möge Shiva, der Herr, dich immer beschützen, Sahib und dir viele Kinder, Reichtum und Erleuchtung schenken.« Damit wendet er sich um und stapft zurück zu seinem Nyatapola, dem fünfstufigen Pagodentempel.

Wir verlassen Badgaon durch das Stadttor mit dem steinernen Löwenwächter. Nachdem wir einige Minuten schweigend gefahren sind, sagt mein nepalesischer Begleiter:

»Der Tempelwächter hat mir im Vertrauen eine Mitteilung gemacht, die Sie vielleicht interessieren wird. In Bodnath, dem buddhistischen Wallfahrtsort mit seinem berühmten Stupa, ist ein junger Rimpotsche aus Tibet eingetroffen, die Reinkarnation eines tibetischen Heiligen. Wenn Sie ihn sehen wollen, müssen Sie bald nach Bodnath fahren, denn er bleibt nur wenige Tage dort.«

Ich danke dem jungen Mann für die Information und frage ihn, ob er sich denn als Hindu auch für die buddhistischen Inkarnationen interessiere. Er lacht und erwidert, daß doch sein Gott Shiva und Buddha, der Herr des jungen Rimpotsche, Manifestationen ein und derselben göttlichen Kraft seien. Beide hielten Wache über das Leben der Menschen und deshalb würden auch beide von den Bewohnern des Kathmandutales verehrt.

Am nächsten Tage bin ich wieder mit dem Fahrrad unterwegs, diesmal nach Bodnath, das wenige Kilometer östlich der Hauptstadt Kathmandu liegt. Schon von weitem sieht man die kleine Siedlung mit dem großen Stupa in der Ebene des Talbodens liegen. Durch ein Steintor und eine kurze Gasse erreicht man den Platz, auf dem das Heiligtum errichtet ist und steht von neuem vor einem Meisterwerk dieses an ungewöhnlichen Bauten so reichen Tales. In der Mitte eines ausgedehnten, dreistufigen Terrassensockels erhebt sich eine wuchtige, schneeweiße Halbkugel. Wie ein Kopf sitzt auf ihr ein Kubus, an den vier Seiten mit den allwissenden Augen Buddhas bemalt. Über dem Kubus folgt, einer Mütze ähnlich, eine mehrstufige Pyramide und darauf ein goldener Sonnenschirm mit einer ebenfalls vergoldeten Spitze. Um den Stupa führt eine Mauer mit eingelassenen Nischen, in denen auf Armhöhe je fünf kupferne Gebetszylinder hängen. Eine große Zahl Pilger wandert ständig im Uhrzeigersinn um das Heiligtum und hält die Zylinder in rasselnder Bewegung. Viele dieser Pilger kommen aus Tibet. Man erkennt sie an ihrer grobwollenen Kleidung, den kniehohen Strumpfstiefeln, dem langen, schwarzen Zopf, der den Männern über den Rücken baumelt und vor allem an dem unverkennbaren Geruch nach Räucherwerk, ranzigem Fett und Vieh.

Rund um das Heiligtum sind Wohnhäuser gruppiert. Die meisten besitzen im Erdgeschoß Läden, in denen Antiquitäten, Kunstgegenstände und Reiseandenken ausgestellt werden. Vor den Häusern hocken tibetische Händler und bieten Teppiche, Wollschürzen, Ziegeltee, Türkise und Schmuckwaren feil. Auf meine Frage nach dem Rimpotsche kommt ein junger Mann in nepalesischer Kleidung auf mich zu und stellt sich als Sohn des Chine-Lama vor, des Haupt-

Im Zentrum der Stadt Badgaon steht der fünfstufige Nyatapola, der größte Pagodentempel Nepals. Fünf Figurenpaare bewachen mit magischen Kräften seinen Eingang.

lamas von Bodnath. Er wolle mich zuerst zu seinem Vater führen, der mich zu dem Heiligtum begleiten solle.

Wir betreten eines der Häuser und steigen über eine steile Holztreppe in den obersten Stock. Hier werde ich in einen niedrigen Raum geführt. der mit einer Unmenge von Kunstgegenständen angefüllt ist. An den Wänden hängen wertvolle alte Thankas, auf Leinwand gemalte Tempel-Rollbilder. Auf Kommoden und Regalen stehen Götter- und Heiligenfiguren aus Bronze oder Holz, silberne Teeschalen, Gebetsmühlen, Schmuck und vieles andere.

In einem tiefen Sessel am Fenster sitzt ein älterer Herr, in ein besticktes Gewand aus gelber Seide gekleidet: der Chine-Lama. Sein Kopf ist kahl geschoren, äußeres Zeichen eines Lamas; in den dunklen, schrägstehenden Augen leuchtet ein freundliches Lächeln. Er legt die feingliedrigen Hände zum Gruß zusammen und bittet mich, neben ihm in einem Sessel Platz zu nehmen. Sein Sohn berichtet ihm in einer Sprache, die ich nicht verstehe, weshalb ich nach Bodnath gekommen bin. Lächelnd nickt der Chine-Lama und läßt von einer Dienerin Tee in dünnschaligen Tassen und Gebäck bringen. Dann beginnt er in fließendem Englisch eine Unterhaltung mit mir, erkundigt sich, aus welchem Lande ich komme und wohin ich in Nepal zu reisen gedenke. Er zeigt mir einige seiner Kunstschätze und erklärt mir ihre Bedeutung. Als Kunsthändler besitzt er eine große Sammlung von Antiquitäten. Mit keinem Wort wird der eigentliche Grund meines Besuches in Bodnath erwähnt. Unsere Unterhaltung ist angeregt und lebhaft. Der Chine-Lama ist ein gebildeter und weitgereister Mann, der Tibet, China, die Mongolei, Vorder- und Hinterindien besucht hat und der sich als ein hervorragender Kenner buddhistischer Literatur und Ikonographie erweist. Er zeigt mir eine wundervolle Bronzestatue, welche Djambeyang darstellt, den Bodhisattva der Weisheit, mit Schwert und Buch als seinen Attributen in den Händen. Auch die Figuren einer alten Thanka erklärt er mir, auf der Namtüsse abgebildet ist, der göttliche, auf einem Löwen sitzende König des Reichtums und des nördlichen Paradieses.

Auf die Frage, ob er mir auch die Entstehungsgeschichte des Stupa von Bodnath erzählen wolle, setzt sich mein Gastgeber bequem in seinem Sessel zurecht und beginnt:

Kathmandu ist die Hauptstadt Nepals; Sitz der Zentralregierung und Herz der alten Kultur der Newars (oben).

Der Stupa von Bodnath soll mindestens 2000 Jahre alt sein. Heute findet sich hier ein Zentrum des tibetischen Buddhismus (unten links).

Die Bewohner der Städte im Kathmandutal sind Stadtbauern. Sie nutzen auch Plätze und Straßen zur Aufbereitung ihrer Ernte (unten rechts).

Der uralte südliche Stupa vor der Stadt Patan wurde in der Zeit des indischen Religionskaisers Ashoka errichtet.

»Der Bodnath-Stupa ist einer der ältesten im Kathmandutal. Vor undenklichen Zeiten lebten hier vier Prinzen, denen von einer göttlichen Stimme befohlen wurde, an dieser Stelle ein Heiligtum zur Ehre Buddhas zu errichten. Als sie mit dem Bau begannen, brach eine große Dürre über das Land herein. Um das Werk trotzdem ausführen zu können, breiteten die Arbeiter nachts Tücher aus, die bis zum nächsten Morgen taufeucht wurden und so genügend Wasser für die Bauarbeiten lieferten. Zwar ging die Arbeit auf diese Weise langsam voran, aber eines Tages war der Stupa doch vollendet. Da durften sich die Prinzen eine gute Zukunft wünschen, und sie baten um eine erleuchtete Wiedergeburt. So kamen der Dalai-Lama, der Pantschen-Lama, Khembo-Bodhisattva und Padmasambhava in die Welt. Sie hatten aber nur an sich gedacht und ihre Arbeitstiere vergessen, die am Bau wesentlichen Anteil trugen. Die Tiere waren daher verstimmt und baten, als böser Prinz wiedergeboren zu werden, der die Religion der vier Lamas bekämpfen würde. So entstand die Sage von König Lang Darma, der die buddhistische Lehre grausam verfolgte und deshalb später durch einen Mönch getötet wurde. Der Stupa von Bodnath aber war so schön und gewaltig, daß sein Ruhm bald über die Grenzen des Landes drang und Pilger aus allen Himmelsrichtungen herbeiströmten, sogar aus der Mongolei und China. Das ist bis auf den heutigen Tag so geblieben. Jedes Jahr in der Trockenzeit wandert eine große Menge Gläubiger hierher, um vor dem Heiligtum zu beten.«

Unter Gespräch und Teetrinken verstreichen fast 1½ Stunden. Da erhebt sich der Chine-Lama plötzlich und erklärt, er wolle mich jetzt zu dem jungen Rimpotsche aus Tibet bringen. Wir gehen in ein benachbartes Haus, wobei mir der alte Herr erzählt, daß das Wort »Rimpotsche« die Bezeichnung für die Reinkarnation eines verstorbenen Heiligen oder Geistlichen sei. Der Heilige, den wir jetzt besuchen wollten, sei noch ein Kind und erst vor wenigen Jahren in sein Amt eingesetzt worden.

An der Tür eines der Häuser, die um den Stupa stehen, werden wir von zwei Lama-Mönchen empfangen, die in Kutten aus rotem Tuch gekleidet sind. Unter höflichen Verbeugungen geleiten sie uns in einen dämmerigen Raum im ersten Stock. Starker Weihrauchduft schlägt mir entgegen, vermischt mit dem Geruch von Butterlampen. Neben dem Fenster sitzt mit gekreuzten Beinen ein acht bis zehn Jahre alter Knabe. Wie jeder Lama hat er den Kopf kahl geschoren und trägt das rote Lamagewand. Ich verbeuge mich und lege ein Geldgeschenk auf das schmale Tischchen vor seinem Sitz. Auch der Chine-Lama begrüßt den Knaben überaus höflich und zuvorkommend. Ich darf mich neben dem kleinen Kirchenprinzen niederlassen und still beobachten. Er spielt mit seinen beiden Erziehern, vergnügt und ausgelassen wie jedes andere Kind. Er wirft einem seiner Betreuer einen kleinen Stoffball zu, fängt ihn geschickt wieder auf und freut sich spitzbübisch, wenn sein Spielgefährte den Ball fallenläßt. Seine Leher behandeln ihn mit nachdrücklicher Behutsamkeit. Der Chine-Lama erzählt mir, daß es ihre Aufgabe sei, sich Tag und Nacht um den kleinen Rimpotsche zu kümmern, ohne je ungeduldig oder ärgerlich zu werden. In seinen Bewegungen und seiner Haltung besitzt der Knabe natürliche Anmut und Grazie. Von Zeit zu Zeit betrachtet er mich mit einem strahlenden Lächeln, das wie eine Welle von Sympathie und Zuneigung über mich hinströmt.

Es ist Nachmittag geworden. Die Strahlen der Sonne fallen schräg. Ein dikker, kleiner Mönch erscheint und kündet Pilger an, die sich von dem Rimpotsche segnen lassen wollen. Einer der beiden Erzieher wechselt mit seinem Zögling ein paar Worte, und im selben Augenblick geht eine überraschende Wandlung auf dem hübschen Kinderantlitz vor sich. Eben noch ein verspieltes, übermütiges Kind, hat es sich jetzt in einen würdigen Heiligen verwandelt, mit in sich gekehrtem Gesicht und Augen, aus denen ein fast überirdisches Licht von Güte, Verständnis und Mitgefühl leuchtet. Er nimmt einen kleinen Dorje in die rechte Hand, und während er die Gebetsformeln wiederholt, die ihm der Lehrer mit leiser Stimme vorspricht, berührt er mit seinen Händen segnend die Scheitel der ehrfürchtigen Besucher.

Nachdem die Pilger sich wieder entfernt haben, kann ich einige Fragen an den heiligen Knaben richten. Ich erfahre, daß er aus einem Kloster in Mitteltibet stammt. Er wird sich nur wenige Tage in Bodnath aufhalten und dann weiter nach Sikkim reisen, wo seine Erziehung in der Umgebung eines sehr berühmten Lamagelehrten weitergeführt und beendet werden soll. Während wir uns unterhalten, sehe ich draußen vor dem Fenster Männer und Frauen unermüdlich um den Stupa wandern. Unwillkürlich drängt sich mir die Frage nach dem Sinn dieses ständigen Umkreisens auf, und ich stelle sie dem Rimpotsche. Seine Antwort ist einfach und klar:

So wie die frommen Pilger dort unten immer und immer wieder um den Stupa herum gingen, so würden sie auch stets von neuem geboren, bis sie endlich am Schluß ihres Weges Erlösung aus diesem Kreislauf fänden. Wer damit beginne, einen Stupa zu umwandern, der habe den ersten Schritt auf dem unendlichen Pfad zur Erleuchtung getan. Das, was die Leute dort täten, sei jedoch nur der Anfang dieses Weges. Um das Ziel des Nirwana zu erreichen, sei es nötig, sich weiterhin unablässig zu bemühen, die Unwissenheit zu überwinden und höchstes Wissen zu erlangen.

Es ist jetzt Zeit, das Gespräch zu beenden, und ich lasse mich zum Abschied ebenfalls von der Kinderhand segnen. Eine Weile sitze ich noch beim Chine-Lama, betrachte seine Kostbarkeiten und trinke zum ersten Mal tibetischen Buttertee. Nachdem ich einen kleinen, silbernen Buddha erstanden habe, breche ich auf und fahre nach Kathmandu zurück.

Als ich einige Tage später wieder nach Bodnath komme, ist der kleine Rimpotsche bereits fort. Man erzählt mir, daß er aufgebrochen sei zu dem Kloster in den Bergen Sikkims, wo ein ehrwürdiger Abt ihn wie einen Sohn erwarte.

Hanuman, der Gott der Affen

Unweit der Stadt Banepa, die einen halben Tagesmarsch östlich von Kathmandu liegt, steht ein halbzerfallenes Tempelchen im Pagodenstil. Neben dem alten Gemäuer sprudelt eine klare Quelle in einen Steintrog und niedrige Bäume spenden spärlichen Schatten. Schon seit langer Zeit scheint hier niemand mehr gebetet zu haben; der Ort atmet die Ruhe des Vergessens. Neben der Tür, die in den dunklen Tempelraum führt, lehnen einige staubige, zerspaltene Steinplatten mit Reliefdarstellungen. Nur eine Platte ist noch vollständig erhalten. Auf ihr erkennt man die Gestalt eines Affen mit langem, über den Kopf gebogenem Schwanz und schlanken, sprungbereiten Gliedern. Es ist Hanuman, der Affengott.

Im Ramayana, einem uralten, indischen Buch von hoher dichterischer Qualität, wird die Geschichte Hanumans erzählt: Es lebte in grauer Vorzeit ein Prinz mit Namen Rama, Sohn des Königs von Ayodhya. Er war mit der wunderschönen Prinzessin Sita verheiratet, die alle weiblichen Tugenden in höchster Vollendung in sich vereinigte. Als Rama eines Tages für kurze Zeit seinen Palast verlassen hatte, wurde Sita von dem Dämonenkönig Ravanna durch eine List geraubt und auf die Insel Lanka, das heutige Ceylon, verschleppt. Sobald Rama den Verlust bemerkte, machte er sich an die Verfolgung des Räubers. Ein Volk von Affen, unter ihrem göttlichen Anführer Hanuman, lief dem Heere Ramas voran und wies ihm den Weg. Auf der Insel Lanka wurde Ravanna gestellt, aber er weigerte sich, die schöne Sita herauszugeben. Ein harter Kampf entbrannte, in dessen Verlauf der Dämonenkönig mit fast allen seinen Dämonen getötet wurde. Hanuman mit seiner Affenschar hatte wesentlichen Anteil am Siege. Rama zog daraufhin mit seiner geretteten Frau im Triumphzug nach seiner Heimatstadt Ayodhya zurück. Seit jener Schlacht mit den Dämonen werden die Affen von den Hindus als heilige Tiere verehrt. Ha-

Eine tausend Jahre alte Steinfigur Hanumans, des Affengottes, steht neben dem Schrein von Shiva und Parvati.

numan aber zog sich später in den Himalaya zurück, wo er mit anderen unsterblichen Helden des Ramayana in Meditation versunken lebt. Deshalb soll es auch in den Wäldern der Himalayavorberge besonders viele Affen geben.

Wenn man den steilen Weg nach Swayambunath hinaufgeht, der zu dem berühmten Stupa auf dem Hügel hoch über Kathmandu führt, begegnet man Mengen von Affen. Ungeniert bewegen sie sich zwischen den frommen Pilgern und fressen mit großem Appetit die Opfergaben vor den heiligen Schreinen. Es sind Rhesusaffen, die mit gedrungenem, braunhaarigem Körper, kurzem Schwanz und rötlichem Gesicht und Gesäß ganz anders aussehen, als die Affengestalt auf der Steinplatte vor dem halbzerfallenen Tempelchen. Die Scharen Hanumans, die auch die Vorlage für die Reliefdarstellung bilden, sind langschwänzige Languraffen. Als Waldbewohner kommen sie selten in die unmittelbare Nähe menschlicher Siedlungen und dann nur, um Felder und Obstbäume zu plündern. Man wird sie kaum jemals im dichtbesiedelten Kathmandutal sehen; aber auf den schmalen Pfaden, die durch das zerklüftete Bergland führen, begegnet man diesen schlanken, weichhaarigen Gesellen oft.

Zum ersten Mal treffe ich auf die Gefolgschaft Hanumans in der Nähe des Dörfchens Namdu, ungefähr sechs Tagemärsche östlich Kathmandus. Gegen

Mittag erreiche ich mit meinen vier Trägern das weitgeschwungene Talrund von Namdu, das mit steilen Waldhängen zum schäumenden Tamba Koshi Fluß abstürzt und dessen fruchtbare, rötliche Terrassenfelder Reis, Mais und Hirse im Überfluß liefern. An einem kleinen Teich halten wir Rast im Schatten eines Kiefernhaines. Nachdem wir gegessen haben und mein Koch Khale einen Vorrat an Reis und Eiern erhandelt hat, steigen wir zu einem dichtbewaldeten Berg hinauf, den die Bewohner von Namdu »Hanumante« nennen, was »Mutter der Affen« heißt. Weit oben am Hanumante übernachten wir in einem armseligen Bergbauernhaus, das kaum Platz genug für die siebenköpfige Familie des Besitzers und die fünf Gäste bietet. Trotzdem sind die Bauersleute entgegenkommend, verkaufen uns Brennholz für einen Spottpreis und beobachten mit neugieriger Freundlichkeit unsere Hantierungen. Die Kinder, ungewaschen und nur mit einem Hemdchen bekleidet, betrachten uns aus ernsten Gesichtern. Ein kleiner Bub bückt sich scheu nach einem achtlos fortgeworfenen Schokoladepapier, streicht es sorgfältig glatt und trägt den kostbaren Schatz ins Haus, um ihn zu verstecken. Nach dem Essen sitzen meine Begleiter gemeinsam mit der Familie des Bauern um ein Feuer vor dem Haus, schwatzen, lachen und rauchen. Ich habe mein Lager auf der offenen Veranda unter dem Vordach aufschlagen lassen, schreibe beim Flackerschein einer Kerze Tagebuch und lausche auf die Rufe und Geräusche der Bergnacht.

Am nächsten Tage streife ich durch die Wälder am Südhang des Hanumante. Riesige Hemlocktannen und Weißtannen ragen wie Pfeiler in den blauen Himmel und bilden mit ihren Kronen das schattenspendende Dach dieses Domes. Lange Flechtenbüschel hängen wie Bärte von den Zweigen, und alle Äste sind mit dicken Moospolstern überzogen, Zeugen der ungeheuren Feuchtigkeit, die sich während der Monsunzeit über diese Wälder legt. Jetzt aber ist Frühwinter, klares Wetter herrscht und man geht angenehm auf dem weichen Moosboden. Ich sammle Samen von Rhododendren, die zwischen den hohen Bäumen einen bizarren Unterwuchs bilden und suche nach Knollen von Orchideen. Auf einen abgebrochenen, vermoderten Baumstamm setze ich mich nieder, um ein wenig auszuruhen. Meine Träger habe ich in das nächste Tal vorausgeschickt, wo sie eine Unterkunft suchen und auf mich warten sollen. Die große Stille des Bergwaldes hält mich gefangen, nur ganz in der Ferne bellt ein Hund. Ich träume vor mich hin, da läßt mich eine raschelnde Bewegung hochfahren. Vorsichtig wende ich mich zur Seite und sehe in ein kohlschwarzes Gesicht mit leuchtenden, dunklen Augen, das aus der Unterwelt zu kommen scheint. Eine mehr als 1 m große Gestalt hockt wenige Schritte neben mir, ein alter Languraffe, der mich mit mindestens ebensolcher Verblüffung mustert wie ich ihn. Sein schlanker Körper und die langen, sehnigen Arme und Beine sind hell graubraun behaart, das Gesicht ist nackt und schwarz und wird von einer Mähne weißer Haare umrahmt. Hände und Füße sind ebenfalls schwarz. Behutsam schiebt er sich rückwärts, ohne mich auch nur einen Moment aus den Augen zu lassen. Nachdem er einen gebührenden Abstand hergestellt hat, schnellt er sich auf einen Baum und läßt sich auf einem dicken Ast nieder, von dem aus er mich beobachten kann. Sein langer, kräftiger Schwanz hängt gerade nach unten und zuckt nur hie und da ein wenig.

Kaum hat der Affe auf dem Ast Platz genommen, da wird es lebendig in den Zweigen und zwischen den Bäumen am Boden. Überall tauchen schwarze und graue Gesichter auf, bewegen sich schlanke, langschwänzige Gestalten. Ich habe meinen Rastplatz mitten unter einer Familie von Languraffen ausgesucht, und da der alte Anführer der Herde jetzt auf mich achtgibt, können sich die übrigen Familienangehörigen sorglos tummeln. Einige halbwüchsige Affenbuben und -mädchen toben in den Zweigen herum, daß es nur so rauscht und knackt. Wie die wilde Jagd sausen sie in die Baumkronen und springen mit traumwandlerischer Sicherheit von einem Wipfel zum anderen. Arme und Beine sind beim Sprung griffbereit nach vorne gestreckt, der Schwanz wird wie ein Fragezeichen steif in die Luft gehalten und dient zur Steuerung der verwegenen Luftfahrt. Manchmal sitzt einer der Affenjünglinge ruhig am Boden, als ginge ihn das Spiel nichts an. Ein anderer läuft mit steifen, seitlich stelzenden Schritten scheinheilig an ihm vorüber, versetzt ihm jäh einen auffordernden Klaps und schon geht die Toberei von neuem los. Hinauf in die Baumkronen, hinüber in die Zweige des Nachbarbaumes, hinunter auf den Boden und wieder den Stamm hinauf.

Etwas abseits vom wilden Spiel sitzt auf einem niedrigen Ast eine Affenmutter und beschäftigt sich mit ihrem Säugling. Das Gesicht des Langurenbabys ist im Gegensatz zu den erwachsenen Mitgliedern der Herde licht hellgrau gefärbt und wird erst im Verlauf seines weiteren Wachstums dunkler werden. Wenn das Kind sich zu weit auf den Ast vorwagt, ergreift die Mama es kurzerhand mit einem raschen Griff ihrer langen Arme am Schwanz und zieht es daran zurück. Als das Kleine wieder einmal einen Ausflug unternimmt und die wilde Jagd der Halbwüchsigen gerade ganz nahe vorüber tobt, flüchtet es von selbst ängstlich quiekend zur Mutter zurück. Weinend und mit empörtem Gesicht kuschelt es sich an ihre haarige Brust und kann erst wieder durch die mütterliche Milchquelle beruhigt werden. Ein paar ältere Affendamen sitzen mit herabhängenden Schwänzen und gelangweilten Gesichtern in den Zweigen

Ein Gewirr von Schlingpflanzen durchzieht die ursprünglichen Wälder im Terai, dem Flachland vor den Bergen.

eines riesigen Ahorns und sehen so aus, als ob sie einen Nachmittagsschwatz hielten.

Ich muß jetzt an den Aufbruch denken, wenn ich noch vor Dunkelheit mein Nachtquartier im Tal erreichen will. Behutsam erhebe ich mich und gehe Schritt für Schritt rückwärts davon. Immer noch hockt der alte Languraffe wie ein schwarzgesichtiger Waldteufel auf seinem Ast und hält Wache. Bei meiner ersten Bewegung macht er einen langen Hals und läßt ein melodiöses Brummen hören. Sofort gerät die Affenherde in Aufruhr. Hastig sammeln sich die Tiere in den Baumkronen und antworten ihrem Anführer mit den gleichen Brummtönen. Dann setzt sich die Gesellschaft in Bewegung und entfernt sich rauschend durch die Wipfel. Der Wächter aber bleibt sitzen und schaut mir nach, bis ich bergab verschwunden bin.

Von diesem Tage an begegnen wir den Untertanen Hanumans auf all unseren Wanderwegen. Immer wieder raschelt es in den Büschen und Bäumen, springen die langschwänzigen, grauen Gesellen elegant von Ast zu Ast. Einmal sehen wir auf dem Tschiaubas-Paß von weitem einen freistehenden Baum, der mit großen Früchten bedeckt zu sein scheint. Beim Näherkommen erweisen sich diese Früchte als Angehörige einer Affenfamilie, die es sich auf den kahlen Ästen in der Sonne bequem gemacht haben und von uns keinerlei Notiz nehmen. Einer sitzt auf der höchsten Spitze des Baumes wie der Stern an einem Weihnachtsbaum. Manchmal habe ich das Gefühl, daß wir unter dem besonderen Schutz des Affengottes stehen, denn unsere Reisen durch das Land verlaufen glatt und ohne bedrohliche Zwischenfälle. Keine Notbrücke bricht unter uns zusammen, kein Bergsturz bringt uns in Gefahr, und niemals werden wir durch wilde Tiere gefährdet. Dabei ziehen wir lange Zeit durch ein Gebiet, das von Tigern, Leoparden und wilden Elefanten »nur so wimmeln« soll. Die einsame Landschaft des westnepalesischen Terai und der ersten Vorbergketten am Unterlauf des gewaltigen Karnaliflusses, die wir einige Wochen lang durchstreifen, gelten als besonders wildreiche Jagdgebiete. Aber außer ein paar Elefantenfährten und einer frischen Tigerspur im Ufersand, die ich eines Morgens hinter meinem Zelt entdecke, finden sich keinerlei Hinweise auf die Nähe gefahrbringender Großtiere.

Wir ziehen den Karnali aufwärts durch eine grandiose Flußlandschaft mit dichten Urwäldern, die die ersten Ketten des Vorhimalaya, die Siwalikberge, wie mit einem Fell bedecken. Die Wälder am Flußlauf des unteren Karnali sind fast unbesiedelt. Mit Ausnahme ganz vereinzelter Dörfer stößt man nur an den Fährstellen auf andere Menschen. Es gibt keine Brücken am Unterlauf des Stromes, lediglich Einbaumfähren aus Sal- oder Simalholz. Schaukelnd und schwankend wird der Reisende in diesen schmalen Booten durch die gurgelnde

Strömung an das gegenüberliegende Ufer gebracht. Auch hier werden Affen zu unseren täglichen Begleitern. Bald sind es braune Rhesusaffen, die sich eher am Boden und in den Felsen bewegen, bald Languren, die sich mit Vorliebe in den Baumkronen aufhalten. Wir sind froh, wenn der Weg nicht direkt am Flußufer entlangführt, sondern sich durch schattenspendenden Urwald schlängelt, denn die gnadenlos strahlende Sonne verbreitet in den Monaten Februar und März eine brütende Hitze.

An solch einem glühend heißen Tag steigen wir von einem Bergrücken der Mahabharat-Lekh, der zweiten, hohen Vorbergkette, hinunter zum Karnali. Diese Gegend ist geradezu übervölkert von Affen, alle paar hundert Meter begegnen wir einer Horde. Ich nehme mir schon gar keine Zeit mehr, stehenzubleiben und zu schauen, denn die Hitze hat mich matt und schwerfällig gemacht. Schweißtriefend trotte ich dahin und erreiche lange vor meinen Trägern den Fluß. Die grünblauen, rasch dahinschießenden Fluten wecken meine Lebensgeister von neuem; ein unbezwingbares Verlangen nach einem kühlenden Bad erfaßt mich. Kurz entschlossen streife ich die Kleider ab und stürze mich ins Wasser. In diesem Augenblick erhebt sich in den Baumwipfeln am Ufer lautes Rauschen, und ein schwarzes, von weißen Haaren umrahmtes Gesicht nach dem anderen reckt sich aus dem Blätterdach. Neugierig und verblüfft starrt die Schar der Baumbewohner auf das nackte Wesen, das sich da in den Wellen tummelt. Ich drehe mich prustend auf den Rücken und schicke einen vergnügten Jodler hinauf zu den Zuschauern auf der Galerie. Darauf verschwinden die Köpfe, um im nächsten Moment wieder aufzutauchen. Als ich dann jedoch triefend und köstlich erfrischt dem Wasser entsteige und zum Trocknen auf die Uferfelsen klettere, ergreift die ganze Gesellschaft schleunigst die Flucht. Daß ein Wesen zunächst seine Haut abstreift, dann ins Wasser springt, wie ein Fisch darin herumschwimmt und schließlich noch wie ein Affe auf die Felsen klettert, ist zuviel für einen gewöhnlichen Languren. Da ist es doch besser, sich davonzumachen. Es gibt viel Gelächter, als ich am Abend meinen Begleitern diese Geschichte erzähle, und sie nennen mich von nun an manchmal neckend »Bandhar-Sahib«, den Affen-Herrn. Der Fluß aber besingt noch viele Nächte mit seinem unermüdlich rauschenden Lied unseren Schlaf. Das tiefe Brummen der Affen und der rauhe Schrei der Kormorane und weißen Reiher begleiten unsere Wanderung.

Einige Monate später, nachdem der Monsun mit seinen schweren Regengüssen über das Land gegangen ist und die Westwinde den Himmel wieder blank gefegt haben, besuche ich das Sherpadorf Junbesi in Ostnepal. Von hier aus braucht man nur noch einen Tagesmarsch, um in die Gletscherregion zu gelangen, und die schneebedeckten Gipfel erscheinen zum Greifen nahe. An einem sonnigen Nachmittag schlendere ich mit meinem Sherpafreund Njima Dorji den Weg zu dem Dörfchen Mobung entlang, wo wir seinen Onkel aufsuchen wollen. Plötzlich stößt mich Njima leicht in die Seite. »Schau, Sahib, dort vorn. Bandhar, Affen«, sagt er leise und weist auf eine Baumgruppe, die am Rande der steinmauerumsäumten Kartoffelfelder steht. Eine Anzahl Languraffen tummelt sich in den Zweigen, Erwachsene, Halbwüchsige und Mütter mit kleinen Affenbabys. Sogar ein großer, brauner Rhesusmann gehört zu dieser Herde. Wir bleiben stehen und beobachten das lebhafte Treiben der Tiere. Njima Dorji erzählt mir, daß die Affen oft hier durchziehen, aber bei den Leuten im Dorf nicht beliebt sind, da sie sich gern an den Kartoffeln auf den Feldern vergreifen. Auf meine Frage, ob man den Languren auch bei den Almen oberhalb der Baumgrenze oder gar im Schnee der Gletscher begegnen kann, schüttelt mein Freund den Kopf. Es seien Bewohner der Wälder, sagt er, die den schützendenden Bereich der Bäume nur kurz und ungern verließen. Was sollten sie auf den Almhängen oder gar auf dem Gletscher, wo sie viel unbeholfener seien als im Wald und leicht die Beute des Schneeleoparden werden könnten?

Allmählich kommt Unruhe in die Affenschar, und die Tiere ziehen den steilen Felsschrofen am Südhang oberhalb des Dorfes entgegen. Eine alte Äffin bleibt als Wachtposten auf einem Steinblock zurück und beobachtet aufmerksam jede Bewegung auf dem Weg und zwischen den Häusern. Da kommt plötzlich ein kleiner, schwarzer Hund aus dem Dorf gelaufen und stürzt sich laut kläffend auf die Affenfrau. Diese nimmt zunächst wenig Notiz von ihm, wehrt den aufdringlichen Schreier mit ärgerlich-lässigen Handbewegungen ab. Schließlich wird ihr die Bellerei zu lästig und sie läuft mit hocherhobenem Schwanz hinter den anderen Affen her, die bereits die Felsen erreicht haben. In blindem Eifer folgt ihr der bellende Gernegroß. Als er jedoch um die erste Felsnase biegt, bleibt er wie angewurzelt stehen und verstummt augenblicklich. So viele Langschwänzige, die sich jetzt alle gegen ihn wenden, hat er nicht erwartet. Man sieht es dem kleinen Hund deutlich an, wie seine Angriffslust in zitternde Angst umschlägt. Mit einem Satz wirft er sich herum und strebt mit eingekniffenem Schwanz, ängstlich jaulend und auf schnellstem Wege in die Sicherheit der Häuser zurück. Die jähe Wandlung des kleinen Helden wirkt so komisch, daß Njima und ich in lautes Gelächter ausbrechen.

Am nächsten Morgen steige ich mit zweien meiner Träger auf den Soluberg, der bis zu seinem 3500 m hohen Gipfel mit einzelnen Baumgruppen bestanden ist. Von dem Gratrücken, der sich zu den höheren Bergen am Talschluß hinzieht, bietet sich ein prächtiger Blick auf die Eisflanken von Numbur und Kariolung. Während wir im weichen Weidegras eine kurze Rast halten, begegnet uns wieder die Affenherde vom Vortage. In langer Reihe ziehen die Tiere über den Bergkamm an uns vorüber und steigen auf der anderen Seite ins Tal hinunter. Dunkel heben sich die Silhouetten gegen die gleißenden Schneefelder des Hintergrundes ab. Es ist ein Bild von gespensterhaftem Eindruck, wie sich die langschwänzigen Kobolde vor der unnahbaren Gletscherkulisse mit raschen Schritten und eleganten Sprüngen bewegen. Selten empfindet man den Zusammenprall der Gegensätze auf engstem Raum so hart und deutlich. Affen und Eisberge! Tiere, die man sich in einer tropisch-subtropischen Umwelt vorstellt, und die direkte Nähe einer arktischen, lebensfeindlichen Urlandschaft. Ich verstehe jetzt, warum man den Aufenthaltsort Hanumans in den Himalaya verlegt hat. Dieses Gebirge bedeutet für seine Scharen die unmittelbare Grenze ihres Lebensraumes, jenseits derer sich die Phantasie der Menschen nur noch die Existenz von Wesen denken kann, die mit dämonischen Kräften begabt sind. Hanuman, der mystische Anführer der Languraffen, wird an einen Ort versetzt, der für gewöhnliche Lebewesen nicht mehr zugänglich ist. Aber er soll seinen Untertanen nahe sein. Deshalb denkt man ihn sich in der eisigen Welt des hohen Himalaya. In der Vorstellung der Bergbewohner herrscht er von dort aus über seine Languraffen, von denen ein jeder an die Legende erinnert, wie Rama sich mit Hilfe des Affenheeres sein Weib aus der Gewalt des bösen Dämons Ravanna zurückholte.

Feste und heilige Stätten

»Sie sollten morgen in aller Frühe nach Swayambunath gehen,« sagt Professor Mukunda Raj Aryal, hervorragender Kenner der nepalesischen Kultur, »dort wird das Panscha-Dana-Fest gefeiert, das Fest der 5 Opfergaben. Tausende von Newars pilgern schon in der Nacht auf den Hügel, und Sie können die Menschen bei der Ausübung ihrer Rituale beobachten.« Ich beherzige den Ratschlag und beginne, zusammen mit meiner Frau und ein paar Freunden, an einem warmen Augusttag schon um 6 Uhr morgens den Aufstieg über die steile Treppe, die zum großen Stupa hinaufführt. Es ist fast kein Durchkommen durch den Menschenwurm, der sich über die Stufen wälzt. Heiter und gelassen steigen die Menschen die Stufen hinauf und herab, die Frauen in farbenfrohen Saris, die Männer mit der bunten oder schwarzen Nepalikappe auf dem Kopf. Viele tragen Gefäße mit Reis, Früchten und Blumen als Opfergaben in den Händen. In kurzen Abständen wandern kleine Musikkapellen aus Trompeten, Klarinetten, Flöten, Becken und Madaltrommeln in der Menge mit. Kaum hat sich die rhythmische Musik der einen Kapelle entfernt, hört man schon die Töne der nächsten näherkommen. Wie Wellen aus Blasmusik und Trommelschlägen fließt es den Hang auf und ab.

Oben, wo der große Dorje den Zugang zum Stupa bewacht, bewegt sich ein ununterbrochener Strom von gläubigen Menschen in Uhrzeigerrichtung um das Heiligtum. Alle Altarnischen mit vergoldeten Buddhas und Bodhisattvas stehen weit offen. Überall werfen die Gläubigen Reis- und Weizenkörner, Früchte oder Blumen in die Nischen. Die Affen haben heute einen guten Tag; sie huschen zu den Altarfiguren hinein, raffen rasch so viele Opfergaben, als

Man könnte glauben, mit diesem steinernen Garuda von Changu Narayan einen lebendigen Licchavikönig vor sich zu haben.

sie greifen können und turnen dann behende auf die Dächer der umliegenden Häuser. Ich beobachte eine Familie, Großvater und Großmutter, der Familienvater mit seiner Frau, einige halberwachsene Söhne und Töchter: vor jeder Buddha- und Bodhisattvafigur bleiben sie stehen, legen die Hände grüßend zusammen und drücken ihre Scheitel zu Füßen der Statue gegen den Nischenrand. So holen sie sich den Segen der erleuchteten Wesen. Die Gebetszylinder stehen nicht einen Augenblick still, Tausende von Händen halten sie in surrender Drehung. Vor den Häusern im Westen des Heiligtums sitzen die Vadschra-Acharyas, buddhistische Priester der Newars, dicht an dicht in einer Reihe hinter ihren Opferkörben und nehmen die Opfergaben entgegen. Jeder Pilger, der dort vorbeikommt, wirft eine Handvoll Reiskörner, Weizenkörner, einige Geldstücke, Früchte oder Blumen aus seinem Gabenvorrat in die Körbe. Sorgfältig wird das Opfer verteilt, so daß jeder Priester etwas abbekommt. Von Zeit zu Zeit eilen die Frauen und Töchter der Vadschra-Acharyas herbei und leeren die Opferkörbe. Es ist beeindruckend, mit welcher Grazie und welcher Ehrerbietung die Gläubigen sich zu den Priestern herabbeugen, um diese mit der Gabe zu ehren. Vor dem Pagodentempelchen, das eine Gottheit mit heilenden Kräften gegen Kinderkrankheiten beherbergt, staut sich eine lange Schlange von Frauen. Sie wollen alle mit einem Opfer Gesundheit und Heilung für ihre Kinder erbitten.

Je höher die Sonne steigt, umso ruhiger wird es um den Stupa. Nur noch wenige Pilger kommen den Berg herauf. Der große Ansturm der frommen Newars ist vorüber; sie haben ihre religiöse Pflicht an diesem Tage in Swayambunath erfüllt und sind wieder in ihre Häuser zurückgekehrt. Wir stehen vorne am steilen Abhang und blicken weit über das Kathmandutal. Die Vadschra-Acharyas räumen ihre Opferkörbe ab und kehren ebenfalls heim. In der Versammlungshalle der Gompa neben dem Stupa werden Butterlämpchen entzündet, und ein Gong ruft die Mönche zur Morgenrezitation.

Am letzten Tag vor Neumond in der zweiten August- oder ersten Septemberhälfte wird das Gokarna Aunshi, das Fest der Vaterverehrung im Kathmandutal gefeiert. Mein Freund Shashi hat mich im Vorjahr auf dieses Fest aufmerksam gemacht: »An diesem Tage gehen alle Söhne und Töchter mit einem Geschenk aus gekochten Eiern, Früchten, Süßigkeiten und Blumen zu ihrem Vater, verehren ihn und erbitten seinen Segen. Diejenigen aber, deren Vater bereits gestorben ist, pilgern hinaus nach Gokarneshwar, um dort im Tempel dem Shiva als Stellvertreter für alle toten Väter das Opfer und die Verehrung

Der Tempelbezirk von Pashupatinath am heiligen Bagmatifluß ist Shiva als dem Herrn über alle Lebewesen geweiht.

des Sohnes oder der Tochter darzureichen«. Er schweigt einen Augenblick, dann fährt er fort: »ich habe auch keinen Vater mehr und wandere deshalb jedes Jahr hinaus nach Gokarneshwar. Willst Du mich morgen begleiten?« Shashi ist der älteste Sohn seines Vaters und jetzt Oberhaupt der Familie. Als Erstgeborenem obliegt ihm die Pflicht, die Reinigungszeremonien für den Seelenfrieden seines Vaters auszuführen, damit dieser in eine bessere Wiedergeburt eingeht. Er hat auch die 13 Tage dauernde Totenwache bei seinem gestorbenen Vater halten müssen, hat damals sein Haar abrasiert, sich in ein weißes Baumwollgewand gekleidet, gefastet und bis zur Totenverbrennung bei dem Leichnam in einem kahlen Raum auf einer Strohschütte geschlafen. Shashi hat heute selber einen kleinen Sohn, der die vorgeschriebenen Dienste der Tradition später übernehmen wird. Obwohl er ein junger Mann unserer Tage ist, mit einem Beruf in der Touristenbranche, versucht mein Freund, die religiösen Bräuche zu beachten und in sein modernes Leben einzupassen. Vor allem aber möchte er den Respekt gegenüber den Eltern, insbesondere gegenüber dem Vater, an seine Kinder weitergeben. Wir sind dann hinausgezogen zum Shivatempel am Bagmatifluß und haben das Fest der Vaterverehrung miterlebt.

Auch in diesem Jahr ist Shashi mit mir und einigen Freunden am Morgen des Gokarna Aunshi unterwegs. Wir fahren mit dem Auto am großen Stupa von Bodnath vorbei, bis zu den ersten Häusern von Gokarneshwar. Hier beginnt der Pilgerweg zum Shivatempel. Eine unablässige Prozession von Menschen bewegt sich auf der Straße nach Norden. Von allen Richtungen strömen Pilger herbei. In kleinen Gruppen oder in langen Reihen wandern sie zwischen den grünen Reisfeldern daher und kommen von den Hügeln ringsum herab. Alle diese Pilgergruppen sind auf ein einziges Ziel gerichtet: den Pagodentempel von Gokarneshwar mit seiner goldblitzenden Spitze. Wie bei allen Festen in Nepal sind die Menschen heiter und vergnügt, freuen sich über das Fest und beziehen uns in ihre Fröhlichkeit mit ein. Der Tempel steht direkt über dem Ufer des heiligen Bagmatiflusses. Vor fast 2000 Jahren hat hier vermutlich die Hauptstadt der Kirata-Dynastie gestanden, die ein längst vergessenes und von späteren Einwanderern verdrängtes Volk regierten. Vielleicht findet man viele Eigenschaften der Kiratas heute noch in den ostnepalischen Volksstämmen der Rai und Limbu. Eine unübersehbare Menschenmenge, bunt und in geschäftiger Bewegung, hat sich in der Umgebung des Tempels versammelt. Wir drän-

Vom Tempelbezirk Changu Narayan im Nordosten des Kathmandutales blickt man weit nach Süden über das fruchtbare Tal (oben).

Beim Frauenfest Teej vollführen die Frauen und Mädchen ihre Opferrituale nach den Anweisungen des Brahmanenpriesters (unten).

gen uns durch die Massen und queren über eine Holzbrücke auf das südöstliche Hochufer des Bagmati, von wo aus wir das gesamte Areal überblicken können. Unter uns nehmen die Gläubigen ein rituelles Bad im Fluß. Zu Hunderten stehen sie im Wasser, tauchen mit den Köpfen hinein, legen sich bis zum Hals in die flache Strömung oder spülen ihren Mund mit Bagmatiwasser. Die Männer sind nur mit einer kurzen Hose bekleidet; die nassen Badesaris der Frauen kleben eng an den weiblichen Körperformen. Viele haben die Hände zusammengelegt und verharren im Gebet zwischen den Ritualwaschungen. Shashi gibt die Erklärung: »diejenigen Menschen, die sich beim Baden nach Süden wenden, verehren Shiva und alle ihre Vorfahren; diejenigen, die sich nach Osten wenden, verehren ihren eigenen, toten Vater; diejenigen jedoch, die sich nach Westen verbeugen, sind zum ersten Mal in Gokarneshwar und haben ihren Vater erst kürzlich verloren.« »Aber Gokarneshwar klingt so ähnlich wie der Pilgerort Gokarna in Südindien. Haben die beiden heiligen Stätten etwas miteinander zu tun?« will ich wissen. »Ja, jeder gläubige Hindu sollte nach dem Tode seines Vaters einmal im Leben nach Gokarna in Südindien pilgern,« antwortet Shashi, »jeder nepalesische Hindu sollte jedoch vorher hier in Gokarneshwar gebadet und geopfert haben. Diese Forderung haben unsere Brahmanenpriester im 14. Jahrhundert aufgestellt.« Drei junge Frauen, in ihre Badesaris gehüllt, legen sich im Fluß unter uns in die Flut, drehen und wenden sich im Wasser und lachen über das ganze Gesicht. Eine Weile verharren sie anschließend im stillen Gebet, mit dem Gesicht nach Süden gewendet. Dann steigen sie wieder ans Ufer, trocknen sich ab, legen ihre trockenen Festtagssaris an, nehmen die Schalen mit den Opfergaben auf und gehen hinüber zum Tempel. Nach dem Bad kommt nun die Verehrung Shivas.

Wir gehen über die Holzbrücke zurück und mischen uns noch ein wenig unter die Menge. Mitten zwischen den bade- und opferbereiten Hindus stoßen wir auf eine kleine Gruppe von Tamangs. Sie haben auf der Wiese am Bagmatiufer einen buddhistischen Altar mit Thankas, Bronzefiguren, Butterlämpchen und verschiedenen Opfergaben aufgebaut. Ein älterer Tamang zelebriert ein Rezitationsritual, wobei er den Dorje und eine Gebetsglocke in den Händen hält. Seine Frau, seine Söhne und seine Töchter sitzen hinter ihm und verfolgen, ohne auf das Stimmengewirr und Menschengewimmel in der Umgebung zu achten, voller Hingabe das Ritual. Es zeigt sich hier in Gokarneshwar wieder einmal der alles umspannende Atem nepalesischer Religiosität; nicht nur die Hindus, auch viele Buddhisten begehen das Fest der Vaterverehrung, allerdings auf ihre eigenständige, traditionelle Weise.

Mit Mukunda Raj Aryal fahren wir an einem sonnigen Morgen über Bodnath und am Gokarna-Wald vorbei bis zur Ortschaft Bramhakhel. Wir wollen nach Changu Narayan, dem Vishnuheiligtum auf einem Hügel im Nordosten des Kathmandutales. Wir lassen das Auto im Schatten eines Hauses stehen und gehen zu Fuß zwischen den Reisfeldern hindurch an den Manoharafluß. Das nur wadentiefe Wasser ist leicht zu durchwaten und gleich darauf stehen wir am Fuß des steilen Weges, der zum Heiligtum hinaufführt. Eine Schar aufdringlicher Knaben, die für einige Rupien unsere Fototasche tragen wollen, begleitet uns. Die Buben bleiben am Beginn der breiten Treppe, die in den Tempelhof leitet, zurück; weiter dürfen sie mit den Fremden nicht gehen. Wir betreten durch ein Tor den viereckigen Hof, der von einem durchgehenden, doppelstöckigen Gebäude umgeben wird und in dessen Mitte die Zweistufenpagode mit ihren kunstvoll geschnitzten Stützbalken und den steinernen Wächterelefanten steht. Sofort umfängt uns eine friedevolle, beruhigende Stimmung. Der Platz ist seit grauer Vorzeit dem Vishnu geweiht. Aus Stein geformte Vishnufiguren von hinreißender Anmut und Eleganz stehen rund um die Pagode. Sie sind sehr alt und weisen in die Licchavizeit, in das erste Jahrtausend unserer Zeitrechnung zurück. Man erkennt Vishnu immer an seinen Attributen: der Keule, dem Diskus, der Meeresschneckenschale und der Lotosblüte. Mukunda erklärt uns, daß es diese verhältnismäßig kleinen Steinfiguren sind, die den Platz in einem magischen Gleichgewicht der beschützenden und bedrohenden Kräfte halten. Scheinbar ohne System stehen sie hier mitten auf dem Hof oder dort gegen die Stufen eines Steinpodestes gelehnt. In Wirklichkeit fixiert jedoch jede dieser Vishnudarstellungen eine bedrohliche Dämonengottheit. So beruhigt Vishnu Vishvarupa, der viele Erscheinungsformen gleichzeit Umfassende, eine Bhairavafigur in der Nähe des Eingangstores. Vishnu Garudasana, die in göttlicher Angeklärtheit auf dem menschenköpfigen Garuda sitzende Vishnufigur, bannt einen Schlangendämon, der unter dem Kileshwar Mahadev-Tempelchen hervorkriecht. Die dämonische Kraft der Schlange ist aber trotz der Einwirkung von Vishnu noch immer so groß, daß in den Eckräumen im Gebäude hinter Vishnu Garudasana niemand wohnen mag, aus Angst vor Krankheit und frühzeitigem Tod. Schließlich wirken auch Vishnu Vikranta, der als Zwerg mit einem Riesenschritt die Welt von einem gefährlichen Unterweltkönig befreit und Vishnu Narasimha, der – halb Mensch, halb Löwe – einem besiegten Dämonenkönig die Eingeweide herausreißt, auf bedrohende Dämonenkräfte ein und halten sie in Schach. »Nicht alle Vishnufiguren, die Sie hier rund um die Pagode sehen, erfüllen eine magische Aufgabe,« sagt Mukunda, »aber die vier kunstgeschichtlich bedeutsamsten Bildwerke, die ich Ihnen eben genannt habe, sind auf diese Weise wirksam. Würde man sie entfernen, um sie beispielsweise in einem Museum vor Diebstahl zu sichern, wäre gleichzeitig das magische Gleichgewicht von Changu Narayan zerstört.«

Wir schlendern um den Pagodentempel herum. Mukunda erzählt uns dabei die Entstehungslegende des Heiligtums:

Einst stand an diesem Platz ein riesiger Tschampakabaum. Ein Priester wohnte in der Nähe, der besaß eine Kuh, deren Milch er für seine täglichen Opferrituale und für seinen eigenen Lebensunterhalt verwendete. Als die Kuh einmal unter dem Tschampakabaum graste, trat ein schöner Mann aus dem Stamm hervor, trank die Milch der Kuh und verschwand wieder im Baum. Der Priester entdeckte den Milchdiebstahl und wurde darüber derart zornig, daß er dem Mann aus dem Baum auflauerte und ihm mit dem Schwert den Kopf abschlug. Da erschien aus dem kopflosen Körper Vishnu, vierarmig mit seinen Attributen Keule, Diskus, Meeresschneckenschale und Lotos. Der Priester erkannte, wem er den Kopf vom Rumpf getrennt hatte, und er erschrak fürchterlich. Aber Vishnu beruhigte ihn und erklärte, daß er selber vor langer Zeit in einem Kampf einen Brahmanen getötet habe und verflucht worden sei, wiederum durch einen Brahmanen geköpft zu werden. Er habe nach vielen Irrwegen Zuflucht in diesem Tschampakabaum gefunden, wo er auf die Einlösung des Fluches warten konnte. Dies sei nun geschehen und der Fluch sei durch das Schwert des Priesters von ihm genommen worden. So habe er seinen Frieden wiedergefunden und wolle fortan an diesem Platz bleiben. Daraufhin wurde der Tempel von Changu Narayan gegründet. »Die Figur Vishnus im Tempel soll derjenigen des Vishnu Garudasana hier draußen gleichen,« sagt Mukunda, »doch weiß niemand genau, ob er der Legende entsprechend ohne Kopf dargestellt ist. Nur der zuständige Priester weiß es, denn er allein hat Zugang zum Tempelinneren, aber er schweigt.«

Wir sind auf unserem Rundgang um die Pagode am Haupteingang angelangt, wo wir vor einigen bedeutsamen Skulpturen stehenbleiben. Neben den Figuren von König Bhupalendramalla und seiner Gemahlin Bhuvanalakshmi aus dem Ende des 17. Jahrhunderts, zieht ein am Boden kniender, übermannshoher Garuda die Aufmerksamkeit auf sich. Ursprünglich stand er wohl auf einer Säule vor dem Tempel, von der ein Bruchstück mit Inschrift heute neben den Tempeleingang gestellt ist. Der Licchavikönig Manadeva hat im Jahre 464 unserer Zeitrechnung diese Inschrift anbringen lassen, und sie ist ein ergreifendes Dokument der Liebe zwischen Mutter und Sohn aus jenen versunkenen Tagen. Der Text berichtet, daß Manadeva nach dem Tode seines Vaters die Mutter Rajyavati überzeugte, nicht der Sitte gemäß ihrem Gemahl in den Tod zu folgen, sondern gemeinsam mit ihrem Sohn die Totenriten zu vollführen und das Reich zu regieren. Der Garuda trägt die porträthaften Züge seiner Stifterpersönlichkeit. Möglicherweise war dies nicht Manadeva, sondern sein Vorgänger. Es durften in der Licchavizeit keine Menschenporträts vor den Tempeln aufgestellt werden, deshalb ließ der damals regierende König sich eben in einem Garuda porträtieren. Die mit zusammengelegten Händen in betender Haltung knieende Gestalt zeigt einen untersetzten, kräftigen Körper, der wohltrainiert erscheint. Das Haar ist gekräuselt; das Gesicht mit seiner deutlichen Nase und seinem energischen Kinn läßt auf einen willensstarken Charakter schließen. Die vollen, ein Lächeln andeutenden Lippen lassen vermuten, daß die hier dargestellte Persönlichkeit die Freuden des Hoflebens zu genießen wußte. Es berührt uns eigenartig, daß wir hier in einer Steinskulptur Verbindung mit einem Menschen aufnehmen können, der vor eineinhalb Jahrtausenden gelebt hat. Aber warum kniet er am Boden, warum ist er von seinem Sitz auf der Säule heruntergefallen? Mukunda beantwortet uns auch diese Frage: »Die Legende erzählt, daß einst Garuda auf der Säule sich über Vishnu im Tempel lustig machte, weil dieser niedriger plaziert war als er. Vishnu wurde darüber so zornig, daß er mit magischer Kraft Garuda von seinem Podest herunterstürzte und so die religiöse Rangordnung wiederherstellte. Diese Erzählung und einige Anzeichen an der Figur selber lassen darauf schließen, daß ein Erdbeben die Säule umstürzte. Die Säulenbasis steckt noch vor dem Tempeleingang in einer angerissenen Bodenplatte, über die Stirn von Garuda verläuft ein tiefer Riß und ein Stück seines linken Flügels ist abgebrochen. Alles deutet darauf hin, daß das Erdbeben den Garuda von seinem hohen Sitzplatz nach links fallen ließ.«

Wir verlassen den Tempelbezirk durch das östliche Tor. Wir bummeln durch die Gassen des anschließenden Dorfes, wo überall Säulenbruchstücke aus der Licchavizeit in Treppen und Mauern eingebaut sind. Mukunda führt uns in einen verwilderten Garten. Hier liegen, von Pflanzen teilweise überwachsen, alte und vernachlässigte Steinfiguren. Es sind die genauen Kopien der Skulpturen im Heiligtum oben auf dem Hügel. Sie wurden im 17. Jahrhundert, als der Changu Narayan-Tempel abgebrannt war, angefertigt und hier aufgestellt, damit man die Seele aus den Hauptfiguren herbeibringen und weiterhin verehren konnte. Vielleicht ist es ganz gut, daß diese Figuren so unbeachtet in einem verwilderten Garten liegen, denn stünden sie irgendwo gut sichtbar, könnten sie die Begehrlichkeit von Antiquitätendieben erregen. Der Diebstahl von alten Figuren und Schnitzereien aus den Heiligtümern im Kathmandutal hat sich zu einem großen Problem ausgewachsen, das aus den Industriestaaten nach Nepal importiert wurde. Immer wieder trifft man auf leere Nischen oder Tempeleingänge ohne geschnitztes Tympanum. Was hier verschwunden ist, gelangt wohl über dunkle Wege in die Geschäfte einer internationalen Antiquitätenmaffia. Auch die Figuren von Changu Narayan sind gefährdet, aber die Familien der für das Heiligtum zuständigen Priester und ihrer Gehilfen bewachen sie wirkungsvoll. Ständig sind Menschen auf dem Hof beschäftigt, und so lange das Leben um den Pagodentempel pulsiert, kann nichts unbemerkt fortgenommen werden. Wir gehen noch einmal hinauf zu den Vishnuskulpturen, wir blicken dem Königsgaruda ins Antlitz und wir lassen uns von dem Zauber des Vishnu Garudasana einfangen. Changu Narayan ist ein Ort, der zum Verweilen und zum Träumen einlädt; man kann sich nur schwer von ihm trennen.

»Wenn Sie die Anmut und Schönheit nepalesischer Frauen in einer unvergeßlichen Vielfalt erleben wollen, dann müssen Sie zum Teej-Fest nach Pashupatinath gehen,« diesen Rat erteilt mir ein Buchhändler in Kathmandu, den ich bei jeder meiner Nepalreisen aufzusuchen pflege, um mich mit neuester Literatur einzudecken. An einem schwülen Sommermorgen Ende August stehen wir in Pashupatinath am Ufer des heiligen Bagmatiflusses gegenüber dem goldblitzenden Pagodentempel. Das Heiligtum Pashupatinath ist Shiva als dem Herrscher über alle Lebewesen geweiht, und es gilt als die heiligste Stätte der Hindus im Kathmandutal. Heute bietet sich hier ein ungewöhnlich farbenprächtiges Bild. Ein nicht abreißender Strom festlich gekleideter Frauen – die meisten in ihren roten, golddurchwirkten Hochzeitssaris – kommt zum Flußufer herab, um rituelle Waschungen oder gar ein rituelles Bad vorzunehmen. Die Frauen und Mädchen sind fröhlich gestimmt, sie lachen, schwatzen und geben sich voll Heiterkeit ihrem Ritual hin. Daß gleich daneben unter einem weißen Tuch ein Sterbender im Angesicht des heiligen Flusses Erlösung von seinen Leiden sucht, ist kein Widerspruch. Festesfreude und Sterben gehören in den natürlichen Kreislauf von Leben, Tod und Wiedergeburt wie Geschwister in eine Familie. Nach den vorgeschriebenen Waschungen steigen die Frauen die steilen Stufen zum inneren Tempelbezirk hinauf, der allen nichthinduistischen Besuchern verschlossen bleibt. Dort beten und opfern sie für das Wohlergehen und ein langes Leben ihrer Ehemänner und Söhne; die jungen Mädchen erbitten sich einen guten, verständnisvollen Bräutigam.

Teej – das im Deutschen wie »Tietsch« ausgesprochen wird – ist das alljährlich wiederkehrende, große Fest der Frauen Nepals. Es dauert 3 Tage. Am ersten Tag wird ein üppiges Festmahl eigens für die Frauen bereitet, und es werden Schmuck oder bunte Haarbänder als Geschenke verteilt. Dabei entzünden die Frauen und Mädchen unzählige Lichter, singen und tanzen bis Mitternacht. Der zweite Tag ist der Höhepunkt des Festes. An diesem Tage müssen die Frauen und Mädchen zu Ehren ihrer Ehemänner und zukünftigen Bräutigame ein strenges Fastengebot beachten. Sie wandern zu Fuß hinaus nach Pashupatinath, wo sie die rituellen Waschungen, die Opferungen und Gebete vornehmen. Von Hausarbeiten und Kinderbetreuung sind sie an diesem Festtag befreit, das übernehmen heute die männlichen Familienmitglieder. Am Morgen des dritten Festtages verehrt jede Frau ihren Mann mit einem besonderen Gericht. Danach versammeln sich die Frauen zu Opferzeremonien, die von Brahmanenpriestern angeleitet werden. Das Teejfest wird auch außerhalb des Kathmandutales gefeiert. Auf unserer Rückfahrt von Lumbini, dem Geburtsort Buddhas, treffen wir vor Pokhara auf eine festlich gekleidete Frauengruppe, die im Kreis unter einem großen Banyangbaum sitzt und unter Anleitung eines Brahmanen die Opferungen durchführt. Vor jeder Frau brennt auf einem Blatteller ein Feuerchen, in das sie während der gemeinsamen Rezitation Reiskörner, Weihrauch oder wohlriechende Zweige wirft. Die Frauen lassen sich durch unsere Anwesenheit nicht stören, mit anmutigen Bewegungen und aufmerksamer Konzentration vollführen sie ihr Ritual. Nur gelegentlich blickt eine hoch und lächelt uns zu.

Es gibt ein großes Halloh, als wir während des Teejfestes in Pashupatinath die Frau unseres Freundes Mukunda treffen. Mit einigen Freundinnen und Verwandten ist sie hergekommen, um den Festtag in der traditionellen Weise zu begehen. Bezaubernd sehen die Damen aus in ihren roten, mit Goldstickerei versehenen Saris, mit ihren schwarzen Haaren, die in einen langen Zopf geflochten sind, mit ihrem Goldschmuck im Haar, in den Ohren, um die Handgelenke und mit ihren dunklen, leuchtenden Augen. Lange können wir uns nicht mit den hübschen Frauen unterhalten; lachend und schwatzend wandern sie weiter zum Heiligtum, wo sie durch das Eingangstor in der Menge der bunten Saris verschwinden. Wir aber sitzen noch eine Weile auf der Schwelle eines Hauses und beobachten, wie die zierlichen Frauen und Mädchen in größeren oder kleineren Gruppen kommen und gehen. Ein Rausch der Farben, ein Fest der weiblichen Schönheit, das uns verzaubert.

Bevor wir am letzten Tag des August zu einem Ausflug nach Banepa und Panauti aufbrechen, fahren wir kurz zum Durbar-Platz in Kathmandu. Heute wird hier – als Beginn des 8 Tage dauernden Indrajatrafestes – ein hoher Baumstamm aufgerichtet, ein hölzerner Linga. Einige Soldaten der nepalesischen Armee sind gerade damit beschäftigt, den Mast, von dem ein langes, mit farbigen Symbolen besticktes Banner herunterhängt, hochzustemmen. An diesem ersten Tag des Indrajatra, das sowohl dem Gott Indra als auch der dämonischen Schutzgottheit des Kathmandutales Bhairava gewidmet ist, umschreiten die Bewohner von Kathmandu in einer feierlichen Prozession die alten Grenzen der Stadt. Außerdem werden an verschiedenen heiligen Orten und vor vielen Tempeln Masken von Indra und Bhairava zur Schau gestellt. Auch das Gitter vor der prächtigen, vergoldeten Maske des Sveta Bhairava am alten Königspalast Hanumandoka wird für die 8 Festtage hochgezogen. Am Abend des ersten Indrajatra-Tages fließt sogar Tschang durch eine Röhre aus dem Mund

der Maske, um den sich die jungen Burschen und Knaben unter lautem Geschrei raufen. Dieser Tschang gilt als wundertätig und glückbringend.

Während der folgenden Festtage finden mehrere Prozessionen der Königskumari, der lebenden Kindgöttin aus dem Goldschmiedegeschlecht der Shakyas, statt. Um zu dem pagodenartigen Prozessionswagen vor ihrem Haus zu gelangen, wird die Kumari durch einen neben ihrer Behausung liegenden Tempel und Tempelhof getragen, den Tharumula Bahal. Mich verbindet mit diesem Tempel eine ganz besondere Beziehung. Zwei Jahre zuvor war er vom Verfall bedroht. Tiefe Risse durchzogen die Wände und das Regenwasser drang durch das löcherige Dach in das Tempelinnere. Doch mit einer privaten Initiative wurde dieser Tempelbau gerettet. Auf Bitten des zuständigen Guthis, der Tempel-Verwaltungskommission, konnte ich als Vorsitzender der Gesellschaft »Freunde Nepals« und zusammen mit meinen Freunden in Deutschland die benötigten Finanzmittel auftreiben, um den Tharumula Bahal zu restaurieren. Nach den alten Methoden der Tempelrestaurierung in Nepal, mit all den notwendigen Ritualen und Opferungen, ließen einheimische Maurer, Holzschnitzer und Wandmaler zwei Jahre später das Gebäude wiederauferstehen. Besonderen Anteil an diesem partnerschaftlichen Werk hatte aber mein nepalesischer Freund Shashi Bhandari, der alle Arbeiten überwachte und dafür sorgte, daß die Geldmittel sparsam eingesetzt wurden. Er ist jetzt genauso stolz wie ich, als der Tharumula Bahal am dritten Tag des Indrajatrafestes durch den nepalesischen Erziehungsminister und im Beisein einer Gruppe der Gesellschaft »Freunde Nepals« eingeweiht und seiner religiösen Bestimmung zurückgegeben wird. Der Bau mit seinem reich ornamentierten Eingangstor, seinen kunstvoll geschnitzten Stützbalken und den farbenprächtigen Wandmalereien mit Szenen aus dem Leben Buddhas strahlt schöner als je zuvor. Die Erbauungsgeschichte dieses Tempels geht bis in die Gründungszeit der Stadt Kathmandu zurück. Die Legende erzählt, daß er in seiner heutigen Gestalt auf Veranlassung des Königs Lakshmi Narsingh Malla gegen Ende des 16. Jahrhunderts aus der Wurzel des gewaltigen Baumes erbaut wurde, dessen Stammholz zur Errichtung des berühmten, nur wenige Meter entfernten Tempels Kastamandapa diente. Nun ist die Seele, die man während der Bauarbeiten an einem geheimen Ort aufbewahrte, in die uralte Steinfigur der buddhistischen Gottheit Devavatara im Tempelinneren zurückgebracht worden. Die Gottheit kann am alten Platz unter einem sicheren Dach verehrt werden.

Während des Indrajatrafestes wird die Kindgöttin Kumari festlich geschmückt und fährt anschließend in einem pagodenartigen Prozessionswagen durch die Straßen von Kathmandu.

Am Nachmittag unserer Tempeleinweihung hat sich eine große Menschenmenge auf den Stufen der Pagoden vor dem alten Königspalast aufgestellt. Wir mischen uns unter die erwartungsvollen Nepalesen, denn das Indrajatrafest erreicht heute einen seiner Höhepunkte. Der König und das gesamte diplomatische Corps werden erwartet; sie wollen wie wir die Prozession der Königskumari erleben. Eng gedrängt sitzen und stehen die Menschen bis hinauf zu den Tempeltüren, sorgfältig getrennt nach Männern und Frauen. Gelegentlich gelingt es einem Burschen, sich unter das falsche Geschlecht zu schmuggeln, aber unter Gejohle und Gelächter wird er von der Polizei sehr bald wieder zwischen den Frauen und Mädchen hervorgezerrt und in die richtige, männliche Gesellschaft gestoßen. Die Königlichen Hoheiten und die Excellenzen lassen noch auf sich warten. Inzwischen unterhalten Tänzer hinter Masken von Dämonen und Göttern das geduldige Volk. Sie tanzen zu einer Musik aus Madaltrommeln und Blasinstrumenten. Auch eine Elefantenmaske, unter der sich zwei Männer verbergen, stampft und schaukelt tanzend auf dem Durbar-Platz herum. Der Elefant ist Gott Indra zugeordnet; zusammen mit den Götter- und Dämonenmasken tanzt er allabendlich während des Indrajatrafestes durch die Straßen Kathmandus. Wir haben, als fremde Gäste und wegen der besseren Sicht, einen Platz unter den Frauen an der Ecke einer Pagode zugewiesen bekommen. Von hier können wir den gesamten Platz und die Ehrenloge am Königspalast überblicken. Die Auffahrt der Prominenz beginnt. Minister und hohe nepalesische Staatsbeamte, Botschafter aller in Nepal akkreditierten Länder und ihre Frauen, Prinzen und Prinzessinnen kommen mit ihren Autos vorgefahren und betreten die Empore. Schließlich nehmen Ihre Majestäten, der König und die Königin von Nepal, die beiden Ehrenplätze am vorderen Rand der Loge ein, und die Kumariprozession kann beginnen. Die Kumari wird aus ihrem Haus durch den Tharumula Bahal auf die Straße hinausgetragen, gefolgt von ihren Begleitern Ganesh und Bhairav, zwei reich geschmückten Knaben. Das hübsche Mädchen mit der Stupsnase und den vollen, kindlichen Lippen blickt ernst, in der Mitte seiner rot bemalten Stirn prangt das göttliche Stirnauge, auf dem Kopf trägt es eine kunstvoll gearbeitete Krone. Vor dem Haus warten schon die drei Prozessionswagen. Im größten Wagen, der die Form einer Dreistufenpagode hat, fährt die Kumari; in den beiden kleineren, vorausfahrenden sitzen jeweils Ganesh und Bhairav. Unter den Klängen einer Blaskapelle rumpeln die unförmigen Prozessionswagen, die von gläubigen Bewohnern der Stadt gezogen werden, über das holprige Pflaster vor der Ehrenloge und biegen in die Gassen von Kathmandu ein. Am heutigen Abend führt die Kumariprozession durch die südliche Stadt, morgen wird sie sich durch die nördlichen Stadtteile bewegen. Kaum sind die Pagodenwagen mit den lebenden Göttern verschwunden, springen wieder die Maskentänzer hervor und tanzen vor der Königsloge. Der König belohnt sie, indem er Geldmünzen auf den Platz herabwirft. Dann brechen die Majestäten auf, und die Ehrengäste folgen ihnen. Die große Kumariprozession aber bewegt sich noch bis spät in die Dunkelheit hinein durch die Straßen der Stadt.

Das Indrajatrafest hat viele Bezüge und Bedeutungen. Es ist sowohl dem Gott Indra gewidmet, als auch Bhairava, dem Schutzgott des Kathmandutales. Beide Gottheiten sind durch ihre Masken und Bhairav zusätzlich als Begleiter der Kumari vertreten. Der erste Tag, mit der Errichtung des Lingastammes und mit der Prozession um die alten Grenzen der Stadt, erinnert an die Gründung von Kathmandu. Dann ist das Indrajatra ein Fest der Kumari-Auftritte, die in den Wagenprozessionen gipfeln. Schließlich besitzt dieses Fest auch einen historischen Bezug, denn genau am zentralen Indrajatratag eroberte König Prithvi Narayan Shah im Jahre 1768 die Stadt Kathmandu; er ließ sich damals von der Kumari mit einem Tika die zukünftige Herrschaft der Shah-Dynastie bestätigen. Noch heute begibt sich an einem Abend des Indrajatrafestes der König von Nepal persönlich zur Kumari und läßt sich von ihr ein Tika auf die Stirne drücken; eine symbolische Bestätigung der Herrschermacht.

Während eines Morgenspaziergangs durch die Straßen von Kathmandu beeindrucken mich die vielen Masken, die man überall vor den Tempeln ausgestellt hat. Die relativ kleinen Masken von Indra stehen auf hohen Holzpodesten, die Bhairavamasken – teils aus vergoldeter Bronze, teils aus Holz – hängen vor den Tempeleingängen. Manche sind uralt und an den Rändern ausgebrochen. Unter dem Maskengestell vor dem Kastamandapa haben Frauen lange Reihen von Öllämpchen aufgestellt. Ohne auf den um sie herumbrausenden Verkehr zu achten, hocken sie voller Andacht vor den brennenden Lichtern, beten und vollführen Opferrituale. Die Gelassenheit der religiösen Hingabe kann von dem Lärm des Straßenlebens nicht erreicht werden.

Wir können das Ende des Indrajatrafestes, das mit dem Umlegen des Linga-Mastes vor dem alten Königspalast ausklingt, nicht miterleben, denn zusammen mit einigen Freunden breche ich zu einem Ausflug nach Lumbini im südlichen Teraigebiet auf. Für jeden, der sich näher mit dem Buddhismus befaßt hat, ist Lumbini ein Zauberwort. Hier wurde rund 500 Jahre vor unserer Zeitrechnung Gautama Shakyamuni Buddha geboren. Hier begann das Menschenleben, das mit der Lehre Buddhas eine Weltreligion begründete, die durch mehr als zwei Jahrtausende Millionen von Menschen ihre religiöse Erfüllung brachte. Hier wurde eine Religion geboren, die von ihren Anhängern als obersten, ethischen Anspruch Mitleid und liebevolle Zuwendung zur Nachbarkreatur fordert. Nach heutigen Grenzziehungen wäre Gautama Shakyamuni ein

Sohn Nepals gewesen, damals war er der Erstgeborene eines kleinen Lokalfürsten. Lange Zeit war der Geburtsort Gautama Buddhas ein Ort der Legende. Erst in unserem Jahrhundert wurde er wiederentdeckt.

Wir fahren auf der von den Chinesen erbauten Straße nach Pokhara und wenden uns dort nach Süden, um über eine landschaftlich besonders reizvolle Strecke, durch fruchtbares Ackerterrassenland mit malerischen Bauernhäusern, die flache Terai-Ebene zu erreichen. Es ist schon später Abend und stockdunkel, als wir beim Lumbini Guest House in der Nähe der Stadt Bhairawa vorfahren. Wenig später sitzen wir im Garten des kleinen Hotels; die subtropische Abendschwüle umgibt uns, große Nachtschmetterlinge flattern gegen die Lampe und der Duft eines indischen Reisgerichtes steigert unsere Vorfreude auf das Abendessen. Anderntags strahlt die Sonne von einem klaren Morgenhimmel. Ein kurzer Fußmarsch bringt uns zu den Ausgrabungsstätten von Lumbini. Wir wandern an Reisfeldern entlang, die sich in der flachen Ebene bis an die ersten Hügelketten der Himalayas im Norden dehnen. Rotköpfige Saruskraniche stehen paarweise auf den Feldern. Kleine Dörfer mit reisstrohgedeckten Hütten ducken sich in den Schatten vom Bambusbüschen und Mangobäumen. Die Landschaft vermittelt den Eindruck von Fruchtbarkeit und bäuerlichem Wohlstand. Am Eingang zu der parkartigen Anlage von Lumbini steht eine große Tafel, auf der die zukünftige Planung des sogenannten Lumbiniprojektes verzeichnet ist. Unter japanischer Leitung soll hier ein Zentrum buddhistischer Ökumene entstehen, an dem alle buddhistischen Länder der Erde beteiligt werden. Vorgesehen sind Klöster und Klosterakademien der verschiedenen buddhistischen Lehrrichtungen, Meditationsgebäude, Konferenzhallen, Hotels, Pilgerunterkünfte, Restaurants und Läden; alles soll sich um die Ausgrabungen als religiösen Mittelpunkt gruppieren. Allerdings befindet sich dieses Zentrum des Weltbuddhismus noch im Zustand der Planung; zu besichtigen sind lediglich der Geburtshain selber, ein Park mit der Gedenksäule des verstorbenen Königs Mahendra und eine Gompa, die der Fürst von Mustang erbauen ließ.

Wir betreten das große Parkgelände und folgen einem breiten Wiesenweg, der zum eigentlichen Lumbinihain führt. Kleine Gruppen indischer Familien und einige Tibeter pilgern vor uns in derselben Richtung. Schließlich stehen wir unter einem großen Baum am Rande des gemauerten Teiches, in dem der Legende nach die Königin Maya ein Bad nahm, ehe sie den Buddha aus ihrer rechten Achsel gebar. Ich bin tief ergriffen. Seit meiner ersten Begegnung mit den Menschen des Himalaya und ihrer buddhistischen Religion habe ich mir eine Pilgerreise nach Lumbini gewünscht. Nun stehe ich leibhaftig hier und erlebe persönlich den Ort, der in so vielen Büchern erwähnt und beschrieben

Im flachen Terai vor den Bergen liegt Lumbini, der Geburtsort Gautama Buddhas, mit der berühmten Ashokasäule.

wird. Der rechteckige Platz ist nicht groß. Außer dem Teich sind die Grundmauern einiger Stupas und Tempelhallen freigelegt worden. Vor einem neuerbauten Tempel steht die Steinsäule, die der legendäre Religionskaiser Ashoka errichten ließ, als er etwa 250 Jahre vor unserer Zeitrechnung diesen Ort besuchte. Die Inschrift auf der Säule besagt ganz eindeutig, daß hier Gautama Shakyamuni Buddha, der Erleuchtete, geboren wurde. Wir betreten den neuen Tempel. Ein Priester in gelbem Gewand entzündet einige Öllämpchen vor einem uralten Steinrelief, das die Geburt Buddhas darstellt. Ende des 19. Jahrhunderts entdeckte der deutsche Forscher Dr. Alois Führer in dem Wald, der sich über Lumbini gelegt hatte, diese Steinskulptur, die damals von der lokalen Hindubevölkerung als Jagdgöttin verehrt wurde. Dr. Führer deutete die Darstellung auf dem verwitterten Steinrelief richtig und eröffnete damit die Wiederentdeckung des heiligen Geburtshaines.

Wir treten aus dem dämmerigen Tempelinneren hinaus ins sonnenhelle Tageslicht und setzen uns für eine Weile in den Baumschatten am Rande des gemauerten Teiches. Ursprünglich war dieser Hain ein königlicher Lustgarten, der zu Kapilavastu gehörte, der weiter westlich gelegenen Hauptstadt des Fürstentums. Dort verbrachte Gautama Shakyamuni seine wohlbehütete Jugend, dort verließ er den Palast seines Vaters und begegnete dem Leiden. In der Begegnung mit dem Leiden lag das Schlüsselerlebnis für seine Lehre, die in der Verkündung der vier edlen Wahrheiten und des edlen achtfachen Pfades konzentriert ist. Jeder Schüler des Buddhismus lernt noch heute als erstes die vier edlen Wahrheiten kennen: das Erkennen des Leidens; das Wissen von den Ursachen des Leidens durch Gier, Haß und Verblendung; das Bewußtsein, daß das Leiden überwunden werden kann; die Erkenntnis über den Weg, der zur Überwindung des Leidens führt. Dieser Weg wird der edle achtfache Pfad genannt und er umfaßt die vollkommene Einsicht in die Überwindungsmöglichkeit des Leidens, den Entschluß, von dieser Möglichkeit in vollkommener Gesinnung Gebrauch zu machen, die vollkommene Rede, das vollkommene Tun, das rechte Leben, das rechte Streben, die vollkommene Achtsamkeit und die vollkommene innere Sammlung, die zur Harmonie des individuellen Lebens mit den universellen Weltgesetzen führt.

Gautama Buddha verließ Kapilavastu und Lumbini, um seine Lehre an vielen Orten zu verkünden, aber er kehrte immer wieder in seine Heimat zurück, und er empfahl auch allen seinen Anhängern eine Pilgerfahrt zum Lumbinihain. Später, vor allem seit der Zeit Kaiser Ashokas, wurde der Garten zu einem Pilgerziel allerersten Ranges. Einige der alten Pilger haben historisch bedeutsame Berichte überliefert, so beispielsweise der Chinese Fa-hien im 5. Jahrhundert oder der ebenfalls aus China kommende Pilger Hiuen-Tsiang im 7. Jahrhundert, aus dessen Bericht wir wissen, daß die heute zerbrochene Ashokasäule ursprünglich ein Pferdekapitell besaß. Im 13. Jahrhundert unternahm König Ripu Malla aus Westnepal eine Pilgerfahrt und vermerkte seinen Besuch in Form einer Inschrift, die über dem alten Ashokatext an der Steinsäule von Lumbini zu lesen ist. Durch den Einbruch des Islam und die Herrschaft der Mogulkaiser wurde der Buddhismus in den nordindischen Ebenen ausgelöscht. Kapilavastu und Lumbini gerieten in Vergessenheit, Urwald überwucherte die Ruinen der zerstörten Stätten. Erst in den Jahren 1895 und 1896 entdeckten General Khadga Shumsher Rana aus Nepal und Dr. Alois Führer die unter Buschwerk am Boden liegende Ashokasäule. Lumbini war der Vergessenheit entrissen. Erste Ausgrabungsarbeiten wurden von General Kaiser Shumsher Rana in den Jahren 1933 bis 1939 veranlaßt; seit 1971 wird unter der Aufsicht der nepalesischen Regierung systematisch ausgegraben. Die Ausgrabungsarbeiten werden allerdings derart geschickt und schonend durchgeführt, daß der religiöse Atem des Ortes unberührt bleibt. Leichter Dunst liegt über den flachen Reisfeldern. Hinter den dunklen Vorbergen am Horizont wachsen gewaltige Schneeberge in den Himmel, der Dhaulagiri und das Annapurnamassiv. Die Eisriesen scheinen unendlich fern und bestimmen doch so gegenwärtig den Charakter der Landschaft vor den Bergen.

Die Tamangs

Der Weg ist steil, die Last ist schwer,
Und meine Beine sind müde,
Schönes Mädchen, gib mir Reis und Wasser.
Ein junger Mann mit klarem Blick
Und starken, geraden Gliedern
Darf die ganze Nacht in meiner Hütte rasten.

(Lied der Träger auf den Himalayapfaden)

»Okalu batho, okalu batho«, laut hallt der Gesang der Träger über die Hänge und Schluchten. Nach einer kurzen Pause hört man leises Kichern aus dem Buschwald unterhalb des Weges, dann singen ein paar Mädchenstimmen die Antwort, hell und herausfordernd, mit einem langgezogenen Ton am Ende der Strophe. Bahamandur, Liebling der Frauen und bewunderter Sänger, improvisiert sofort einen neuen Vers, der offenbar an Deftigkeit nichts zu wünschen übrig läßt, denn er löst kreischendes Lachen in den Büschen aus. Einen Augenblick lang erscheinen ein schwarzer Wuschelkopf und zwei schräge Augen zwischen den Zweigen, verschwinden jedoch sofort wieder. Dafür ertönt in hohem Diskant eine Erwiderung, die es Bahamandur anscheinend kräftig heimzahlt, denn seine Kameraden lachen schallend und rufen ihm spöttische Bemerkungen zu. Während wir weiterwandern setzt sich der Wechselgesang noch eine Weile fort, unterbrochen von heftigem Rascheln der Büsche und starken Schlägen, mit denen die scharfe Klinge des Kukri Äste von den Stämmen trennt. Die Mädchen holen Laub als Futter für Kühe und Ziegen daheim. Der Sängerwettstreit mit den vorbeiziehenden Trägern bedeutet für sie eine willkommene Unterbrechung im Einerlei der täglichen Arbeit. Diese Art der improvisierten Wechsellieder kann man überall in dem bergigen Land hören.

Beim Holz- und Laubsammeln in den Wäldern und beim Lastentragen auf den steinigen Pfaden ertönen die näselnden Melodien; auf den Terrassenfeldern bestimmt ihr Takt den Rhythmus der Arbeit.

Später treffen wir die forschen Sängerinnen wieder, als wir im Tal am Flußufer Mittagsrast halten. Dicht hintereinander kommen fünf Mädchen den Weg herab, bloßfüßig, klein und zierlich, in abgetragene Blusen und Röcke gekleidet, jede mit einem riesigen Bündel von Laubzweigen auf dem Rücken. Rasch hasten sie an uns vorüber, werfen einen scheuen Blick unter ihren Blätterlasten hervor auf uns und eilen kichernd weiter. Die Träger rufen ihnen ein paar Anzüglichkeiten nach, aber die Mädchen antworten nicht. Erst als sich die kleine Gruppe wie eine Schlange ein gutes Stück am gegenüberliegenden Hang emporgewunden hat, tönen wieder die hellen Mädchenstimmen und sorgen dafür, daß unser Mittagessen mit Gelächter gewürzt wird.

»Die Mädchen sind Tamangs, genau wie wir«, sagt Khale, als ich ihn über die Laubsammlerinnen befrage. »Dort oben am Berg gibt es ein kleines Tamangdorf. Die Leute sprechen dieselbe Sprache wie wir.«

Alle meine Träger gehören dem Tamangstamm an. Khale, mein zuverlässiger, intelligenter Diener, Koch und Obmann der Gruppe, mit seinem charmanten Lächeln und den unglaublich krummen Beinen. Pratab, der freundliche, bescheidene Junge, der ohne zu murren jeden Hilfsdienst in der Küche leistet. Jasman, der Kavalier, der keiner Frau einen Wunsch abschlagen kann und die schwersten Lasten mit breitem Grinsen schleppt, als bereite ihm die Arbeit großes Vergnügen. Damai, der so gerne phantasievolle Geschichten erzählt und von den anderen ein wenig als Aufschneider belächelt wird. Und schließlich Bahamandur, ein hübscher, schwarzlockiger Bursche, in dessen Adern wohl einige Tropfen Sherpablut rollen und der auf alle Frauen und Mädchen eine unwiderstehliche Anziehungskraft ausübt.

Ich möchte mehr über die Tamangs erfahren, über die Menschen, mit denen ich auf meinen Wanderungen durch die Himalayatäler in engster Gemeinschaft lebe. Ich setze mich deshalb abends an das Lagerfeuer zu meinen Gefährten und bringe die Sprache auf ihre Heimat. Khale, der außer Nepali auch einige Brocken Englisch spricht, gibt mir bereitwillig Auskunft:

»Vor undenklichen Zeiten lebte weit hinter den hohen Schneebergen eine große, weiße Kuh. Diese Kuh hatte drei Söhne, Thenggu, Lunggu und Tulgu. Als die drei Brüder eines Tages auf einer fetten Weide standen, kam ein Windstoß und trug Tulgu davon, weit über die Eisberge, bis auf den Südhang des Ganesh Himal. Dort wurde Tulgu niedergesetzt, er heiratete ein Menschenmädchen, und seine Nachkommen sind die Tamangs. Sie sind später in viele andere Täler gezogen, nach Dhuntsche am Gosainkund, in die Umgebung des

Oft führen im nepalesischen Bergland schwankende Hängebrücken aus Eisenketten über die tiefeingeschnittenen Flüsse.

Kathmandutales, an den Sun-Koshi-Fluß und in die Täler Ostnepals. Dort leben sie jetzt in ihren Dörfern, bebauen ihre Äcker, hüten ihr Vieh und gehen gern nach Kathmandu, um Dienste als Träger zu nehmen. Man sagt, daß wir Tamangs besonders kräftige und ausdauernde Lastträger seien.«

»Wohnt ihr in euern Dörfern mit anderen Stämmen zusammen, oder bleibt ihr ganz für euch?« will ich wissen.

»Meistens leben in Tamangsiedlungen nur Tamangs. Vielleicht haust etwas abseits ein Schmied oder Schuster, die zu den gering geachteten Leuten zählen. Aber die Tamangs ziehen die Nachbarschaft ihrer eigenen Leute vor, genau wie die Sherpas, Gurung, Mangar, Rei oder andere nepalesische Stämme. Manchmal kommt es vor, daß ein Sherpa ein Tamangmädchen heiratet, oder ein Tamangmann eine Newarin zur Frau nimmt. Diese Fälle sind jedoch selten. Man muß bei den Menschen bleiben, deren Lebensweise man gewohnt ist und deren Götter man kennt.«

»Das leuchtet ein«, stimme ich bei, »doch was habt ihr für Götter, welcher Religion gehört ihr an?«

»Wir Tamangs haben Gompas, Klostertempel, und unsere Priester sind Lamas. Ich glaube, ihr Sahibs nennt uns Buddhisten. Aber unsere Gottesdienste unterscheiden sich von denen anderer Buddhisten, der Sherpas etwa. Wir haben viele Götter, die ganz anders sind, als die der Sherpas oder der Thakali. Wenn wir jedoch durch das Sherpaland ziehen, beten wir in ihren Tempeln, denn der große Buddha wohnt überall. In Kathmandu besuchen wir die Buddhatempel in Bodnath und Swayambunath, opfern aber auch gern ein paar Blumen auf dem Altar des Shiva, der den Brahmanen, Tschettris und vielen Newars heilig ist.«

»Habt ihr ein geistliches Oberhaupt, einen Oberpriester?«, frage ich weiter.

Khale nickt. »Unser Hauptlama ist der Chine-Lama in Bodnath. Zu ihm pilgern wir, wenn wir ein besonderes religiöses Verdienst erwerben wollen und bringen ihm Gaben. Zu den alljährlichen Religionsfesten strömen die Menschen unseres Stammes in Scharen nach Bodnath und huldigen dem Chine-Lama.«

»Ich habe den Chine-Lama einmal besucht und ihn als sehr gelehrten Mann kennen gelernt«, sage ich, »es leben viele Mönche in Bodnath. Gibt es in den Gompas eurer Dörfer auch so viele Lamas?«

»Sehr viele. Aber die meisten leben nicht im Kloster selbst. Viele sind verheiratet, wohnen mit ihren Familien in ihren Häusern und üben einen Beruf aus. Nur zu den Gottesdiensten kommen sie im Tempel zusammen. Du würdest solch einen Tamang-Lama im Alltag nicht ohne weiteres erkennen, denn er trägt die gleiche Kleidung wie alle anderen Leute. Erst für die Zeremonien in der Gompa hüllt er sich in sein rotes Gewand und setzt sich seine rote Mütze auf den Kopf. Wegen dieser roten Hüte nennt man unsere Priester Rotmützenlamas.«

Mein Interesse an den Tamangs und ihren Priestern ist jetzt wach geworden.

Kale Tamang, mein Koch und persönlicher Begleiter, wurde mir auf vielen Wanderungen zu einem echten Freund.

Ich möchte gerne wissen, was es mit den roten Mützen auf sich hat. Aber Khale zuckt die Achseln und lächelt verlegen. »Ich bin kein gelehrter Mann und kann dir nur oberflächliche Auskunft geben. Vielleicht treffen wir einmal auf einen weisen Mönch, der die richtigen Antworten weiß. Wir werden bald nach Rishingo kommen, in ein Tamang-Dorf mit einer Gompa und einem angesehenen Lama. Er weiß viel mehr über die Religion und die Götter als ich.«

Einige Tage später halten wir Einzug in Rishingo. Das Dorf liegt malerisch auf einem Bergvorsprung, rings umgeben von Terrassenfeldern. Um die Häuser, die mit Holzschindeln oder Stroh gedeckt sind, stehen Bananenstauden und Mandarinenbüsche. Eine Schar halbnackter, brauner Kinder läuft am Wegrand zusammen und starrt uns aus neugierigen, schwarzen Augen an. Wir wandern durch ein Tor, dessen Decke und Innenwände mit bunten Heiligenbildern bemalt sind und wenden uns geradewegs zur Gompa. Sie liegt auf dem Bergrücken, etwas abseits von den übrigen Häusern. Ihr Dach ist mit Ziegeln gedeckt, vor dem Gebäude flattern Gebetsfahnen, und der Vorplatz ist mit einer niedrigen Steinmauer eingefaßt. Ein alter Mann öffnet uns die Tür zum Tempel und läßt uns eintreten. Im Raum herrscht dämmeriges Halbdunkel. Die Wände sind über und über mit Malereien bedeckt. Buddhafiguren und Dämonengestalten schauen auf den Besucher herab; rote, grüne, gelbe und weiße Ornamente überziehen Stützpfeiler und Deckenbalken. Auf einem Altar stehen drei vergoldete Buddhafiguren, davor mehrere Reihen messingglänzender Butterlämpchen. Rechts und links vom Altar liegt in Fächern die heilige Schrift, kostbarer und behüteter Schatz der Gompa, denn Bücher sind den Buddhisten heilig. Vor den niedrigen Sitzbänken, auf denen die Lamas zu den vorgeschriebenen Stunden ihre Gebete verrichten, stehen und liegen einige Musikinstrumente: große Pauken, Handtrommeln, Gongs, Becken und Schalmeien.

Während wir umhergehen und die Malereien und geweihten Gegenstände betrachten, hat ein junger Lama den Raum betreten. Er ist etwa 15 Jahre alt, trägt ein rotes Priestergewand und hat den Kopf kahl geschoren. Lächelnd begrüßt er uns, fragt nach Woher und Wohin. Ein wenig später nähert sich eine Frau, die vielleicht 30 Jahre alt sein mag. Sie flüstert dem jungen Priester einige Worte zu und bleibt dann neugierig bei uns stehen. Der junge Mann stellt sie mir als Frau seines Sohnes vor. Ich stutze, mache ein ungläubiges Gesicht und frage nach dem Alter dieses Sohnes. Er sei etwa 40. Das könne doch nicht stimmen, meine ich. Doch, doch, wird mir versichert, und ich habe das Gefühl, als hielten mich die Leute für ein wenig begriffsstutzig. Schließlich greift Khale ein und klärt mich auf. Der junge Mann sei die Reinkarnation eines verstorbenen, sehr angesehenen Lamas. Dieser Lama war verheiratet und hatte einen Sohn, den Ehemann jener Frau. Als man nach dem Tode des Lamas seine Reinkarnation in dem Knaben erkannt hätte, sei dieser nicht nur in Amt und Würden des Verstorbenen eingesetzt worden, sondern der Sohn des Toten betrachte ihn ganz selbstverständlich als seinen Vater. Geändert habe sich doch nur die äußere Hülle, die Seele sei die gleiche geblieben. Nun wird mir die seltsame Geschichte klar und ich weiß, wie der 15jährige Knabe zu einer 30jährigen Schwiegertochter gekommen ist.

Ich trete aus dem dunklen Tempelraum wieder hinaus ins gleißende Sonnenlicht. Als ich zu dem Tor hinüberblicke, bietet sich mir ein Bild von fremder, wilder Eigenart. Vor der Kulisse der Berge und Terrassenfelder hebt sich die Silhouette eines Reiters ab. Eine hohe Gestalt in wehendem Mönchsgewand sitzt auf einem kräftigen Pony, das mit raschen Schritten über den Höhenrükken auf die Gompa zutrabt. Roß und Reiter erscheinen wie aus einem Guß. Kurz vor uns hält der Reiter an und springt aus dem Sattel. Wir legen die Hände zur Begrüßung zusammen und beginnen ein Gespräch. Der Mann ist ebenfalls ein Lama, der Vorsteher der Gompa und Lehrer des inkarnierten Knaben. Aus seinem klugen Gesicht blicken gütige Augen, seine Bewegungen sind beherrscht, seine Stimme ist leise. Er lädt mich ein, mit ihm in den Wohnraum über dem Tempel zu kommen und zum Abendessen sein Gast zu sein. Gern nehme ich die Einladung an. Der Raum, in dem wir auf weichen Teppichen sitzen, ist einfach eingerichtet: eine Truhe, ein Regal und eine Lagerstatt für die Nacht. Nach dem Essen aus Reis und Gemüse lenke ich das Gespräch auf die Tamang-Lamas. Mein Gastgeber, ein gebildeter Mann, gibt mir gern Auskunft:

Die Tamangs sind, wie mir schon Khale bestätigte, Buddhisten. Wie alle Anhänger des Buddhismus in Innerasien gehören sie zu der Richtung des Mahayana, des großen Fahrzeugs, das im Gegensatz zum kleinen Fahrzeug, dem Hinayana in Ceylon und Südostasien, einen reichen Gottheiten- und Dämonenhimmel einschließt. Ihre Lamas tragen rote Mützen, die mir schon aus Khales Erzählungen bekannt sind. Diese rotgefärbten Hüte weisen sie als Mitglieder der orthodoxen Nyingmapa-Kirche aus, die vor 1200 Jahren von dem heiligen Padmasambhava gestiftet wurde. Viele der Priester halten sich nicht an die strengen Mönchsregeln und leben wie alle anderen Männer mit ihren Familien zusammen. Es gibt unter ihnen ausgezeichnete Maler und weise Schriftgelehrte. Einige wurden in die mystischen Lehren der Tantras eingeweiht und besitzen als Heilkundige für Seele und Leib großen Ruhm. Bei den Tamangs hat sich neben den Lebensregeln des Buddhismus vieles aus der vorbuddhistischen Bön-Religion erhalten, einem uralten, schamanistischen Zauberglauben. Manche Darstellungen von Dämonen und Schutzgöttern drunten im Tempelraum stammen noch aus dem Bön-Glauben. Bei den Symboltänzen, die von maskierten Lamas aufgeführt werden, spielt die Erinnerung an vergangene Bön-Riten oft eine Rolle. Es gibt viele Lamas in den Tamangdörfern, und die Väter sorgen dafür, daß auch unter ihren Söhnen wieder einer zum Priester geweiht wird.

Eines Abends beziehen wir unser Nachtquartier im Hause eines Tamangbauern, das zur Ortschaft Jarsa hoch über dem Tamba-Kosi-Fluß gehört. Wie ein Lichterteppich spannt sich die unendliche Sternenpracht über das Bergland. Man kann gerade noch die buschigen Wipfel der Roxburgkiefern gegen den Nachthimmel erkennen, aus dem Tal tönt fern das Brausen des Flusses. Im Hause habe ich mich am Feuer niedergelassen und meine Augen nehmen neugierig Anteil am Leben der einfachen Bergbauern. Der Hausherr zelebriert den abendlichen Gottesdienst, wobei ihm sein ältester Sohn assistiert. Der Knabe

Die Häuser der Tamangbauern sind solide gebaut, weiß verputzt und oft mit einem Holzschindeldach gedeckt.

holt aus einer Truhe ein Buch in tibetischer Schrift, einige Öllämpchen, eine Gebetsglocke, eine Handtrommel und eine kleine Heiligenstatue aus Bronze. Er legt alles auf einem Tischchen vor dem Feuer nieder, entzündet die Lämpchen und füllt ein wenig Reis in eine Messingschale. Dann setzt er sich mit ernstem Gesicht und gekreuzten Beinen neben seinen Vater. Die Familie versammelt sich und folgt schweigend der Zeremonie. Der Lama murmelt mit geschlossenen Augen ein Gebet, nimmt das Buch und schlägt es auf. In singendem Tonfall liest er ein Kapitel vor, wobei er ab und zu die Stimme erhebt oder verlangsamt. Nachdem er geendet hat, greift er zur Gebetsglocke, läutet und spricht wieder ein langes Gebet. Manchmal nimmt er mit den Fingerspitzen der linken Hand ein paar Reiskörner und wirft sie nach verschiedenen Richtungen in den Raum. Dann stellt er die Glocke auf den Tisch und formt mit den Händen ein heiliges Mudra-Zeichen, während der Sohn dazu die Handtrommel schwingt. Immer schneller und schneller klopfen die Schlegelköpfe, bis ein rasselnder Wirbel den Gottesdienst beendet. Ich sitze noch eine Weile in Gedanken versunken. Diese Menschen besitzen eine tiefe Vertrautheit mit ihrer göttlichen Lehre, die in ihr Leben eingewoben ist wie ein Muster in einen Teppich. Das tägliche Gebet erheben sie zu einer Feier, an der die ganze Familie

Anteil nimmt. Der fremde Gast ist nicht geduldeter Störenfried, sondern wird in die andächtige Gemeinschaft einbezogen.

Meine Träger behandeln unsere Gastgeber mit auffallender Höflichkeit. Damai erzählt mir, daß man diese Leute besonders achten und schätzen müsse. Der Lama gelte als gottesfürchtiger Mann, der auf dem Wege zur Erlösung den anderen Menschen schon ein gutes Stück voraus sei und mit seiner Familie ein Beispiel gebe, wie man die heiligen Lehren befolgen müsse. Man fühlt sich wohl in der friedlichen Atmosphäre dieses Hauses. Alle Familienmitglieder behandeln einander freundlich, man lächelt sich zu, kein ungutes Wort fällt. Jeder erfüllt seine täglichen Aufgaben mit fröhlicher Selbstverständlichkeit. Die kleinen Mädchen hüten die jüngeren Geschwister und schleppen das Holz für die Feuerstelle herbei. Der älteste Sohn füttert und bewacht die Kühe. Die Mütter und die älteren Mädchen halten Haus und Hof in Ordnung, bestellen die Terrassenäcker und sorgen für Essen und Trinken. Der Vater überwacht die Feldbestellung, betreibt einige Handelsgeschäfte und versieht den Priesterdienst. Wir bleiben einen ganzen Tag in dem gastfreundlichen Häuschen am Kiefernwald. Als wir Abschied nehmen müssen, haben wir das Gefühl, als schieden wir von alten Freunden.

Auf den Wanderungen durch das Bergland Ostnepals lerne ich meine Träger als treue und zuverlässige Gefährten kennen. Sie lachen und singen gerne, versehen mit Fröhlichkeit ihren Dienst und folgen mir in jeden abgelegenen Winkel. Auf den Hochalmen dringt uns die Kälte oft bis ins Mark, und der Sturm weckt die Vorstellung von unheimlichen Dämonen. Aber ich höre meine Träger niemals klagen oder murren. Wenn ich mich zu ihnen ans Feuer setze, rükken sie gerne zur Seite. Man merkt, daß ihnen die Unterhaltung mit mir Spaß macht. Ich bin der Sahib, und nach meinen Anweisungen wird gehandelt. Allmählich wächst jedoch zwischen uns eine Vertrautheit, die unsere kleine Gruppe zu einer festen Gemeinschaft zusammenkittet. Es wird mir zur Gewohnheit, die nächsten Wege und Ziele mit meinen Gefährten zu besprechen, und ich freue mich, wenn sie frei ihre Meinung äußern.

Das Zusammenleben mit meinen Tamangbegleitern erleichtert mir das Verständnis für die Menschen der Himalayaberge, und ich lerne ihre Tugenden schätzen: Ihre Zuverlässigkeit, ihre Freundlichkeit, ihren Fleiß und ihre Ausdauer. Manchmal brechen allerdings unerwartet Leidenschaften hervor, die unter dem Gleichmut verborgen sind.

Es ist Herbst, als wir für einige Tage die Gastfreundschaft eines Sherpabauern in der Landschaft Solu in Anspruch nehmen. Er besitzt ein großes Haus im typischen Sherpastil: Im Erdgeschoß Lagerräume und Ställe, im Zwischenstock Vorratsräume und ein Gastzimmer, im Obergeschoß der große Wohnraum mit der Feuerstelle. Eines Abends habe ich mich schon früh in das Gastzimmer zurückgezogen und bin in den Schlafsack gekrochen. Da reißt mich lautes Geschrei aus dem ersten Schlummer. Im Wohnraum über mir scheint es hoch herzugehen. In der Erwartung, daß dort ein Fest gefeiert wird, erhebe ich mich wieder und steige hinauf. Meine Träger hocken im Kreis am Boden, in Gesellschaft der beiden Söhne des Bauern und einiger Burschen aus den Nachbarhäusern. Nur Khale steht etwas abseits. Als er mich gewahrt, kommt er zu mir und erklärt, was hier vor sich geht. Heute abend hätten, wie jedes Jahr, die drei Spieltage begonnen. Glücksspiele sind während des ganzen Jahres verboten, nur an drei Tagen werden sie offiziell zugelassen, und die Spielwut ergreift das ganze Land. Erhebliche Geldbeträge wechseln in dieser kurzen Zeit den Besitzer, manch einer verspielt den Verdienst von Monaten.

Meine Neugier ist geweckt und ich geselle mich zu den Spielern, um zuzuschauen. Sie sitzen um eine ausgebreitete Decke und spielen ein Würfelspiel. Man benutzt fünfzehn kleine, halbierte Nüsse, die man in einem Becher durcheinanderschüttelt. Der Becher wird mit Schwung auf die Decke geknallt, und alle Augen starren auf die Hand, die langsam den Blick auf die Nüsse freigibt. Ein Teil der Früchte liegt auf der Schnittfläche, die anderen auf der gebogenen Außenseite. Die Lage bestimmt, ob man gewonnen oder verloren hat. Unentwegt kreist der Becher von Hand zu Hand. Jeder Wurf wird von gellendem Geschrei begleitet. Manchmal murmelt einer der Würfelnden mit abgekehrtem Blick eine Beschwörungsformel, ehe er die Würfelnüsse auf die Decke kippt. Pratab, sonst bescheiden und zurückhaltend, wird besonders heftig vom Spielteufel geschüttelt. Er scheint seine Umgebung nicht mehr wahrzunehmen, seine Augen hängen gebannt an den kleinen Nüssen. Vor jedem Spieler liegt ein Häuflein Münzen, das wächst oder schmilzt, je nachdem, ob er glücklich würfelt oder verliert. Khale beteiligt sich nicht an der Würfelei. Früher habe er auch gespielt, gesteht er, aber einmal habe er seine gesamte Barschaft und noch dazu alle Ersparnisse verloren. Seitdem rühre er weder Würfelbecher noch Karten an.

Das ruhige Haus des Sherpabauern verwandelt sich in diesen Tagen in eine Spielhölle. Tag und Nacht hallt der Lärm der Spieler durch die Räume, sie finden kaum Zeit zum Essen. Wenn nachts die Familie des Bauern schlafen möchte, spielen die Burschen im Hof oder auf der Veranda beim Flackerschein einer Kerze weiter. Manchmal ist es mäuschenstill, nur die Nüsse klappern im Schüttelbecher. Eine knisternde Spannung legt sich über den Spielerkreis, die von einem Aufschrei gebrochen wird, wenn der Becher Glück oder Unglück eines Wurfes enthüllt. Pratab gerät immer tiefer in den Strudel der Spielbesessenheit. Seine Augen schimmern glasig und verschwommen. Khale erzählt, daß der junge Mann schon einen Teil seiner Löhnung verloren habe, und ich gebe Anweisung, ein wenig auf ihn aufzupassen.

Am Morgen des letzten Spieltages sitzen die Unentwegten wieder im Wohnraum beisammen. Ein Bursche aus der Nachbarschaft hänselt und stichelt Pratab, der an ihn viel Geld verloren hat. Da springt der unglückliche Verlierer mit einem Wutschrei auf, greift nach dem Kukri in seinem Gürtel und macht Miene, sich auf sein Gegenüber zu stürzen. Seine besonneneren Kameraden können ihn gerade noch festhalten und zurückreißen. Sie nehmen Pratab seinen Kukri fort; er läßt es ohne Widerrede geschehen. Der bedrohte Bursche, der erschrokken zurückgefahren ist, verläßt rasch und kopfschüttelnd den Raum. Ihm ist die Lust am Spiel vergangen. Auch für Pratab ist die Spielzeit zu Ende, denn seine Kameraden überreden ihn, sich jetzt vom Würfelbecher fernzuhalten. Wortlos verschwindet er und macht sich an unserem Küchengerät zu schaffen. Ich winke Bahamandur heran und frage ihn, ob Pratab tatsächlich zugeschlagen hätte, wären ihm seine Gefährten nicht zuvorgekommen. Man könne doch mit dem Kukri einen Arm glatt abschlagen. Bahamandur beruhigt mich und erklärt, daß die Tamangs zwar manchmal im Streit ihre Kukris benutzen, aber niemals scharf zuhauen, wie mit einer Axt. Sie schlagen nur mit der flachen Klinge gegen den Arm oder das Bein des Gegners. Die scharfe Schneide kann auf diese Weise zwar tiefe Schnittwunden hinterlassen, aber abgehackte Glieder gibt es nicht. Diese Art des Kampfes ist ein ungeschriebenes Gesetz, das ein Tamang niemals brechen würde. Es kommt jedoch selten vor, daß jemand zum Kukri greift, meist gelingt es, die Gemüter zu besänftigen.

Allmählich läßt der hektische Spieleifer nach. Der Kreis um die Decke auf dem Boden lichtet sich, bis am Abend der Würfelbecher in ein Tuch geschlagen und in einer Truhe verwahrt wird. Dort ruht er ein Jahr lang, ehe die Würfelnüsse wieder in seiner Höhlung rasseln. Friedliche Ruhe kehrt jetzt in das Haus des Sherpabauern zurück, nichts erinnert mehr an den wüsten Lärm, der noch am Morgen hier herrschte.

Nach dem Abendessen setzt sich Khale zu mir und aus seinem bedrückten Gesicht lese ich, daß er etwas auf dem Herzen hat. Auf meine Frage berichtet er, ein Mann aus Rishingo sei vorhin eingetroffen und habe die Nachricht gebracht, daß ein Onkel von Damai im Sterben liege, ein Bruder seines Vaters. Da dieser Onkel ein angesehener Lama sei und der Familie seines Bruders viel Gutes erwiesen hätte, wolle Damai schweren Herzens seinen Abschied nehmen, um den Oheim ein letztes Mal zu sehen. Ich überlege einen Augenblick und entschließe mich dann, morgen früh nach Rishingo aufzubrechen. Khale atmet erleichtert auf und strahlt über das ganze Gesicht. Unsere kleine Gemeinschaft wird nicht auseinandergerissen, und sein Freund Damai bleibt bei uns.

Tod und Hochzeit bei den Tamangs

Nach vier zügigen Marschtagen erreichen wir das Tamang-Dorf Rishingo, das uns zu Beginn unserer Wanderung schon einmal beherbergt hatte. Die Strahlen der Nachmittagssonne lassen die Häuser zwischen den Terrassenfeldern weiß aufblinken, als stünde ein fröhliches Fest bevor und nicht eine Trauerfeier. Damai verabschiedet sich kurz und eilt an das Todeslager seines Oheims. Wir anderen folgen Jasman, der uns zu dem Haus eines Schwagers führt. Es liegt etwas oberhalb des Dorfes. Weit kann man vom Vorplatz über bewaldete Bergrücken und tiefeingeschnittene Talfurchen schauen, bis hin zu den weißen Gipfelspitzen des Gaurisankar und des Menlungste. Vor der niedrigen Mauer, die den Platz gegen den Steilabfall zum Tal hin begrenzt, ragen zwei lange Gebetsfahnen in den Himmel. Ein Windhauch bewegt den Stoff, der von oben bis unten mit Gebetsformeln bedruckt ist.

Ich wende mich um und betrachte das Haus. Es ist ein stattliches Gebäude mit drei Stockwerken. Die Wände sind weiß getüncht, die dunklen Fensterstökke mit Schnitzereien verziert, das Dach ist mit Ziegeln gedeckt. Direkt unter dem Dachrand zieht sich rings um den Bau eine Girlande von getrockneten Maiskolben. In der Tür steht eine junge Frau, die älteste Schwester von Jasman. Sie bittet uns in das Haus, und ich muß mich bücken, als ich durch die niedrige Türe trete. Der Raum hat keine Fenster und erhält sein Licht nur durch die beiden Türen. Die eine führt an der Schmalseite zur überdachten Veranda, die andere an der Breitseite direkt ins Freie. Wir hocken uns an das Feuer, das in der Mitte des Lehmbodens brennt. Jasmans Schwester stellt einen Topf voll Wasser darauf und bläst durch ein dickes Bambusrohr in die Glut, daß die Flammen hell auflodern.

Durch die Tür fällt ein Schatten. Ein kräftiger Mann tritt ein, den ich auf etwa vierzig Jahre schätze. Es ist Jasmans Schwager, ein angesehener Lama und weitgereister Handelsmann. Jasman geht ihm entgegen, kniet vor ihm auf dem Boden nieder und berührt dreimal mit der Stirn den rechten Fuß des Schwagers. Diesen Gruß entbietet man nur besonders geachteten Persönlichkeiten. Dann werden wir vorgestellt, und der Hausherr lädt uns ein, während unseres Aufenthaltes in Rishingo bei ihm zu wohnen. Nachdem wir uns mit Tee und gerösteten Kartoffeln gestärkt haben, frage ich ihn, ob ich mir sein Haus ansehen dürfe.

Gern erfüllt er meine Bitte und begleitet mich durch alle Räume. Ich bin erstaunt über die hohe Wohnkultur. Regale und Truhen aus dunklem Holz sind mit weißen Ornamenten bemalt, auf den niedrigen Bänken liegen dicke Teppiche. Der Wohnraum im Erdgeschoß birgt außer der Feuerstelle noch einige Regale und zwei lehmgestampfte Lagerstätten für die Nacht. Gleich neben der Treppe, die zu den oberen Räumen führt, steht eine kleine Mühle aus Feldsteinen, die man mit der Hand betreibt. Eine Tochter des Lamas dreht eifrig den Holzgriff und füllt das Loch in der Mitte des Mahlsteins mit Weizenkörnern. Sie braucht das Mehl für die wohlschmeckenden Brotfladen, die sie zum Abendessen backen will. Wir steigen zum ersten Stock hinauf, der in zwei Wohnräume aufgeteilt ist. In dem größeren stehen an den Wänden schwere Truhen, bemalte Regale und drei Betten. In dem kleineren Zimmer, das durch ein Fenster an der Schmalseite des Hauses erhellt wird, schläft der Hausherr. Über seinem Bett ist eine kleine Nische ausgespart, in der einige Bücher liegen, gegenüber steht der Hausaltar mit Buddhastatuen, Butterlämpchen, Gebetsglocken und anderen Kultgegenständen. Das oberste Stockwerk schließlich enthält einen großen Vorratsraum.

Nachdem ich alles gebührend bewundert habe, klettern wir die steile Stiege wieder hinunter und treten ins Freie. Ein Vetter, der auch im Hause wohnt, sitzt auf der Bank neben der Tür und schnitzt an einer Dämonenmaske, die man für die Lamatänze braucht. Vor ihm liegen mehrere halbierte Holzklötze, die etwa 30 bis 40 cm lang sind. Aus diesen halbrunden Klötzen werden mit Hammer, Meißel und Schnitzmesser die Formen der Dämonenfratzen herausgeschält: Hervorquellende Augäpfel, eine glatte Nase, ein weitgeöffneter Rachen mit Reißzähnen, ein drittes Auge auf der Stirn und eine Krone aus Totenschädeln. Das Gesicht wird mit roter, blauer oder gelber Farbe bemalt, die Augen und Zähne schimmern weiß, Augenbrauen und Bart sind golden. Der Vetter ist ein berühmter Holzschnitzer, der sich auf Masken für die Tanzspiele der Lamas spezialisiert hat. Bis in weitentfernte Klöster der Sherpas verkauft er seine Tanzmasken. Ich setze mich auf die Bank und schaue ihm zu. Seine Hand führt das Messer mit großem Geschick. Span auf Span löst sich vom Holz, und zusehends wächst das Dämonenantlitz aus dem Block. Ich möchte gern eine

Maske kaufen. Wir feilschen ein Weilchen hin und her, bis der Schnitzmeister lachend meinem Preisvorschlag zustimmt und mir ein schönes Stück aus dem Hause holt, das in roten und goldenen Farben glänzt. Er versichert mir, daß mit dieser Maske schon bei religiösen Festen im Kloster getanzt wurde. Deshalb besitze sie besondere Schutzkraft.

Am nächsten Abend kommt Damai und berichtet, daß sein Onkel am Nachmittag gestorben sei. Ich werde eingeladen, an den Trauerfeierlichkeiten des kommenden Tages teilzunehmen. Schon früh bin ich auf den Beinen, denn ich möchte alles von Anfang an miterleben. Als ich das Trauerhaus betrete, tönt mir lautes Jammergeheul entgegen, an dem sich vor allem Frauenstimmen beteiligen. Vor der Leiche, die mit einem weißen Tuch bedeckt ist, hocken die Angehörigen. Mit neugierigen Augen starren sie mich an, ohne allerdings ihr Wehgeschrei zu unterbrechen. Zu Häupten des Toten sitzen drei alte Lamas in dunkelroten Kutten. Mit geschlossenen Augen rezitieren sie aus dem Totenbuch und schwingen unentwegt ihre Gebetsglocken. Ich ziehe mich in eine Ekke des Raumes zurück, von wo ich alles gut überschauen kann und bitte Khale, mir die Trauerzeremonien zu erklären:

Gestern nachmittag, kurz nachdem der alte Mann die Augen für immer geschlossen hatte, wurde er gewaschen, in ein weißes Gewand gekleidet und aufgebahrt. Auf die Stirn des Toten wurde ein Häuflein Reiskörner als symbolisches Opfer geklebt, neben die Bahre stellte man Messingschalen mit Reis, Gemüse, Fleisch und Obst. Ehe die Seele in das Totenreich einging, sollte sie sich noch einmal stärken. Dann wurden den männlichen Familienmitgliedern die Augenbrauen rasiert und das Haupthaar kahlgeschoren, bis auf ein Büschel in der Mitte des Kopfes. Alle Männer und Frauen des Hauses zogen sich weiße Gewänder an. Schon gestern abend wurden drei Lamas aus der Gompa gebeten, die Totenmesse zu halten. Sie kamen und begannen, dem Verstorbenen den geheimnisvollen »Bardo« vorzulesen, einen Text, der das Totenreich beschreibt. Die abgeschiedene Seele muß in diesem Totenreich umherirren, bis sie einen neuen Körper für ihre Wiedergeburt findet, oder bis sie die Erlösung erlangt. Auf ihrer Wanderung wird sie von Dämonen und Höllengespenstern geängstigt und versucht ständig, vor ihnen zu fliehen. Der »Bardo« erklärt die Schreckgestalten der Unterwelt und nimmt ihnen so ihre Bedrohlichkeit. Er beruhigt die Totenseele und zeigt ihr den kürzesten Weg zu einer Wiedergeburt oder zur Erlösung.

Schon seit vielen Stunden singen die drei Lamas mit sonoren Stimmen ihre Litaneien, läuten Gebetsglocken und lassen die Gebetstrommeln rasseln. Plötzlich bläst einer von ihnen in seine Knochentrompete und stößt einen schauerlichen, tiefen Ton aus. Die Leidtragenden erheben sich, die Bahre mit dem Leichnam wird hinausgetragen. Auf dem Weg durch das Dorf schließen sich weitere Trauergäste und Neugierige dem Zug an, der langsam die Hänge hinaufsteigt. Vorbei an der Gompa, durch das Tor mit den Buddhamalereien, wendet er sich schließlich dem Berg zu, der über den Häusern und Feldern steht. Oben auf dem Bergrücken erreicht die Trauergesellschaft eine Lichtung im Buschwald, auf der die Söhne des Toten einen Scheiterhaufen errichtet haben. Die Leiche wird auf den Holzstoß gehoben, den der älteste Sohn mit einer Fackel in Brand steckt. Noch einmal bricht die ganze Familie in lautes Wehgeschrei aus, die Lamas trommeln und blasen, die Flammen prasseln. Der Lärm, den die Dorfbewohner auf der kleinen Lichtung schlagen, hallt weit über das Tal. Nach mehreren Stunden ist das Feuer heruntergebrannt, nur einige verkohlte Holz- und Knochenreste sind übriggeblieben. Inzwischen haben die Söhne des Verstorbenen ein Loch gegraben, in das sie die Asche und verbrannten Reste des Scheiterhaufens hineinkratzen. Die Frauen werfen Reis, Gemüse, Fleisch, Obst und Blumen als Beigabe in die Grube, die anschließend mit Erde zugeschüttet wird. Ein paar Feldsteine werden auf die Grabstätte gewälzt, dann sind die Begräbniszeremonien beendet. Wir steigen wieder hinunter in das Dorf. Die Lamas gehen zurück in die Gompa, die Trauergesellschaft verläuft sich in die Häuser.

Im Hause des toten Tamangs beginnt jetzt die Trauerzeit, die etwa vier Wochen dauert. In dieser Zeit muß eine Reihe von Geboten beachtet werden. Die Angehörigen der Trauerfamilie tragen weiße Kleider und verzichten auf Schuhe. Sie dürfen kein Fleisch, keinen Fisch und kein Öl essen, keine Milch trinken und Salz nur in geringen Mengen verwenden. Sie müssen anstatt der großen Messingteller kleine Schalen für die täglichen Mahlzeiten benutzen, denn die Trauervorschriften gebieten Mäßigkeit bei Speise und Trank. Nach Ablauf der vier Wochen wird ein großes Fest veranstaltet, das man *»Giva«* nennt. Noch einmal werden die Lamas gerufen, um die Zeremonien zu leiten. Sie führen einen Symboltanz mit Masken und farbenprächtigen Seidengewändern auf, um die Dämonen zu besänftigen, die das Trauerhaus bedrohen könnten. Nach Gebeten und einem Reisopfer gibt der oberste Lama jedem aus der Familie eine Probe der verbotenen Gerichte auf die Hand. Damit sind die Essens- und Trinkvorschriften aufgehoben. Es beginnt ein großes Feiern und Schmausen. Eine Festtafel ist angerichtet und jeder langt tüchtig zu, um sich an gebratenen Hähnchen, Hammelkeulen, Fischen, Gemüsen und Früchten für die Fastenzeit schadlos zu halten. Tschang und Rakschi fließen in Strömen, man gedenkt des Toten vergnügt und in alkoholseliger Stimmung. Drei Tage dauert dieses rauschende Fest. Am letzten Nachmittag holt der älteste Sohn die Kleider des Verstorbenen aus einer großen Truhe und verschenkt sie an ein paar arme Verwandte. Die Trauerzeit ist beendet, das Leben kehrt in seine gewohnten Bahnen zurück. Die weißen Gewänder werden mit der Alltagskleidung vertauscht, alle Gerichte dürfen wieder gegessen werden, und das Haar der Männer wächst von neuem.

In Ningale-Pani, einem kleinen Ort zwischen den Tälern des Sun-Kosi und des Pedha-Flusses, erleben wir einige Zeit später ein Fest, das wie Tod und Geburt einen Wendepunkt im Leben der Menschen bedeutet: eine Hochzeit. Auch Ningale-Pani wird von Tamangs bewohnt; wir finden daher gleich Unterkunft bei einem entfernten Verwandten von Pratab. Ich mache es mir vor dem Haus gemütlich und blinzle durch den Sonnendunst hinüber auf die Waldrücken der Tschiaubas-Berge. Khale schreckt mich aus meinem Mittagsdösen auf und vertraut mir an, daß eine Hochzeit gefeiert werden soll. Ob ich Lust hätte, dieses Fest mitzuerleben. Er könne eine Einladung für mich erwirken; die Brauteltern würden sich die Anwesenheit eines Sahibs sicher als Ehre anrechnen. Ich bin begeistert, und Khale verschwindet mit Pratab in einem der Häuser. Nach einer Weile kommt er zurück, begleitet von einem jungen, verlegen lächelnden Mann. Es ist ein Bruder der Braut. Ich lasse ihm Tee und einige Biskuits bringen, und nachdem wir eine Weile Höflichkeiten ausgetauscht haben, lädt er mich in sein Elternhaus ein. Wir gehen zusammen hinüber und betreten den dämmrigen Wohnraum.

Am Feuer sitzen zwei alte Männer, der Vater des Bräutigams und der Vater der Braut. Zwischen ihnen stehen ein kleiner Bambuskäfig mit drei Hühnern, ein großer Teller mit Bäckereien und zwei Flaschen rosaroten Reisschnapses. Das sind Geschenke des Bräutigamvaters, mit denen er beweisen möchte, daß es ihm Ernst ist mit der Werbung für seinen Sohn. Die beiden Männer reden schnell und mit lebhaften Gesten aufeinander ein. Es geht um die Höhe des Brautgeschenkes und um den Wert des Schmuckes, den der Bräutigam seiner Braut überreichen muß. Die Brautfamilie hockt um die zwei Hausväter und verfolgt das Gespräch mit Spannung. Nur die Braut ist nicht zu sehen. Man hat sie in die oberen Räume des Hauses geschickt, wo sie auf den Ausgang der Unterredung warten muß. Schließlich einigt man sich auf einen Wasserbüffel, eine Ziege, Rakschi und Gebäck als Brautgeschenke, und auch das Schmuckangebot stellt den Brautvater zufrieden. Das Mädchen wird gerufen. Schüchtern betritt sie den Raum und vernimmt, daß der Hochzeit nichts mehr im Wege steht. Man sieht ihr nicht an, welchen Eindruck diese Nachricht auf sie macht. Mit unbewegtem Gesicht nimmt sie einen Bambuskorb mit ihren Hochzeitskleidern auf und folgt dem Schwiegervater, der sich lautstark verabschiedet. Eine jüngere Schwester begleitet die Braut in das Haus des Bräutigams, denn dort soll sie morgen früh gekleidet und geschmückt werden. Danach kehrt sie mit dem Hochzeitszug in ihr Elternhaus zurück, wo der Festschmaus stattfin-

Wenn eine Hochzeit ins Haus steht, ziehen der Tamang-Lama und sein Sohn die schönsten Festtagsgewänder an.

det. Die Mädchen haben eine halbe Stunde Weges vor sich, denn das Anwesen des Bräutigams liegt außerhalb des Dorfes hinter einem Bergvorsprung. Ehe sich die kleine Karawane in Bewegung setzt, werde ich noch eingeladen, mir morgen früh die Vorbereitungen für den Hochzeitszug anzusehen.

In der frühen Morgendämmerung begleitet mich Khale zu dem Haus, in dem Braut und Bräutigam streng getrennt ihrem Hochzeitstag entgegenharren. Wir haben uns kaum am Feuer niedergesetzt und den angebotenen Tee zum Munde geführt, als sich vor der Tür großer Lärm von Trommeln, Flöten und Zimbeln erhebt. Es sind die Dorfmusikanten, Leute aus der niedrig angesehenen Schneiderkaste, die für die Hochzeitsmusik bestellt wurden. Sie musizieren mit einer Lautstärke, als wollten sie das ganze Tal aus dem Morgenschlummer wecken. Sie dürfen die Räume des Hauses nicht betreten, denn sie gelten als unrein. Aber die Hausfrau hat ihnen ein reichliches Frühstück auf die Bank vor der Tür stellen lassen, und nachdem das Hochzeitsständchen beendet ist, wird der schrille Klang von fröhlichem Schmatzen und Schlürfen abgelöst.

Inzwischen hat sich das Brautpaar festlich gekleidet und geschmückt. Der Bräutigam trägt eine enge, helle Hose und ein blütenweißes Hemd, über das er ein braunes Jackett in europäischem Schnitt gezogen hat. Seine Füße stecken in schwarzen Lackschuhen, die ein wenig zu groß sind, auf dem Kopf sitzt eine bunte Seidenkappe. In der Hand hält der junge Mann einen Regenschirm, der ihm Würde und Ansehen verleihen soll. Die Braut zeigt sich ebenfalls stattlich herausgeputzt. Ein dunkelroter Sari mit Goldstickerei ist über eine hellblaue Seidenbluse gelegt. Die Handgelenke schmücken Silberringe mit Drachenköpfen, um den Hals hängt eine Kette aus feinziselierten Goldplatten und eine zweite aus glückbringenden Türkisen, Korallen, Bernsteinen und Glasperlen. Die Ohren werden von schimmernden Goldscheiben verdeckt, an denen riesige, goldene Ohrringe baumeln. Das Haar ist in schwarzglänzende Zöpfe mit roten Bändern geflochten und dick mit Öl eingeschmiert. In der Hand trägt sie ebenfalls einen Regenschirm, wie ihr zukünftiger Gemahl, denn heute steht sie ihm an Bedeutung nicht nach. Schüchtern läßt sie sich von den anderen Frauen bewundern und wagt kaum, den Blick zu heben.

Die Schneider haben ihr Frühstück verschlungen und greifen wieder zu den Instrumenten. Das ist das Zeichen zum Abmarsch. Für das Brautpaar stehen Pferde bereit, die übrigen Hochzeitsgäste müssen zu Fuß laufen. Mit elegantem Sprung schwingt sich der Bräutigam auf den weichen Sattelteppich, die Braut läßt sich von zweien seiner Brüder in den Sattel heben. Ängstlich klammert sie sich an die Zügel, denn sie hat noch nie auf einem Pferderücken gesessen. Hilfreiche Hände verhindern, daß sie schon nach den ersten Schritten wieder herunterrutscht. Der Hochzeitszug ordnet sich und wandert dann über den Weg zwischen den Terrassenfeldern dem Elternhaus der Braut zu. Vorneweg marschieren die Musikanten, die eifrig blasen und trommeln. Hinter ihnen sind die Brautgeschenke eingereiht: Zwei junge Burschen führen einen Wasserbüffel und eine Ziege, zwei Mädchen tragen Krüge voll Rakschi und Körbe mit Gebäck. Dann folgen die beiden Pferde, danach die Verwandten und Gäste, alle im Festtagsstaat und in bester Laune. Im Brauthaus ist für die Gesellschaft ein

Völlig in sich versunken tanzt der Tamang-Schamane zum Klang seiner Schamanentrommel auf dem Platz vor dem Nyatapola-Tempel.

leckeres Hochzeitsmahl angerichtet, und die Vorfreude beschwingt die Stimmen zu vergnügtem Geschnatter und Gelächter.

Vor der Tür wartet bereits der Vater der jungen Frau. Die Brautleute gleiten aus den Sätteln und bitten den Vater mit gebeugten Köpfen um seinen Segen. Dann treten sie in das Haus, gefolgt von der Gästeschar. Auf einem niedrigen Thron sitzt ein ehrwürdiger Lama, vor dem das Paar niederkniet und mit der Stirn den Boden berührt. Der Lama spricht ein Gebet und legt mit segnender Gebärde seine Hand auf das Haar des jungen Mannes und der jungen Frau. Damit gilt das Paar als getraut. Die Aufmerksamkeit richtet sich jetzt auf den Festschmaus. Den vornehmen Gästen wird das Essen auf glänzenden Messingtellern vorgelegt, die Masse der übrigen bekommt ihre Portionen auf großen, saubergewaschenen Blättern. Zwei Ziegen und viele Hühner sind geschlachtet und gebraten worden, auf dem Feuer brodeln in den Töpfen Gemüse und Saucen. Der Fußboden ist mit Tellern und Blättern belegt wie ein Brett mit Spielfiguren. Jedem Festteilnehmer wird ein Platz zugewiesen, und bald schmatzt und schlürft die Gesellschaft voll Wohlbehagen.

Ich darf auf einem Ehrenplatz zwischen dem Lama und dem jungen Ehemann sitzen, auf der anderen Seite des Paares haben die Eltern Platz genommen. Das Fleisch ist weich und saftig, die Saucen und Gemüse sind scharf gewürzt. Der Durst wird mit Tschang und Rakschi gelöscht, der in Schalen in der Runde kreist. Dem Lama und mir hat man allerdings als besonderen Vorzug eine Einzelschale gedeckt. Man ißt mit den drei ersten Fingern der rechten Hand, die man vorher in einer Fingerschale gewaschen hat. Ich drehe aus Reis einen kleinen Ball, wälze ihn in der Sauce und schiebe ihn in den Mund. Dann fische ich mir einen Brocken der gekochten Gurken, die so scharf sind, daß ich einen Augenblick lang die Zunge heraushängen lasse. Das ruft großes Gelächter hervor und trägt mir gutmütigen Spott ein. Ein Schluck Tschang mildert die Schärfe und bereitet den Gaumen auf den nächsten Bissen vor. Kaum habe ich meinen Teller geleert, da häuft die Gastgeberin schon die nächste Portion darauf. Immer wieder nötigt sie mich zum Essen und Trinken, bis ich mich mit vollgefülltem Magen kaum mehr rühren kann. Braut und Bräutigam langen ebenfalls tüchtig zu, halten sich aber bei Tschang und Rakschi zurück. Dafür sprechen die übrigen Festgäste dem Alkohol umso kräftiger zu. Unaufhörlich schnattern, lachen und schreien sie durcheinander, daß man sein eigenes Wort

Auf den fruchtbaren Terrassenfeldern des Tamanglandes steht während der Monsunzeit der Reis im Wasser (oben).

Neugierig und ein wenig kritisch betrachtet die Familie dieses Tamangbauern den vorüberziehenden Fremdling (unten).

kaum mehr versteht. Der Vater des frischgebackenen Ehemannes setzt sich neben mich und versichert mich mit lallender Stimme seiner Freundschaft. Aus seinen Augen rinnen Tränen der Rührung, der Rakschi hat ihn weich und weinerlich gestimmt.

Ständig kommen und gehen die Menschen. Man hat den Eindruck, als nehme das ganze Dorf an dem Fest teil. Bis in die späte Nacht hinein dauert das Gelage. Es wird gesungen und getanzt. Meist tanzen zwei Mädchen und ein Mann, der bald von einem anderen abgelöst wird. Die Mädchen bewegen ihre Körper und Arme mit anmutigen Bewegungen, die Füße hüpfen in kurzen, schnellen Schritten. Die Männer tanzen wilder, mit ekstatischen Verrenkungen ihres ganzen Körpers. Die übrigen Frauen und Mädchen sitzen im Kreis und singen und klatschen den Rhythmus.

Am nächsten Tag wird das Fest fortgesetzt, denn eine richtige Tamanghochzeit dauert zwei Tage. Es wird weiter gegessen, getrunken, gesungen und getanzt. In einer Ruhepause setze ich mich mit Khale zusammen und lasse mir etwas über Hochzeit und Ehe bei den Tamangs erzählen. Das Fest kostet den Bräutigam eine Menge Geld, etwa zwischen 400 und 600 Rupien, also 4–6 Monatsgehälter eines Lastträgers. Nach der Hochzeitsfeier verläßt die junge Frau ihr Elternhaus und wohnt mit ihrem Mann in dem Haus seiner Eltern. In der Regel lebt ein Tamang nur mit einer Frau, aber es kommt auch vor, daß ein reicher Mann zweimal heiratet. Witwen dürfen eine neue Ehe schließen, Scheidungen sind möglich. Die Frau nimmt ihren persönlichen Besitz mit in ihr Elternhaus oder in die neue Ehe. Wenn eine Frau sich von ihrem Mann trennt, um einen anderen zu heiraten, muß der zweite Gemahl dem ersten eine Ablösungssumme zahlen, die zwischen 200 und 400 Rupien liegt. Das ist viel Geld, und Scheidungen sind daher selten. Die Tamangmädchen gelten als gute Ehefrauen und fürsorgliche Mütter. Der Mann muß für Schutz und Wohlergehen seiner Frau sorgen, und sie vergilt es ihm mit Hingabe und Zärtlichkeit. Erst verheiratete Männer und Frauen, die Kinder gezeugt und geboren haben, genießen vollwertiges Ansehen bei ihren Stammesgenossen.

Am späten Nachmittag geht das Fest zu Ende. Beim Abschied gibt es noch ein paar Tränen. Die Mutter und die Schwestern der Braut schluchzen, als sie in den Sattel gehoben wird. Aber der Schmerz ist bald verwunden, die junge Frau wischt sich mit dem Handrücken die Tränen aus den Augen und lächelt ihrem Gemahl verstohlen zu. Die Hochzeitsgäste, soweit sie noch halbwegs nüchtern sind, geben dem Paar eine kurze Strecke das Geleit. Voraus reitet der junge Ehemann, dicht gefolgt von seiner Gefährtin. Vor einer Wegbiegung winken die beiden noch einmal zurück und verschwinden dann hinter dem Bergvorsprung.

Viele Jahre später werde ich den Vertretern eines Berufstandes gegenübergestellt, der im Leben der Tamangs eine wichtige Rolle spielt. Ich bin mit einer Reisegruppe unterwegs, die sich der nepalesischen Kultur widmet und im Kathmandutal Festen, Tempeln und dem täglichen religiösen Leben der Newars begegnen möchte. Eines Tages fahren wir nach Badgaon, um die Stadt mit all ihren baulichen Kostbarkeiten zu besichtigen und den Alltag der newarischen Stadtbauern zu beobachten. Nach der Besichtigung bummeln wir auf verschiedenen Wegen noch ein wenig durch die Gassen. Ich habe mich von der Gruppe etwas abgesetzt und gehe ein zweites Mal auf den Platz vor dem Nyatapola-Tempel. Von weitem höre ich rhythmische Trommelschläge und sehe eine dicht gedrängte Menschenmenge mitten auf dem Platz. Ich trete in den Kreis der neugierigen Nepalesen und stehe vor einer tanzenden, weißgekleideten Gestalt. Es ist ein Djakri, ein Schamane der Tamangs. Er ist in ein knöchellanges, schneeweißes Gewand gekleidet, um die Schultern hat er eine Schnur mit vielen Glöckchen geschlungen, auf dem Kopf trägt er eine Krone aus Pfauenfedern und in der Hand hält er die selbstgefertigte Schamanentrommel. Mit dem gebogenen Schlegel schlägt er gleichmäßig auf das Trommelfell, die nackten Füße tanzen mit kurzen Hüpfschritten, bisweilen biegt er den Oberkörper weit nach vorn oder nach hinten. Das Gesicht des Djakris ist ernst und völlig in sich versammelt. Er nimmt nichts und niemanden um sich herum wahr. So tanzt er in vollendeter Harmonie von Rhythmus und Bewegung seine Verehrung für Bhairava und Siddhi Lakshmi in den großen Tempeln. Ich bin tief beeindruckt und ganz aufgerührt von dieser meiner ersten Begegnung mit einem Tamang-Schamanen.

Durch die Berichte in Film und Buch des deutschen Ethnologen Michael Oppitz, der die Schamanen des Mangarstammes am Fuße des Dhaulagiri besuchte, wissen wir ein wenig Bescheid über die Einrichtung des Schamanenberufes. Die Schamanen des Himalaya kann man als »Geistheiler« bezeichnen. Ihre Aufgabe ist es, böse Kräfte und Geister von den Menschen, ihren Häusern und Feldern fernzuhalten, vor allem aber Krankheiten zu heilen. Wenn ein Schamane tätig wird, versetzt er sich in Trance und murmelt Beschwörungen. Er spricht dann oft mit der Stimme des beschwörenden Geistes. Nach der Überzeugung der Bergbewohner in den abgelegenen Himalayatälern bedeutet Krankheit, daß die Seele des Erkrankten den Körper verlassen hat und nicht mehr zurückfindet. Es ist nun die Aufgabe des Djakri, seine eigene Schamanenseele auf die Suche nach der umherirrenden Seele auszusenden und diese wieder in ihren Körper zurückzuholen. In unsere nüchterne, westliche Sprache übersetzt, würde man hier vielleicht von einer Art Psychotherapeuten sprechen. Schon in früher Kindheit zeigt ein angehender Schamane Zeichen seiner

Bestimmung, vor allem der Fähigkeit, in heftig zitternde Trance zu verfallen. Wenn diese Anzeichen ernst zu nehmen sind, wird er als Schüler von einem älteren Schamanen angenommen und erhält jahrelange Unterweisungen. Den Abschluß dieser Lehrzeit bildet die Initiation, zu der auch die Anfertigung der Schamanentrommel gehört. Erst nach der Initiation darf er den Schamanenberuf ausüben und ist in den Kreis der Djakris aufgenommen. Auch Frauen können Djakris werden. Die Schamanen der nepalesischen Bergstämme sind ethisch gefestigte Persönlichkeiten, die durch ihre Charakterfestigkeit beeindrucken. Sie sind eine wichtige Einrichtung im Leben der Bergbauern, führen aber selbst ein Bauerndasein und bestellen ihre Felder wie alle anderen Dorfbewohner.

Wir begegnen am folgenden Tage noch vielen Djakris. Wir sind zu einem Picknick auf die Paßhöhe oberhalb Nagarkot gefahren, über die heute in ständiger Folge Djakris gewandert kommen. Man hört die Trommelschläge, die ihre Schritte begleiten, schon von weitem. Mit ernsten Gesichtern eilen sie an uns vorüber, ohne von unserer Anwesenheit Notiz zu nehmen und laufen vom Paß hinunter in das Kathmandutal. Hinter ihnen folgen ihre Frauen, ihre Kinder oder eine Schar Freunde. Ich frage einen der Tamangbegleiter, wohin die Djakris wollten. »Es wird heute am Vollmondtag ein Schamanenfest in Bageswari gefeiert,« sagt er, »die Djakris verehren dort um Mitternacht eine Quellengottheit.« Von allen Seiten strömen die Schamanen der Tamangs in das Tal von Kathmandu. Immer wieder treffen wir auf Einzelne oder Gruppen, die vor einem Tempel oder einem heiligen Baum tanzen. Am Abend spüre ich die Versuchung, nach Bageswari zu gehen und am Fest der Schamanen teilzunehmen. Aber ich widerstehe dieser Versuchung und lasse die Djakris in Ruhe. Es ist nicht gut, als Unwissender und Fremdling die nur Eingeweihten vorbehaltenen Zeremonien zu stören. Und ich hoffe, daß auch in Zukunft die Djakris ihr Fest ohne neugierige Touristenkameras in Bageswari feiern können.

Die Gompa von Bigu

Unterhalb der Ortschaft Dolalkhar führt eine Kettenbrücke über den Tamba-Kosi-Fluß. Auf dem Ostufer steht ein großes Rasthaus, vor dem wir auf einer Feuerstelle unser Mittagessen kochen. Einige vorbeiziehende Handelsleute, die ihre Ware in geflochtenen Bambuskörben auf dem Rücken schleppen, rasten an derselben Stelle. Bald entspinnt sich ein lebhaftes Gespräch zwischen ihnen und meinen Trägern. Sie erzählen von einem Lama, den sie unterwegs getroffen haben und der jeden Augenblick hier eintreffen muß.

Es dauert keine Viertelstunde, da steigt eine hochgewachsene Gestalt mit langem Wanderstock in der Hand den Pfad herab. Es ist ein junger Lama mit ernstem Gesicht, in ein dunkelrotes Gewand gehüllt, das er der Hitze wegen zurückgeschlagen hat, so daß die schlanken Arme entblößt sind. Auf dem Rükken trägt er ein hölzernes Gestell, das an die Kraxen der Alpenbauern erinnert und auf dem er sein Gepäck festgebunden hat. Er ist barfüßig, seine buntgestickten Filzstiefel baumeln hinten an dem Traggestell. Er erreicht uns, bleibt stehen und begrüßt mich mit einem Lächeln. Ich erwidere den freundlichen Gruß und bitte ihn, neben mir auf der ausgebreiteten Wolldecke Platz zu nehmen. Er stellt seine Last zu Boden und setzt sich behutsam auf dem äußersten Zipfel der Decke mit gekreuzten Beinen nieder. Aus dem üblichen Frage- und Antwortspiel nach Woher und Wohin erfahre ich, daß er zum Kloster Bigu gehört, der Bigu Gompa, die auch unser Ziel ist. Nachdem er einige Wochen als Wandermönch durch das Land gezogen ist, kehrt er jetzt heim in sein Kloster. Wir würden wohl morgen nachmittag dort eintreffen, meint er. Er selbst wolle die Nacht hindurch laufen, um möglichst bald heimzukommen.

Ich lasse dem Lama Tee und Reis mit Gemüse bringen. Nach der Mahlzeit schenke ich ihm ein Stück Schokolade, das er voll Freude in ein großes, graues Tuch wickelt und im Innern seiner Kutte verbirgt. Er wolle die Schokolade einem Knaben mitbringen, der sein Schüler sei.

Beim Aufbruch nach der Mittagsrast gibt es einen ärgerlichen Zwischenfall. Wir haben bei einem Bauern, der neben der Brücke wohnt, zwei Hühner gekauft, doch jetzt ist er mit dem ausgemachten Preis nicht einverstanden und verlangt mehr. Ich merke deutlich, daß er den Fremden unverschämt überfordern will. Es gibt einen heftigen Wortwechsel zwischen dem Mann und meinem Koch. Ich bin über die Frechheit des Bauern so erbost, daß ich mit lauten Worten mein Mißfallen an diesem Menschen äußere. Meine Träger und die Umstehenden sind bei diesem Zornausbruch verstummt und stehen verlegen grinsend um mich herum. Man einigt sich rasch auf einen annehmbaren Preis, und wir brechen auf. Obwohl alles geregelt wurde, habe ich das Gefühl, daß mein Verhalten grundfalsch war. Während ich die grünschäumenden Fluten des Tamba-Kosi auf der schaukelnden Hängebrücke überschreite, verraucht mein Zorn, und ich möchte die heftige Szene am liebsten ungeschehen machen. Die Träger scheinen eine feine Witterung für meine niedergeschlagene Stimmung zu haben, denn sie rufen mir Scherzworte zu, singen und tun alles, um mich aufzuheitern. So dauert es nicht lange, bis ich den Vorfall vergessen habe.

Der Weg ist auch viel zu schön, um trüben Gedanken nachzuhängen. Die Landschaft flimmert in der heißen Nachmittagssonne. Weit über uns, zum Greifen nahe und doch unendlich fern, blinkt schneeweiß der Gaurisankar, einer der schönsten Berge der Erde. Sein elegant gebogener Doppelgipfel hängt hoch oben im blauen Himmel, als habe er die Verbindung zum Boden gelöst – ein echter Götterthron. Wir steigen vom Fluß aufwärts durch einen lichten Wald von Roxburgkiefern. Die Bäume mit den buschigen Kronen und den bis zu 20 cm langen, weichen Nadeln stimmen einen sanft und ruhig. Wir wandern an Terrassenfeldern entlang, die nicht größer als eine Wohnstube sind, deren kleinste aber nur die Ausdehnung eines Tischchens besitzen und gerade noch einigen Reis-, Hirse- oder Weizenpflanzen Platz bieten. Zwischen Mandarinenbüschen und Bananenstauden stehen verstreut rote Lehmhäuschen. Scharen von halbnackten Kindern spielen auf den saubergefegten Vorplätzen aus gestampftem Lehm und laufen bei dem Anblick des hellhäutigen Fremdlings neugierig zusammen. Der Lama weicht mir den ganzen Nachmittag nicht von der Seite und ist stets bemüht, mir beim Fotografieren mit kleinen Handreichungen behilflich zu sein. Erst am Abend trennen wir uns in Darapani, wo wir unter dem Vordach eines Bauernhauses Nachtquartier beziehen. Mit langen Schritten verschwindet die hohe Gestalt in dem wallenden, roten Gewand hinter einer Wegbiegung.

Anderntags sind wir erst eine halbe Stunde unterwegs, als Khale stehen bleibt und auf einige weiße Flecken an einem Berghang in der Ferne weist. Das sei die Bigu Gompa, sagt er, unser heutiges Tagesziel. Beim Näherkommen

An beherrschenden Plätzen über dem Tal liegen die Klöster im Sherpaland. Hier ist es Tschiwong Gompa im Solu.

kann man Einzelheiten erkennen und deutlich Gebäude verschiedener Größe unterscheiden. Wir überschreiten den reißenden Bigu-Bach auf einer Auslegerbrücke aus Holzbohlen. Unter übermütigen Zurufen balancieren wir einer nach dem anderen hinüber und folgen dem Pfad, der steil den letzten Bergaufschwung hinauf zu unserem Ziel führt.

Ich erinnere mich an die Empfehlungen für Netra Bahadur Tschetri, die mir mein nepalesischer Gesprächspartner aus dem Royal Hotel gegeben hat. Ich frage Khale und der zeigt auf eine Baumgruppe über uns, hinter der man die Umrisse eines großen Hauses wahrnimmt. Ein junger Mann in nepalesischer Tracht und mit schwarzer Kappe auf dem Kopf läuft uns entgegen. Er wechselt einige Worte mit Khale und bittet mich dann, ihm zu folgen. Durch einen kurzen Gang zwischen zwei dichten Hecken gelangen wir auf einen lehmgestampften Hof, um den einige Hütten und ein dreistöckiges Haus stehen. Wie eine Burg liegt das Gebäude auf dem Bergvorsprung und schaut mit seinem prächtig geschnitzten Balkon aus dunklem Holz nach Süden in das Tal.

Auf einer Bank vor der Tür sitzen zwei Männer: ein alter, hagerer Herr mit weißem Haar und ein etwa 40jähriger, mit freundlichem, breitem Gesicht und europäisch heller Haut. Es sind Netra Bahadur Tschetri und sein Vater. Höflich begrüßen wir einander, und ich muß auf der Bank neben den Hausbesitzern Platz nehmen. Die Unterhaltung beginnt wieder mit den nun schon gewohnten Fragen nach meinem Reiseziel. Durch dieses Ritual von Frage und Antwort tritt der Reisende aus der Anonymität des Vorüberziehenden und übernimmt die Rolle des willkommenen Gastes. Netra Bahadur und sein Vater zeigen sich sichtlich erfreut, als ich ihnen die Grüße ihres Freundes aus Kathmandu überbringe. Während das Gespräch um Familie und Kinder kreist, werde ich mit Milch und Früchten bewirtet, saftigen Mandarinen und einer süßen, pflaumenähnlichen Frucht, die man Hallabeth nennt. Ab und zu huscht eine Frauengestalt vorüber und wirft einen scheuen Seitenblick auf den fremden Gast. An der Ecke sammelt sich eine Gruppe Kinder, die uns neugierig betrachten und nur zu flüstern wagen.

Bereitwillig beantworten die beiden Männer meine Fragen über das Tal von Bigu und seine Menschen. Netra Bahadur und seine Familie sind Angehörige des Tschetristammes, der seine Herkunft von der angesehenen Kriegerkaste der indischen Kshatryas ableitet. Er ist ein reicher Händler und Grundbesitzer, einer der angesehensten Hindus in der Talschaft. Auch die Brahmanen, die weiter unten im Tal wohnen, sind Hindus. Die Tamis und Tamangs der mittleren Berglagen hingegen, wie auch die Sherpas an den höheren Hängen, sind Buddhisten. Hindus und Buddhisten vertragen sich gut im Bigutal. Mit besonderer Hochachtung spricht der alte Tschetri von dem Abt des buddhistischen Klosters. Er sei ein weiser und heiliger Mann, den man in der ganzen Talschaft achte.

Es wird Zeit, daß ich meinen Weg zum Kloster fortsetze. Ich verabschiede mich von der freundlichen Tschetrifamilie. Netra Bahadur gibt mir noch ein wenig das Geleit. An einem Bach hole ich meine Träger ein, die vorausgegangen sind. Auf einer scharfen Bergnase kommen wir an einem Tschörten vorbei, einem buddhistischen Reliquienschrein. Die Kulturlandschaft zeigt hier ein ganz anderes Gesicht, als weiter drunten bei den Tamangs, Tamis oder Tschetris. Es gibt keine Terrassen mehr. Unregelmäßige, von Steinwällen umsäumte Äcker und Wiesen sind auf dem Berghang angelegt, der flacher wird und sich etwas zurücklehnt. Große Häuser mit weißem Verputz und Holzschindeldächern stehen vereinzelt zwischen den Feldern; Bananen und Mandarinen sind weit unten zurückgeblieben.

Wir keuchen einen letzten Bergaufschwung hinauf und sehen dann plötzlich in einer flachen Mulde helle Gebäude vor uns liegen: die Bigu Gompa! Wuchtig ragt der rote Haupttempel aus der Menge der übrigen Bauten heraus,

Der Abt von Bigu ist ein tatkräftiger und gütiger Mann. Zu seinen Schülern gehört der junge Lama mit dem Rosenkranz, den ich beim Aufstieg zur Bigu Gompa treffe.

gekrönt von einer goldenen Kuppel. Vorbei an einer munter plätschernden Quelle und einem Hain von Baumwacholdern betreten wir durch ein Tor den Klosterhof. Er ist mit Steinplatten ausgelegt, in der Mitte steht neben einem Tschörten eine riesige Gebetsfahne. Breite Stufen führen zu der Tempelterrasse empor, über die man in den großen Versammlungsraum gelangt. Neben dem Tempel hängt in einem gesonderten Gebäude eine mächtige Gebetstrommel. Unserem Tor gegenüber führt ein zweites nach Westen aus dem Klosterbereich hinaus ins Freie. An dieses Tor ist ein kleiner Bau angefügt: die Behausung des Abtes. Die Mönche und Nonnen wohnen in drei langgestreckten, niedrigen Häuserpaaren, die hangabwärts an den Klosterhof anschließen und durch gepflegte Gärten voneinander getrennt sind. Zwischen den Wohnhäusern der Lamas und dem Osttor steht die Klosterküche mit ihren Feuerstellen und Vorratsräumen. Der ganze Bezirk ist von einer Mauer umschlossen.

Platz und Lage des Klosters sind beherrschend. Weit geht der Blick von der Gompa nach Süden und Osten, tief hinunter in das Tal des Tamba-Kosi und

Die Nonnen im Kloster Bigu sind fröhlich und lachen gern.

über die unzähligen Wellenkämme der Vorberge bis zu den beiden markanten Bergen der Landschaft Solu, zum Numbur und Kariolung.

Wir haben kaum den Hof des Klosters betreten, als schon der Mönch, den wir am Fluß trafen, aus dem Hause des Abtes auf uns zukommt. Freudig begrüßt er uns und sagt, daß der Rimpotsche bereit sei, mich zu empfangen. Ich folge dem Lama in das Gebäude, und durch einen kurzen Gang, an dem rechts eine kleine Küche liegt, treten wir in die Zelle des Abtes ein. In dem kleinen Zimmer herrscht gedämpftes Licht, das durch ein mit gelbem Papier beklebtes Fenster fällt. Vor dem Fenster sitzt im Buddhasitz auf einer Lagerstatt der Abt der Bigu Gompa. Wie alle Lamas ist er kahl geschoren; seine kräftige, untersetzte Gestalt wird von der roten Kutte umhüllt. Lediglich die goldbestickten

Aufschläge einer Weste, die in der Bewegung unter dem Übergewand sichtbar werden, deuten auf den hohen Rang des Priesters. Aus seinem Gesicht sprechen Energie, Güte und überlegene Geistigkeit. Die wachen Augen ruhen eine Weile prüfend auf mir, nachdem ich mich mit gekreuzten Beinen neben ihn auf den Boden gesetzt habe.

Der Raum ist schlicht eingerichtet. Dem Sitz des Rimpotsche gegenüber stehen auf einem Hausaltar vergoldete Bronzestatuen von Buddhas und Bodhisattvas, die meisten mit einem Tuch wie von einem Mantel umhüllt. Davor sind zwei Reihen Butterlämpchen aufgestellt. Einige liturgische Gegenstände wie Dorje, Gebetsglocke und Gebetstrommel liegen auf dem bunt bemalten Altartischchen. An der Seite hängt eine Thanka mit Heiligendarstellungen. Die Längswand dem Fenster gegenüber nimmt ein Einbauschrank aus dunklem Holz mit vielen Fächern und Schubladen ein, in denen der Besitz des Rimpotsche untergebracht ist. Brennende Weihrauchstäbchen verbreiten einen milden Duft.

Während wir uns auf Nepali unterhalten, läßt der Abt Reis und Buttertee aus seiner Privatküche bringen. Immer wieder muß mir der kleine Küchenlama mit dem freundlichen Gesicht und den abstehenden Ohren meine silberne Teeschale nachfüllen. Während der Unterhaltung blickt der Abt von Zeit zu Zeit durch ein offenes Viereck im Fenster hinaus in den Hof. Er überschaut auf diese Weise von seinem Sitz aus den ganzen Klosterbereich, ohne daß er von außen gesehen wird und kann sich jederzeit über alles informieren, was draußen vor sich geht. Als er erfährt, daß ich ein paar Wochen bei den Mönchen hier oben verbringen möchte, bietet er mir an, eine leerstehende Steinhütte direkt neben dem Kloster zu beziehen. Er befiehlt einem Lama, meine Träger zu der Hütte zu führen, damit sie sich darin einrichten können. Nach einer Stunde ist mein erster Besuch beendet. Der Rimpotsche entläßt mich mit einem herzlichen Lächeln und sagt beim Abschied, daß ich den Tempel besuchen und an den Gottesdiensten teilnehmen könne, so oft ich wolle.

Meine Leute haben sich in der Steinhütte, die mit Bambusmatten gedeckt ist, wohnlich eingerichtet. Man genießt von diesem Platz einen großartigen Blick über das Bergland, dessen Umrisse im Abendlicht verschwimmen. Hinter dem Kloster steigt der Hang steil an und ist mit dichtem Tannen- und Rhododendronwald bedeckt. In der nahen Umgebung gibt es, mit Ausnahme des Wacholderhaines, nur vereinzelt Eichen und Tannen, zwischen denen unregelmäßige Äcker und Wiesen liegen.

Vor unserer Behausung hat sich eine Schar Neugieriger angesammelt, Lamas, Nonnen, die Lomini genannt werden und Leute aus den umliegenden Häusern. Nach dem Abendessen kommt Khale mit verlegenem Grinsen und erzählt, daß ein Lama um Medizin gegen Durchfall gebeten habe. Ich rufe den Mönch zu mir und gebe ihm einige Tabletten Sulfoguanidin. Die Wirkung dieser Tat habe ich allerdings nicht erwartet. Kaum hat der Lama seine Tabletten erhalten, als sofort weitere Menschen herandrängen, jeder mit einem anderen Leiden, von dem er befreit werden will. Khale sorgt zunächst für Ordnung und bringt die Leute mit energischen Püffen dazu, in gebührender Entfernung zu warten, bis ich sie einen nach dem anderen aufrufe. Ich muß Tropfen in entzündete Augen träufeln, Wunden reinigen und verbinden, Schorfausschläge mit Sulfonamidpulver bestreuen und Tabletten gegen Durchfall verabreichen. Fast zwei Stunden lang bin ich mit meiner Samaritertätigkeit beschäftigt. Spät abends, als es schon dunkel ist, kommt verstohlen ein Mönch und zeigt mir verschämt ein großes Eitergeschwür am Oberschenkel. Für die Behandlung bedankt er sich überglücklich.

Diese primitive Konsultation soll der Anfang einer stehenden Einrichtung werden, solange ich in Bigu weile. Jeden Abend halte ich vor unserer Hütte »Sprechstunde« ab und versuche, mit meinen geringen Kenntnissen Leiden zu lindern. Es nützt nichts, daß ich erklären lasse, ich sei kein richtiger Arzt. Die leidenden und kranken Menschen verweisen auf meine Medikamente. Wer eine solche Menge medizinischer Ausrüstung mit sich führe, wisse sicher in ihrer Anwendung Bescheid. Glücklicherweise haben befreundete Ärzte mich in Kathmandu mit Medikamenten und Anwendungsvorschriften versorgt. Khale und die Träger fungieren als Ordnungshüter und »Sprechstundenhilfe«, wobei sie bald mit Geschick lernen, Verbände anzulegen, Wunden zu säubern und schreiende, zappelnde Babies zu beruhigen. Unfehlbar erkennen sie Simulanten oder Medikamentenschnorrer und jagen diese unter Beschimpfungen davon.

Die Zahl der Krankheiten ist groß. Meist sind es Verletzungen, vor allem entzündete Blutegelbisse, eitrige Schmutzausschläge, Dysenterien, Koliken, Augenentzündungen und eitrige Infektionen. Da die Menschen dieser entlegenen Himalayaregionen an Medikamente, besonders Antibiotika und Sulfonamide, nicht gewöhnt sind, verzeichne ich wahre Wunderheilungen. Oft genügt eine halbe Normaldosis, um in kürzester Zeit eine Besserung oder Heilung herbeizuführen. Einmal kommt ein junger Mann mit einer Eiterinfektion an Brust und Rücken. Bereits nach drei Penicillininjektionen sind die Pusteln verschwunden. Mein Ruf als Medizinmann steigt beträchtlich. Mitunter begegnen mir jedoch Krankheiten ernsterer Natur, deren Ursache und Behandlung ich nicht kenne. Es bleibt mir dann nichts anderes übrig, als es auf gut Glück mit einem Antibiotikum zu versuchen oder einige ungefährliche Kopfschmerztabletten zu verabreichen, in der Hoffnung, der Glaube an die Kraft meiner Medizin könne helfen.

Ein europäischer Arzt würde meine Methode vielleicht als Kurpfuscherei und Anmaßung ansehen. Aber wer einmal in die bittenden, vertrauenden Augen der kranken Menschen geschaut hat, die jeden Abend vor meiner Hütte warten, der weiß, daß ich nicht anders handeln kann. Immer wieder muß ich bei der Verteilung meiner Mittel an die Erzählung eines europäischen Arztes in Kathmandu denken, der ein paar Monate in einem einsamen Hochtal verbrachte:

Zu ihm war eines Tages eine Mutter mit ihrem schwerkranken Kleinkind gekommen. Der Arzt hatte dem Kind eine Injektion verabfolgt und der Mutter Tabletten mit genauer Anwendungsvorschrift mitgegeben. In 14 Tagen solle sie wiederkommen. Pünktlich erschien die Frau zur verabredeten Zeit; das Töchterchen war gesund. Hocherfreut über die Wirkung seiner Therapie erkundigte sich der Arzt, ob sie die Tabletten auch genau nach Vorschrift gegeben habe. Nach einigem Hin und Her stellte es sich heraus, daß das Kind sie nicht nehmen wollte und daher die Mutter stellvertretend das Medikament geschluckt hatte. Das Kind war trotzdem gesund geworden.

Eines Mittags kommt Khale mit einer jungen Nonne und erzählt, ihr Bruder habe sich mit einem Gewehr die Hand abgeschossen. Er werde von Fieber geschüttelt und man fürchte, daß er sterben müsse. Ob ich nicht zu dem vier Wegstunden entfernten Haus des Bruders gehen und helfen wolle. Nach kurzem Zögern entschließe ich mich, den Kranken zu besuchen. Ich wähle Jasman und Pratab als Begleiter und Assistenten. Die Wanderung ist wunderschön. Sie führt durch ein tiefes Tal, dann über einen Bergrücken, der mit dichtem Buschwald bestanden ist und von dem man einen umfassenden Blick auf die Bigu Gompa genießt.

Wir erreichen den Elternhof der Nonne, direkt am Tannenwald mit großartiger Aussicht auf den Gaurisankar. Die Eltern und Geschwister des verwundeten Jungen stehen vor dem Haus und sehen uns mit ängstlichen Augen entgegen. Während ich meine Anweisungen gebe, ich möchte im Freien hantieren, hängen die Blicke der besorgten Leute mit Spannung an meinen Lippen. Zwei Brüder schleppen den Verletzten herbei, einen etwa 17jährigen jungen Mann, der noch bei Bewußtsein ist, dessen Körper aber schon von Fieberstößen geschüttelt wird. Die rechte Hand hat er mit einem schmutzigen Lappen umwikkelt. Als ich das Tuch entferne, bietet sich mir ein gräßlicher Anblick. An dem Arm hängt ein unförmiger, eitriger Klumpen, aus dem nur der Daumen und einige Hautfetzen ragen. Der Gestank, den die Wunde verbreitet, ist mörderisch. Ich gebe dem Jungen eine schmerzstillende Spritze und mache mich ans Werk. Die Wunde wird mit Wasser und Alkohol gewaschen. Der Daumen, der nur noch an einem Hautstück hängt, und einige Hautlappen werden abgeschnitten. Dann wird alles sorgfältig mit einer Heilsalbe bestrichen und frisch verbunden. Immer wieder muß ich während der Prozedur beiseite gehen, weil der faulige Eitergestank kaum auszuhalten ist. Jasman hockt eisern die ganze Zeit über neben dem Kranken, hält seinen Arm und reicht mir die Geräte zu. Mir kommt es so vor, als besitze mein Gefährte überhaupt keine Geruchsnerven. Der Patient verhält sich musterhaft. Obwohl er bei vollem Bewußtsein ist, rührt er sich nicht, wimmert nur hie und da leise vor sich hin. Zum Schluß verabreiche ich dem Verletzten eine Penicillinspritze starker Dosis und atme tief auf. Das unangenehme Werk ist vollbracht.

Die dankbaren Bauersleute überhäufen mich mit Tsampa, Tschang, Eiern und Kartoffeln. Sie berichten mir auch, wie das Unglück geschehen ist. Auf der Jagd nach einem Leoparden, der ihrer Ziegenherde schweren Schaden zufügte, hatte der Jüngling die Raubkatze aufgespürt und erschießen wollen. Da sein Schießprügel jedoch ein methusalemisches Alter besaß, war er nach hinten explodiert. Das Schloß und der Schaft waren auseinandergeflogen und hatten die Hand abgerissen.

Nachdem ich Penicillin- und Vitamintabletten mit genauer Anwendungsvorschrift dagelassen habe, verabschiede ich mich und wandere mit meinen beiden Helfern nach Hause. Es dauert eine ganze Weile, ehe ich den Eitergeruch in der Nase loswerde. Spät in der Nacht kehren wir wieder in unsere Hütte zurück, todmüde sinke ich auf mein Lager. Wochen später, als wir längst ins Solu weitergezogen sind, begegnet mir ein Lama aus Bigu, der mir erzählt, daß der Junge mit der abgeschossenen Hand genesen sei.

Mein Verhältnis zu den Mönchen und Nonnen von Bigu ist vom ersten Tag an herzlich und voll gegenseitiger Sympathie. Jeden Morgen besuchen mich zwei Lamas mit einer großen Kanne Buttertee. Wenn ich aus meinem Schlafsack krabbele, stehen die beiden schon kannenschwenkend vor meiner Luftmatratze und halten mir den Becher mit heißem Tee entgegen. Täglich besuchen mich drei kleine Novizen, der Tamang Gyaldsen, der Sherpa Karma Tindu und der kleine, hinkende Tsong Benjur aus Tibet. Es sind richtige Lausbuben, denen es ein Heidenvergnügen bereitet, mich auf meinen Streifzügen durch die Wälder zu begleiten, Pflanzen zu sammeln und Tieren nachzuspüren. Tsong Benjur ist der Liebling des Abtes. Jeden Abend sieht man ihn an der Hand des gestrengen Herrn beim Inspektionsrundgang durch das Kloster humpeln.

Von dem Angebot des Rimpotsche, Gottesdiensten im Tempel beizuwohnen, mache ich oft Gebrauch. Die Hauptzeremonie beginnt am späten Vormittag und dauert bis über den Mittag. Man steigt zum Tempel über eine breite Treppe empor und erreicht eine offene Holzveranda, deren Rückwand mit

In vollem Ornat leiten der Abt und einer der ältesten Mönche eine religiöse Zeremonie im Hof des Klosters.

Götter- und Dämonendarstellungen bedeckt ist. Auf dunklem Grund leuchten die Figuren in Rot, Blau, Grün und Weiß. Da sind Namtüsse mit dem heiligen Schirm, Julkorssung mit der Gitarre, rote und blaue Schutzgötter mit fratzenhaften Gesichtern.

Durch eine breite Tür betritt man den Tempelraum, der immer im Dämmerlicht liegt, denn er wird nur von zwei winzigen Fenstern erhellt. Wieder überrascht der Reichtum farbenprächtiger Malereien an den Wänden, Decken, Pfeilern und am Altarschrein. Buddhas, Bodhisattvas, Schutzgottheiten und Heilige blicken von allen Seiten auf den Besucher. An der Breitwand gegenüber der Tür steht der Altar mit großen Buddhafiguren und mehreren Reihen Butterlampen davor. Rechts und links vom Altar reichen buntbemalte Regale, in denen die heilige Schrift des Klosters ruht, bis zur Decke hinauf. In jedem Fach liegt ein Band; schmale, in ein Tuch gewickelte Blätter, die mit den kunstvollen Buchstaben der tibetischen Devanageri-Schrift beschrieben sind, und in denen die Weisheiten der buddhistischen Lehre verzeichnet stehen. Neben den Regalen und an den Pfeilern hängen kostbare Thankas, die in minutiöser Malarbeit Darstellungen aus dem Leben der Bodhisattvas, Götterfiguren oder die Versammlung der Buddhas zeigen. Von dem Altar ziehen sich zwei Bankreihen zur Tür, auf denen die Mönche während ihrer täglichen Rezitationen sitzen. Ganz außen, nahe der Tür, darf ich Platz nehmen und die Zeremonien beobachten.

Einer nach dem anderen lassen sich die Lamas im Buddhasitz auf den Bänken in festgesetzter Ordnung nieder: Vorn am Altar auf einem erhöhten Thron der Abt, dann die ältesten Lamas, die übrigen in abfallender Rangstufung bis zu den jungen Mönchen, die erst vor kurzem ihre Weihen erhielten. Eingeschlagen in ihre dunkelroten Kutten gleichen sie den Heiligendarstellungen auf den Thankas. In gleichmäßigem Tonfall, aber ständig wechselnder Tonhöhe und festgelegten Rhythmusänderungen werden die Gebete und Anrufungen halb gesprochen, halb gesungen. Bisweilen greifen die Lamas zu ihren Gebetsglocken oder Handtrommeln und unterstreichen den Takt des Textes mit rhythmischem Klingeln und Trommeln. Wenn die Gebete auf einem lang abfallenden Ton ausschwingen, setzen die Instrumente mit schallendem Tusch ein. Das Tempelorchester besteht aus Pauken, Becken, Schalmeien, Meeresschneckentrompeten, Knochentrompeten und langen Baßhörnern. Die Musik tönt in Trillern, langgezogenen Harmonien und schleifenden Glissandis. Pauken und Becken bestimmen den mitreißenden Schwung des Rhythmus, der schneller und schneller wird, bis er in einem furiosen Trommelwirbel endet. Nachdem ich diese ungewohnte Musik ein paarmal gehört habe, nimmt mein Ohr die feinen Tonschwankungen und Rhythmusänderungen wahr, bis ich schließlich ein körperliches Wohlbehagen empfinde, wenn die Woge der Harmonien über mich hinwegströmt.

In den Pausen zwischen den Litaneien eilen zwei junge Mönche aus der Klosterküche herbei, riesige Kupferkannen mit Buttertee in den Händen schwenkend. Jeder Lama erhält eine Schale voll der dampfenden, fettäugigen Brühe. In der Hauptpause am Vormittag schleppen die beiden Küchenmönche Schüsseln mit Reis heran. Man ißt den körnigen, trockenen Reis mit den Händen und trinkt Buttertee dazu. Nach dieser einfachen Mahlzeit, die die Anspruchslosigkeit des Mönchslebens symbolisieren soll, werden die Textlesungen und Musikstrophen fortgesetzt, bis der Gottesdienst unter einem ohrenbetäubenden Tusch endet. Mit steifen Knien erhebe ich mich und trete blinzelnd und ein wenig benommen aus der Tempeldämmerung in den sonnenstrahlenden Mittag hinaus.

Im bizarren Geäst der Rhododendronbäume meint man, durch einen Geisterwald zu wandern.

Oft schickt der Abt einen seiner Bediensteten zu mir und bittet mich um einen Besuch. Gern komme ich dieser Bitte nach und sitze zu langen Gesprächen bei dem Rimpotsche in seiner weihrauchduftenden Klause. Er erzählt von seinen Mönchen und Nonnen, die aus allen buddhistischen Stämmen der Umgebung kommen. Es sind Tamangs, Sherpas, Tamis, Bothias; sogar Lamas aus Bhutan, Indien und Tibet sind darunter. Viele von ihnen schickt er alljährlich in der Trockenzeit auf Pilgerfahrt, denn es ist verdienstvoll, wenn der Lama einen Teil seines irdischen Lebens auf der Wanderschaft verbringt. Jetzt soll noch das Mani-Rimdu-Fest abgewartet werden, ehe die Wanderzeit für die Mönche von Bigu beginnt.

Selten vergeht ein Besuch, ohne daß der Abt auf meine Krankenhilfe zu sprechen kommt.

»Es ist eine gute Tat, den leidenden Menschen zu helfen«, sagt er, indem er sich zu mir von seinem Sitz herunterbeugt. »Solch ein Verhalten verbessert dein Karma, Sahib. Es bedeutet einen Schritt vorwärts auf dem Wege, der dich nach unendlichen Zeiten aus dem Kreislauf der Wiedergeburten herausführt. Wir alle sind diesem Kreislauf unterworfen, alle Tiere, alle Menschen, alles Leben. Die Lebewesen haben ohne Ausnahme die gleiche Berechtigung auf ihr Leben und auf ihren Pfad zur Erlösung. Darum dürfen wir nicht töten. Die niedrige Handlung des Tötens verschlechtert das eigene Karma und beraubt ein anderes Wesen der Möglichkeit, durch guten Lebenswandel eine bessere Wiedergeburt zu erlangen. Besonders verwerflich ist es aber, in der Umgebung eines Klosters zu töten, denn die heilige Stätte wird dadurch beschmutzt und entweiht. Das ist auch der Grund, weshalb es gerade in der Nähe der Klöster so viele Tiere gibt. Hier genießen sie den besten Schutz.

Ein anderer Fehler, zwar nicht so schwerwiegend wie das Töten, aber belastend genug, ist der Zorn. Er ist wie eine Krankheit. Wir haben daher Mitleid mit dem Zornigen, nicht mit dem Beschimpften oder Geschlagenen. Wenn jemand sich vom Zorn übermannen läßt, reden wir ihm gut zu, besänftigen und erheitern ihn und helfen ihm, sich von dem Übel zu befreien. Wenn jemand aber anderen übergeordnet ist, sollte er vor allem vermeiden, wütend zu werden, denn nur dann kann er seine Untergebenen richtig führen. Deshalb sind Ruhe, Verständnis und Freundlichkeit gegen jedermann die wichtigsten Tugenden eines Lamas oder gar eines Abtes.«

Ich schweige nachdenklich und ein wenig schuldbewußt, denn ich erinnere mich ungern an die Begebenheit damals an der Brücke über den Tamba-Kosi.

Der Bergwald geht bei rund 3000 Metern mit Hemlocktannen und Weißtannen in die Nadelwaldstufe über. Wie durch ein Fenster schaut man hinüber auf den Manaslu.

Es ist ganz still in dem kleinen Raum. Die Flämmchen der Butterlampen flackern in einem leichten Lufthauch. »Du willst ein paar Tage in die Berge gehen?« unterbricht der Abt das Schweigen.

»Ja«, antworte ich, »ich möchte ein wenig höher hinauf und sehen, welche Tiere und Pflanzen es dort oben gibt.«

»Dann bitte ich dich, rechtzeitig wieder zurückzukehren. In acht Tagen feiern wir das große Mani-Rimdu-Fest, an dem die Lamas mit Masken Tanzspiele aufführen, die wir Tscham nennen. Ich lade dich zu diesem Fest ein. Du darfst fotografieren, was und soviel du willst; wir Lamas würden uns freuen, dich als Gast dabeizuhaben.«

»Gern werde ich an den Feierlichkeiten teilnehmen«, entgegne ich, »mein Ausflug in die Berge soll nur wenige Tage dauern.«

Der Abt nickt mir freundlich zu und gibt mir ein kleines Säckchen. »Darin befindet sich Tsampa, die eigens für mich bereitet wird. Laß sie dir gut schmekken.«

Mit einer Verbeugung verabschiede ich mich und gehe hinaus in den Hof. Einige tibetische Pilger wandern den ganzen Morgen um den Tempel, eifrig ihre Gebetsmühlen drehend und das heilige »Om Mani Padme Hum« murmelnd. Es gilt als verdienstvoll für Laien, um einen Tempel zu gehen. Meine Träger warten schon mit dem Gepäck. Unter ihrem fröhlichen Gesang ziehen wir durch den Tannenwald hinauf ins Gebirge.

Mani-Rimdu

Eine Woche verbringen wir auf den einsamen Hochalmen am Fuße des Sumuri Parbat, eines unbekannten, kühn geformten Sechstausenders, dessen Gestalt an das Matterhorn erinnert. Weit sind die menschlichen Siedlungen entfernt. Am Tage glüht die Sonne, in den Nächten herrscht klirrender Frost. Wir spüren den scheuen Tieren des Hochgebirges nach oder sammeln Pflanzen und Samen an den steinigen Hängen. Die Einöde der Fels- und Eisregionen läßt den Menschen sich seiner Winzigkeit bewußt werden und macht ihn wortkarg.

Pünktlich kehren wir nach Bigu zurück, zeitig genug, um noch die Vorbereitungen für das Mani-Rimdu-Fest zu erleben. Die Mönche sind von morgens bis abends geschäftig, um alles Notwendige für das festliche Ereignis herzurichten. Auf den Tempelstufen hocken Lamas und Lominis, die bunte Seidengewänder flicken, riesige Tücher für die Kulissen instand setzen und Holzgestelle für die Aufbauten zusammenbasteln. In der Klosterküche formt die alte Köchin mit ihren Gehilfen turmartige Kuchen aus Reis und Tsampa, die man »Tsok« nennt, und die für die Zeremonien gebraucht werden. In einer Eisenpfanne mit heißem Sand wird Tsampa geröstet. Vor der Türe entspelzen zwei junge Nonnen Reis in einem hohlen Baumstamm, indem sie abwechselnd dicke Holzprügel gegen die Körner stoßen. Einige Mönche setzen im Hof meterlange Hörner aus Bronze zusammen, die an Schweizer Alphörner erinnern und abgrundtiefe Baßtöne hervorbringen. Diese Tempelhörner sind Hauptinstrumente für die Tanzspiele. Einer der Mönche bläst die Backen auf und stößt mit voller Kraft in sein Horn. Weit hallt der tiefe Ton über das Gebirge, wie der Ruf eines Bergdämonen. Neben dem Tempel legen Lamas mit Steinplatten einen rechteckigen Platz aus. Wie auf einer Freiluftbühne sollen hier die Tänze und Zeremonien vor den Augen der schaulustigen Pilger ablaufen. Der Abt ist den ganzen Tag über auf den Beinen und beaufsichtigt die Arbeiten. Überall schaut er nach dem Rechten, stets begleitet von seinem kleinen Lieblingsschüler Tsong Benjur, dem hinkenden Novizen.

Auch im Tempel hat es Veränderungen gegeben. Die Buddhastatuen verschwinden fast unter dicken Lagen von weißen Stoffschals, den Kataks, die man als Freundschaftsschärpen bei Besuchen austauscht oder hochgestellten Persönlichkeiten als Zeichen der Verehrung überreicht. Aus den Truhen und Schränken des Klosters sind wunderbare und seltsame Kostbarkeiten hervorgeholt worden. Ein großes, buntgesticktes Lebensrad prangt neben dem Altar. Wertvolle Thankas hängen in Reihen vor den Bücherregalen. Die schönste von ihnen zeigt die Versammlung der 1000 Buddhas; eine kostbare, alte Malarbeit. In der Mitte sitzt ein Buddha auf dem Lotosthron, während die restliche Fläche von mehr als tausend winzigen, reihenweise angeordneten Buddhagestalten in Goldmalerei bedeckt ist. Rote, grüne und blaue Dämonenmasken aus Holz hängen an den Pfeilern, darunter zwei schneeweiße Totenkopfmasken. Auch die erlesenen Tanzgewänder aus Seide werden im Tempel ausgelegt. Ein Mönch erklärt mir, daß alle diese Gegenstände geweiht werden, ehe sie beim Fest Verwendung finden und deshalb ein paar Tage im Heiligtum hängen müssen.

Ein Strom von Besuchern aus der Umgebung hat eingesetzt. Einzeln und in kleinen Gruppen wandern sie herbei, oft sogar aus weit entfernten Tälern. Sie suchen Unterkunft bei Verwandten oder Bekannten. Die Häuser sind voller Menschen, und die Hausfrauen haben alle Hände voll zu tun, um die Gäste zu versorgen.

Am späten Abend gehe ich noch einmal zur Gompa hinüber. Im strahlenden Mondschein bemerke ich eine gespensterhafte Bewegung. Die Lamas üben auf dem frischgepflasterten Tanzplatz ihre Pantomimen. Jeder probt still für sich seinen Part, alles quirlt schlurfend und summend durcheinander. Ich setze mich auf die Steinrampe an der Tempelwand und sehe dem seltsamen Schauspiel zu. Hier dreht einer schwungvolle Pirouetten, dort versucht ein anderer komplizierte Folgen von Wechselschritten und hohen Sprüngen, wobei er den Takt vor sich hinflüstert. Zwei Lamas kauern einander gegenüber, haben die Arme in die Seiten gestemmt und pendeln mit dem Oberkörper wechselseitig in raschem Rhythmus hin und her. Die tanzenden, springenden und sich drehenden Lamas mit ihren wehenden Kutten und weitausholenden Bewegungen wirken wie Gestalten aus einer anderen, einer unwirklichen Welt. Ich bekomme eine Vorahnung von dem Schauspiel, das mich erwartet.

Bald darauf beginnt das große Fest, das vier Tage dauern soll. Am ersten Tag wird das »Hom« gefeiert, ein Opfergottesdienst. Dann folgen zwei Tage mit Tanzpantomimen, und am Schluß findet das »Ong« statt, ein Segnungsgot-

Der erste Tag des Mani-Rimdu-Festes wird im Hof des Klosters mit einer Opferzeremonie eröffnet.

tesdienst für die Bewohner des Klosters und das zuschauende Volk. Heute begeben sich die Lamas schon am frühen Vormittag in den Tempel. Außer den Mönchen, die die Weihen bereits erhalten haben, darf niemand hinein, denn diesmal werden geheime Tantrazeremonien abgehalten. Gegen Mittag kündet ein Hornstoß den Beginn des Hom-Festes. In feierlichem Zug kommen die Lamas aus dem Tempel, begleitet von der Musik der Schalmeien und Schneckentrompeten. Die ranghöheren Priester haben über ihre roten Kutten gelbe Seidenumhänge geworfen, auf den Köpfen tragen sie helmartige Hüte aus gelbem Filz. Der Abt betont seine Würde mit einer breitrandigen Bischofsmütze. Vor der Prozession gehen zwei junge Mönche her. In der Rechten schwingen sie an langen Silberketten ein Weihrauchgefäß, in der Linken halten sie eine goldgestickte Seidenschärpe. Gemessenen Schrittes ziehen sie um den Platz und lassen sich dann auf ihren Sitzen nieder. Der Abt besteigt einen kleinen Thron, vor dem ein Holzstoß kunstvoll aufgeschichtet wurde. Die Lamas sitzen im Viereck anschließend auf niedrigen Bänken, an der einen Seite die Musikanten.

Die Zeremonien beginnen mit Rezitationen. Jeder Abschnitt wird durch einen Tusch beschlossen. Von meinem erhöhten Sitz, der eigens für mich bereitgestellt und mit einem weißen Teppich belegt worden ist, genieße ich ein prächtiges Schauspiel. Wie auf einer Bühne sitzen die Mönche im Rechteck vor dem amtierenden Abt. Dunkles Rot, Gelb und Gold sind die vorherrschenden Farben. Die Andacht der feierlichen Handlungen überträgt sich auf die Zuschauer, die dichtgedrängt auf den Wiesenhängen um den Steinplattenhof sitzen. Gleich hinter den betenden Lamas haben die niederen Mönche und Nonnen ihre Plätze, daran anschließend die Menge der Zuschauer; Männer, Frauen und Kinder in farbenfrohen Gewändern.

Ständig wechseln die Symbolhandlungen. Immer wieder greifen die Priester zu den Gebetsglocken und Handtrommeln, mit denen sie ihren Sprechgesang begleiten, oder formen mit ihren Händen heilige Mudras. Oft wird das Mudra der Lotosblume gezeigt. Während eines langen Gebetes halten sie eine gelbe Blume zwischen den gefalteten Fingern, ein andermal werfen sie einige Reiskörner als symbolische Weihegaben hinter sich in die Luft. Den Höhepunkt des Hom-Festes bildet das Opfer. Die würdigsten Lamas setzen sich für diesen Teil der Zeremonien fünfteilige Holzkronen auf, die mit den fünd Dhyanibuddhas bemalt sind und von einem Türmchen mit Silberspitze gekrönt werden. Die übrigen Mönche greifen zu ihren Filzhüten. Der Holzstoß wird in Brand gesetzt. Ein Helfer reicht dem Abt Schalen mit Reis, Mais, Hirse, Weizen, Gerste und Tsampa, die er in die Flammen streut. Auch Butter und Tsoks aus Tsampa oder Reis werden verbrannt, dazu Räucherstäbchen, wohlriechende Kräuter und Hölzer, vor allem Wacholderzweige. Helle Rauchschwaden ziehen über den Platz und verbreiten einen Duft nach gerösteten Körnern, brennenden Zweigen und Weihrauch. Während des Opfers spielt die Tempelmusik und die betenden Lamas schwingen unentwegt ihre Glocken und Trommeln.

Nach einer Pause, in der die Mönche und Nonnen Buttertee trinken, nehmen die Rezitationen ihren Fortgang. Zwar verstehe ich weder Inhalt noch Bedeutung, aber der Rhythmus und die Melodie des Vortrages nehmen mich gefangen. Ich beobachte und notiere jede einzelne Handlung, ob die Mönche in einer Prozession um den Platz wandeln, ob sie die Pauken und Handtrommeln schlagen oder dicke Räucherstäbe entzünden. Als sie, begleitet vom schallenden Ruf aller Instrumente, in den Tempel zurückkehren, sind fünf Stunden vergangen. Ich habe jede Minute mit wachen Sinnen erlebt. Jetzt bin ich müde

Auf riesigen Baßhörnern blasen Mönche den Rhythmus zu den Maskentänzen.

und hungrig. In meiner Hütte erwarten mich heißer Tee und ein Imbiß, und einige Kranke wollen verarztet sein.

Am nächsten Morgen wecken mich schon früh Paukenschlag und Beckenklang. Ich springe aus dem Schlafsack und eile vor die Hütte. In einer langen Prozession bewegen sich die Lamas über den Berghang. Sie wandern zu einer kleinen Quelle im Wald oberhalb des Klosters, die den größten Teil der Siedlung mit Wasser versorgt und heute vom Abt geweiht wird. Der klare Morgen verspricht einen strahlenden Sonnentag. Die Götter scheinen dem diesjährigen Mani-Rimdu gnädig zu sein und nichts dagegen zu haben, daß ein hellhäutiger Fremdling das Schauspiel auf den Film in seiner Kamera bannt. Ich habe noch Zeit, in Ruhe zu frühstücken und gemächlich zum Kloster hinüberzulaufen. Heute soll der junge Lama, den ich damals am Tamba Kosi traf, bei mir sitzen und Erklärungen zu den Tanzstücken geben. Die Pantomimen finden an zwei Tagen statt, heute der kleine Tanz und morgen der große. Eine erwartungsvolle Menge bevölkert die Wiesen oberhalb des Tanzplatzes. Viele Tibeter sind darunter, die über die nahe Grenze herübergepilgert sind. An ihren breitrandigen Hüten, hohen, bunten Filzstiefeln und dicken Überwurfmänteln erkennt man sie sofort in der vielfältigen Menschenschar. Das Summen der Stimmen erfüllt die Luft, ständig strömen neue Schaulustige herbei. Auf der Steinrampe an der

Die Schwarzhutmagier weihen mit ihrem Tanz die Tanzfläche.

Klosterwand wurde ein blumengeschmückter Altar errichtet, auf dem das Bild des Dalai Lama steht. Vor dem Gang zum Tempeltor hat man eine Kulisse aus Baldachinen und Tüchern aufgebaut, durch die die Tänzer auftreten.

Gegen 11 Uhr halten die Lamas unter dem Klang der Pauken, Becken und Hörner ihren Einzug und nehmen feierlich vor dem Altar Aufstellung, um dem Bilde des Dalai Lama zu huldigen. Während sich die erlauchten Mönche auf die Polstersitze neben dem Altar setzen, schwenken junge Lamas Weihrauchkessel und brennende Räucherstäbe gegen den Schrein. Zwei tiefe Hornstöße künden den Beginn der Spiele. Sogleich setzt mit vollem Schwung die Musik ein. Sie wird heute von den beiden riesigen Baßhörnern angeführt, zu denen sich hie und da Pauken, Becken und Schalmeien gesellen. Mit schwerem Rhythmus schwingen die tiefen Töne über den Platz, alle Augen richten sich auf die Bühne. Plötzlich tritt, den Rücken zur Tanzfläche, eine Gestalt in weit wallenden Seidengewändern und mit einem breitrandigen, schwarzen Hut aus den Kulissen. Langsam hebt sie die Arme, dreht sich herum und beginnt einen gemessenen Schreittanz. Es folgen nacheinander vier weitere Tänzer in den gleichen Kostümen. Ich kann sie in Ruhe betrachten, während sie sich drehen, wenden und den Platz mit einer Welle von rauschenden Kleidern und Bewegung erfüllen. Die Gewänder sind grün und blau, mit gelben, roten oder goldenen Drachen- und Blumenstickereien. Die Hüte tragen einen Aufbau aus gestärkten, weißen Seidenschleifen mit silberverzierten Spiegeln und laden so weit aus, daß das Gesicht des Tänzers im Schatten bleibt. Es sind die »Schwarzhutmagier«, Symbolgestalten der tantrischen Meister aus alter Zeit, die der Lehre Buddhas, des Erleuchteten, untertan sind. Ihr Tanz nimmt pantomimisch Bezug auf die Legende von dem Mönch Phal Dorjee:

Im 9. Jahrundert nach christlicher Zeitrechnung lebte in Tibet ein König namens Lang Darma, der die buddhistische Religion grausam unterdrückte. Der Mönch Phal Dorjee beschloß daher, den bösen König zu töten. Eines Tages erschien er vor Lang Darmas Palast mit einer Gruppe von Tänzern in weißen, schwarzen und blauen Masken und begann einen ekstatischen Tanz. Plötzlich hielt Phal Dorjee, der den König hinter einem Fenster des Palastes bemerkt hatte, im Tanzen inne, zog Pfeil und Bogen hervor und tötete Lang Darma durch einen Schuß in die Stirn. Von diesem Tage an konnte sich der Buddhismus ungehindert in Tibet und Innerasien ausbreiten. Phal Dorjee aber wird seither als großer Held und Befreier der Religion verehrt.

Mein junger Lamafreund erzählt, daß die Tänze gleichzeitig den Kampf der bösen Mächte gegen die Lehre des Erleuchteten symbolisieren, der natürlich mit dem Sieg der Lehre und der Unterwerfung der Dämonen endet. Inzwischen verschwinden die Schwarzhüte, einer nach dem anderen, mit schwungvoller Drehung durch die Kulissen.

Der Ton einer Knochentrompete kündet die Tänze an. Eine schwarze Teufelsmaske erscheint, Palden Lhamo, die Schutzgöttin der Lamas, mit der Gestalt einer menschlichen Leiche im Rachen. Mit temperamentvollen Pirouetten und hohen Sprüngen fegt sie über die Tanzfläche. Es folgen zwei Affenmasken und ein roter Dämon. Kaum sind sie abgetreten, schnellen die Herren des Leichenackers auf die Bühne, zwei Totenkopfmasken in schneeweißen Gewändern. Mit rasenden Wechselschritten und wirbelnden Drehungen stürmen sie dahin und verschwinden wieder. Szene folgt auf Szene. Ein Rabe und ein Löwe mimen in mitreißendem Tanz einen symbolischen Kampf. Dämonenmasken, die kunstvolle Aufbauten auf den Köpfen tragen, kreisen in schwerfälligem Takt.

Während ich einige Worte in mein Notizbuch kritzele, läßt mich Gelächter hochblicken. Eine Gestalt hüpft aus der Kulisse und jagt mit wehendem Gewand über die Tanzfläche. Es ist ein Atsara, ursprünglich ein wandernder, geistlicher Lehrer aus Indien, der bei den Tschamspielen eine Clownrolle übernimmt. Die dunkelbraune Maske, baumelnde Ringe an den Ohren und den Haarknoten der indischen Sadhus auf dem Kopf, schwingt eine Handtrommel. Über ihren Rücken hängt ein Ziegenfell. Der Tanz des Atsara ist mit spaßigen Einfällen gespickt. Wie eine europäische Filmdiva schwenkt die plumpe Gestalt ihre Hüften und entfesselt Lachstürme unter den Zuschauern.

Später treten zwei weitere Atsaras auf, alte Männer mit orangeroten Schirmmützen und dem Wanderstab in der Hand. Sie verbuchen einen noch größeren Heiterkeitserfolg, als sie mit ihren Stöcken eine Prügelei beginnen. Die beiden Totenköpfe drängen die Possenreißer schließlich hinaus und legen als »Kulissenschieber« ein Tablett mit einer Figur aus gebackenem Teig in die Mitte des Platzes nieder. Diese Figur ist das Linga, das Opfer, in dem die Feinde der buddhistischen Lehre und alle Sünden verkörpert sind. Die Musik wird eindringlicher und leidenschaftlicher. Zwei Hirschmasken stürzen herbei, sie gehören zum Gefolge Gonpo Mahakalas, des »großen Beschützers der Religion«. Ihr Tanz erreicht einen dramatischen Höhepunkt, als sie sich vor dem Tablett niederknien, wild mit den Oberkörpern hin und her pendeln und das Linga mit ihren Schwerten zerschlagen.

Die Instrumente verstummen für eine Weile. Viele Menschen strömen zum Altar und legen Opfergaben darauf nieder: Blumen, Früchte und Geld. Eine Sturzflut von roten, gelben und blauen Blumen ergießt sich über den Schrein. Der Abt von Bigu genießt in der ganzen Talschaft hohes Ansehen, denn sogar die reichen Hindus sind gekommen, um ihm Spenden zu überbringen. Netra Bahadur Tschetri ist darunter. Nachdem er dem Oberhaupt der Gompa gehuldigt hat, kommt er zu mir, um mich zu begrüßen. Ich rücke ein wenig beiseite und bitte ihn, neben mir Platz zu nehmen. Der Abt läßt durch meinen jungen Lamafreund fragen, wie mir das Schauspiel gefalle. Als ihm von meiner Begei-

Der Tanz der Schwarzhutmagier ist voller Ernst und Würde.

sterung berichtet wird, nickt er mir lachend zu und schickt einige Mandarinen und Bananen aus der Opferspende.

Dann setzen die Baßhörner von neuem ein. Es folgen zwei ausgedehnte Tänze: Zunächst die sechs Schwarzhüte, danach die Dämonen und Hirsche. Schließlich verneigt sich einer nach dem anderen vor dem Bild des Dalai Lama und verschwindet. In feierlicher Prozession ziehen der Abt und die hohen Würdenträger des Klosters zurück in den Tempel. Der erste Tanztag ist beendet.

Mit dem Schwert zerschlägt der Dämonenfürst die Macht des Bösen.

Sechs Stunden hat das Schauspiel gedauert, sie sind mir wie im Fluge verstrichen.

Am folgenden Tag versetzt uns strahlender Sonnenschein in die richtige Festesfreude. Die Stimmung ist noch feierlicher als gestern. Die Hänge um den Tanzplatz können die schaulustigen Menschen kaum fassen. Das bunte Gewimmel der verschiedenen Volksstämme verleiht dem Geschehen auf dem Platz einen farbenfrohen Rahmen; erwartungsvolle Spannung knistert über der Menge. Ein Tusch der Instrumente, der wie ein Jubelschrei über die Berge schallt, meldet den Einzug der Würdenträger. Dann tropfen, eine Erlösung nach der spannungsgeladenen Erwartung, die ersten schweren Töne aus den meterlangen Baßhörnern. Der große, zweite Tanztag beginnt! Zu Anfang drehen sich wieder die sechs Schwarzhutmagier, mit ihren wehenden Gewändern und breitrandigen Hüten über den ernsten Gesichtern. Ihr Tanz endet in einem Trinkopfer. Den Schwarzhüten folgen die »Herren des Leichenackers«, die Totenköpfe, danach die beiden Affen und einige Schutzdämonen mit Schwertern in den Händen. Die goldbestickten Gewänder sind heute noch prächtiger als gestern, die Tänze ausführlicher, kunstvoller und zahlreicher.

Ein durchdringender Trompetenstoß, den die übrigen Instrumente mit lautstarkem Tusch unterbrechen, verkündet ein besonderes Ereignis. Gonpo Mahakala selbst erscheint, der mächtige Dämonenfürst. Mit feierlichen Schritten betritt er die Tanzfläche und beginnt einen gemessenen, ungemein wirkungsvollen Schreittanz. Oft bleibt er mit ausgebreiteten Armen stehen, in der rechten Hand ein hocherhobenes Schwert, in der linken eine Fangschlinge. Die Ärmel seines farbenprächtigen Gewandes hängen dabei wie Fahnen herab. Seine Maske ist schwarz, mit weit geöffnetem Rachen, in dem weiße Reißzähne schimmern und mit einem dritten Auge der Erkenntnis auf der Stirn. Vor der Brust trägt er eine blinkende Scheibe, den goldenen Spiegel, dem keine böse Absicht verborgen bleibt. Sein Tanz, voller Wechselschritte und langsamer Drehungen auf einem Bein, symbolisiert die Macht der Lehre Buddhas über die Welt der Götter, Dämonen und aller Lebewesen.

In einer halbstündigen Pause, die dem Auftritt Gonpo Mahakalas folgt, werden der Abt und die Würdenträger mit Tee gestärkt. Angesehene Laien aus der Umgebung dürfen heute den Tee zubereiten und einschenken, ein ehrenvolles Amt. Auch ich bekomme eine Schale mit der dampfenden Flüssigkeit gereicht. Während wir noch trinken, preschen unversehens die Totenkopfmasken auf den Platz, kurz darauf abgelöst von dem Löwen und dem Raben. Die bei-

Dämonenmasken gehören zum Gefolge des Gonpo Mahakala.

Das Possenspiel des Atsara und seiner Begleiter bringt die Zuschauer zum Lachen.

den mythischen Tiere zerschlagen heute, nach einem ungestümen Tanz, das Linga-Opfer. Anschließend wirbeln Dämonentänzer über die Fläche, in den Händen Totenkopfszepter, Sichel, Dreizack, Gebetsglocken, Dorjes und heilige Dolche.

Das Possenspiel des Atsara befreit von der dämonischen Erregung der großen Tanzszenen. Heute trägt er auf dem Rücken anstelle der Ziegenhaut ein Tigerfell und wird von zwei Affen begleitet. Er improvisiert eine Pantomime, die großes Gelächter hervorruft. Nachdem er vergeblich versucht hat, seinen Trabanten das Schreiben beizubringen, befiehlt er ihnen, weiße Seidenschleier auf dem Altar niederzulegen und dem Bilde des Dalai Lama zu huldigen. Lässig befolgen die beiden Affengaukler diese Aufforderung. Da packt der Atsara sie kurzerhand im Genick, zerrt sie unter dem begeisterten Geschrei der Zuschauer zum Altar und wirft sie dort auf den Boden. Ängstlich tun sie jetzt wie ihnen geheißen und hüpfen unter dem Beifall der Menge durch die Kulissen, verfolgt von dem drohend gestikulierenden Atsara. Kaum sind sie verschwunden, stehen die nächsten Possenreißer auf der Bühne, die beiden Wanderatsaras mit den Schirmmützen. Aus ihren Reisetaschen kramen sie Mandarinen, gelbe Blumenketten und Seidenschleier, die sie mit linkischen Bewegungen zum Altar tragen. Dort geraten sie über das Vortrittsrecht in Streit und purzeln über ihre Stöcke auf den Boden. Endlich können sie ihre Opfergaben anbringen, worauf sie hochbefriedigt den Schauplatz verlassen.

Im Anschluß an diese lustigen Auftritte beherrschen wieder ernste Dämonenmasken die Szene. Schließlich steigert sich das Fest im Schlußtanz zu einem furiosen Höhepunkt. Zusammen mit den Schwarzhüten erscheint das gesamte Gefolge Gonpo Mahakalas: acht Dämonen, die beiden Hirsche, der Rabe und der Löwe. Noch einmal dröhnen die schwermütigen Rhythmen der Baßhörner. Das Wirbeln und Rauschen, Springen und Drehen läßt den Zuschauer seine Umgebung vergessen. Eine nach der anderen verschwinden die dämonischen Gestalten, nach atemberaubenden, nicht enden wollenden Tanzfiguren. Es ist, als müßten sie sich gewaltsam von ihren Tänzen losreißen. Schließlich springt der Löwe als letzter mit einem Satz durch die Kulissen. Im selben Augenblick stimmen die Menschen ein lautes Jubelgeschrei an. Die Dämonen sind unterworfen, die buddhistische Lehre hat den Sieg über die Mächte der Unterwelt erzwungen. Die feierlichen Klänge des Klosterorchesters begleiten die hohen Mönche und den Abt zurück in den Tempel, der Platz bleibt dem Volk überlassen. Nach zehn Stunden ist der »große Tanz« beendet.

Sogleich sammeln sich Sherpas und Tibeter auf der Tanzfläche zu zwei großen Kreisen und beschließen das Fest mit ihren Stampftänzen und uralten Volksliedern. Bis in die späte Nacht hinein tanzen und singen sie, können in ihrer ausgelassenen Lebensfreude kein Ende finden. Nach dem Abendessen gehe ich noch einmal hinüber zur Gompa, um an dem Volksfest teilzuhaben. Lange sitze ich im Mondschein an der Klosterwand, lausche auf die fröhlichen oder melancholischen Weisen und sehe den Reigentänzen mit ihren stampfenden Schrittfolgen zu. Der Gesang und das Trampeln der Füße dauern noch an, als ich längst im Schlafsack liege.

Der Segnungsgottesdienst am letzten Tag des Mani-Rimdu-Festes ist erfüllt von friedlicher, frommer Stimmung. Außer einem Hornstoß, der am Vormittag zum Gottesdienst ruft, ertönt heute keine Musik. Dicht gedrängt sitzen die Menschen auf dem Tanzplatz vor dem Altar, vorn die Mönche und Nonnen, dahinter das Volk der Laien. Es ist ganz still, man wagt nur zu flüstern. Der Chor der Lamas rezitiert heilige Texte, hie und da unterbrochen vom Klingen der Gebetsglocken. Dann erheben sich die Menschen und drängen zum Altar. Der Abt segnet jeden einzelnen, indem er seinen Scheitel mit einem Tsok berührt, einem geweihten Reiskuchen. Freundliche Lamas gießen anschließend dem Pilger ein wenig geweihten Tschang auf die Handflächen, stecken ihm zwei geweihte Kugeln aus Buttertsampa zu und binden ihm ein rotes Band um den Hals, das vor Unglück schützen soll. Als erstes wird das Laienvolk abgefertigt, danach die Nonnen und Mönche. Schließlich erhalte auch ich den Segen. Während zum Abschluß Tee serviert wird, darf ich neben dem Abt Platz nehmen und die feierliche Atmosphäre aus nächster Nähe auf mich wirken lassen. Nach einem langen Gebet ist der letzte Teil des viertägigen Festes beendet. Die Gewänder und Masken verschwinden in den Truhen, bis sie im folgenden Jahr zum nächsten Mani-Rimdu wieder hervorgeholt werden. Der Strom der Besucher flutet in die Heimatdörfer zurück, der gewohnte Alltag zieht im Kloster und in den Häusern der Siedlung ein.

Bald schlägt auch mir die Abschiedsstunde von den Mönchen und Nonnen der Bigu Gompa. Ich muß ostwärts weiterziehen. Am Morgen meines Aufbruchs statte ich dem Abt einen letzten Besuch in seiner Zelle ab. Ich lege in einem Umschlag ein Geldopfer für das Kloster vor ihm nieder. Er schenkt mir ein prall gefülltes Säckchen mit Tsampa, einen Tsok, einige geweihte Münzen und ein rotes Glücksbändchen. Dann legt er mir eine weiße Katak um den Hals und sagt: »Du bist uns ein guter Freund geworden, Sahib. Du hast vielen von uns mit Medikamenten geholfen und hast unser Leben geteilt. Ich bin ein alter Mann und ein Mönch. Mein Gelübde verbietet es mir, zu heiraten und Kinder zu haben. Aber nun bist du über große Meere und durch viele Länder zu den Lamas von Bigu gekommen, und jetzt weiß ich, daß ich einen Sohn habe. Vergiß die Mönche von Bigu nicht, wenn du weiterziehst. Vielleicht kehrst du eines Tages zu uns zurück. Lebe wohl, möge dein Weg immer von glückbringenden Mächten gesegnet sein.«

Eine letzte Verbeugung, ein letztes Lächeln, dann wandere ich durch das Klostertor hinaus in den hellen Morgen. Viele Lamas stehen an der Mauer, winken und schauen mir nach, bis ich um eine Wegbiegung das Kloster aus den Augen verliere. Ich spüre, daß mich ein Band mit den Menschen dort oben verbindet, ein Band des Verständnisses und der gegenseitigen Achtung. Während ich die nächsten Tage nach Osten wandere, werden die weißen Punkte der Bigu Gompa immer kleiner und kleiner, bis man sie an den fernen Hängen nicht mehr erkennen kann.

Der Kleine Panda oder Katzenbär ist ein heimlicher Bewohner der Bergwälder oberhalb 3000 Metern (oben).

Neugierig sichert der possierliche Pfeifhase aus seinem Versteck unter einer Steinplatte hervor (unten).

Mit Fell und mit Schuppenleib

»Sallak, Sallak, Sahib!« Lautes Geschrei reißt mich eines Morgens aus meinen Träumen von Himalayagipfeln und tanzenden Dämonen. Rasch schlüpfe ich aus dem Schlafsack und krieche durch den Zelteingang hinaus. Einige Leute aus dem nahen Dorf Jelung stehen mit meinen Trägern um etwas herum, das aussieht wie ein riesiger Tannenzapfen. Erregt rufen und schnattern sie durcheinander. Auf meine Frage, was es gäbe, kommt Khale herbeigerannt und erklärt: »Ein Sallak, Sahib. Ein paar Burschen fingen es heute nacht auf einem Maisfeld.« Ich trete in den Kreis von Menschen, die zur Seite weichen und sehe mit Erstaunen, was sie gebracht haben: Ein Schuppentier! Das erste, dem ich in freier Wildbahn begegne. Ich knie nieder und betrachte es aufmerksam. Das urweltlich anmutende Wesen ist so groß wie ein Fuchs. Sein Körper und der dicke, breite Schwanz sind dicht mit dreieckigen Hornschuppen bedeckt, zwischen denen einzelne Borsten wachsen. Der Kopf, von dem sich deutlich Öhrchen abheben, ist auffallend klein. Die Vorderfüße sind mit mächtigen Klauen bewehrt. Das Tier liegt eingerollt auf der Seite und läßt die scharfkantigen Schuppen abstehen wie ein Igel die Stacheln.

Die blaue Grandala lebt auf den höchsten Almen und Moränenhängen (obere Reihe links).

Ein balzender Blutfasan auf einer Almwiese bei Pangpotsche (obere Reihe rechts).

Die harmlose Himalayanatter ist besonders hübsch gezeichnet (untere Reihe links).

Das Männchen der Buntagame bekommt in der Erregung einen roten Kopf (untere Reihe rechts).

Die Leute haben das Schuppentier bei dem nächtlichen Fang mit Stöcken geschlagen, denn es blutet aus mehreren Verletzungen am Rücken und an der Seite. Ich lasse Jasman die Medizinkiste bringen und bestreiche die Wunden mit Penicillinsalbe. Unter den streichelnden Händen entrollt sich das Pangolin, wie das Schuppentier ebenfalls genannt wird, und wir können es auf den Rükken legen. Dabei stellt sich heraus, daß am Bauch, wie auch an den Innenseiten der Füße und an der Kopfunterseite keine Hornschuppen wachsen. Die Haut ist an diesen Stellen dick, graubraun und schwach behaart. Nachdem ich das Tier verarztet habe, lege ich es in eine Kiste, die Jasman mit Gras ausgepolstert hat und die wir in die dunkelste Ecke des Küchenzeltes stellen.

Mir erscheint es als ein Rätsel, daß das Schuppentier in einer Höhe von mehr als 2000 m gefangen wurde. Es ernährt sich von Ameisen und vor allem von Termiten. Wir sind jedoch bisher nirgendwo auf unserer Wanderung durch das Bergland den hohen Erdburgen der kleinen, weißen Insekten begegnet. Sollten sie hier im Innern des Erdbodens leben? Eine sorgfältige Suche, bei der mich Khale und Jasman begleiten, bringt Antwort auf diese Frage. Bis über 2500 m hinauf finden wir im harten Lehmboden winzige Löcher, die Ausgänge der weitverzweigten Bauten, die, wenn man sie freilegt, wie verholzte Schwämme aussehen. Wir stoßen auch auf tiefe Gruben, die das Schuppentier bei seiner nächtlichen Jagd gegraben hat und in denen Reste der Termitenburgen herumliegen. Jetzt haben wir die Erklärung dafür gefunden, weshalb der schuppige Termitenfresser so hoch in die Berge steigt.

Das Schuppentier ist ein nächtliches Lebewesen und verschläft den Tag in einem hohlen Baumstamm, unter dichtem Dornengestrüpp oder in einer Erdhöhle. Am frühen Abend, sobald die Dämmerung dunkle Schatten zwischen die Baumstämme webt, verläßt es sein Versteck und geht auf Nahrungssuche. Mit plumpen Schritten raschelt es durch den Buschwald, bis es an einem unbewachsenen Erdfleck verharrt. Plötzlich schlägt es die mächtigen Klauen seiner Vorderpranken in den Boden und reißt die harte Scholle mit einer Geschwindigkeit auf, die man ihm gar nicht zutrauen würde. In wenigen Sekunden hat es ein Loch gegraben und darin einen Termitenbau freigelegt, der tief in den Erdboden reicht. Blitzschnell schießt jetzt das Schuppentier seine lange, klebrige Zunge in das Termitengewimmel, zieht sie ebenso rasch wieder zurück und schluckt die zappelnde Beute mit einem genußvollen Schnaufen hinunter. Noch ein paarmal schnellt die Zunge hervor, dann wendet sich der lebende Tannenzapfen ab und zieht weiter, zur nächsten Termitenmahlzeit oder zu einem kräftigen Ameisendinner.

Wenn es gegen Morgen über den Everestbergen im Osten hell wird und die ersten Vögel verschlafene Rufe hören lassen, zieht sich das Schuppentier wieder in sein Versteck zurück. In einer Erdhöhle, unter einem undurchdringlichen Berberitzenstrauch, legt es sich nieder und verdaut. In seiner verlängerten Schnauze wachsen keine Zähne und deshalb muß es die Insekten mit ihren harten Panzern unzerkaut hinunterschlucken. Aber es besitzt als Ersatz für die fehlenden Zähne eine andere Vorrichtung, die sich während des Verdauungsschlafes in Bewegung setzt. Sein Magen ist nicht mit einer zarten Schleimhaut, sondern mit einer festen Hornschicht ausgekleidet, die an einigen Stellen durch Hornzähne verstärkt wird. Dicke Muskeln sitzen an der äußeren Magenwand und übernehmen die Arbeit, die die meisten anderen Säugetiere mit ihren Kiefern bewältigen. Der Klumpen von Ameisen und Termiten wird gestoßen und geknetet, bis er zu einem gut verdaulichen Brei zerrieben ist. Das Schuppentier liegt unbeweglich in seinem Loch und schläft. Man sieht es ihm nicht an, daß sein Magen noch lange mit heftiger Bewegung die hartschalige Nahrung zermalmt.

Wir setzen unserem Pflegegast am Abend ein mit Milch verquirltes Ei vor, das er aber unberührt stehen läßt. Am nächsten Morgen kommt Jasman aufgeregt zu mir und führt mich in das Küchenzelt. Das Schuppentier ist verschwunden. Ein großes Loch in der Zeltwand zeigt seinen Fluchtweg. Sicher bekam es während der Nacht Appetit auf Termiten und hat sich mit seinen scharfen Klauen gewaltsam befreit.

Das Erlebnis mit dem Schuppentier hat mich überrascht, denn ich habe in vielen Berichten gelesen, daß der Reisende, der über die hohen Pässe und durch die tiefen Täler des Himalaya wandert, nur ausnahmsweise wildlebenden Säugetieren begegnet. Lediglich Affen kreuzen öfters seinen Weg. Der Zoologe weiß jedoch, daß die Säugetierwelt Nepals vielfältig und sehr abwechslungsreich ist. Auf kurze Entfernung hin ragen die Berge über große Höhenunterschiede auf und drängen die Lebensräume der Tiere in gegensätzlichen Klimabereichen eng zusammen. Durch die Urwälder der Ebene vor den Bergen im Süden, die man »Terai« nennt, ziehen Elefanten, Panzernashörner, Tiger, Sambarhirsche und Wildschweine. 150 km Luftlinie nach Norden finden Schneeleoparden, Tahrs und Blauschafe noch genügend Nahrung an den kargen Hängen des Hochgebirges, bis hinauf an die Sommerschneegrenze in 5800 m. Im Zwischenbereich aber, in Höhen von 2000 bis 4000 m, leben Leoparden, Bären, Katzenbären, Muntjaks, Gorals, Moschushirsche und Affen. Alle diese Tiere sind sehr scheu und zeigen sich dem Menschen nur selten, da sie häufig verfolgt werden. Trotz dieser Scheu begegne ich jedoch nach dem Schuppentierabenteuer noch anderen Säugetieren in Nepal.

Im breiten Jirital, unweit der kleinen Stadt Those, betreiben einige Schweizer im Rahmen der Schweizer Entwicklungshilfe eine Wasserbüffelfarm. Sie züchten in den sauberen Großställen kräftige Büffelkälber und machen die nepalesischen Bauern mit modernen Erkenntnissen der Viehzucht bekannt. Es war ein vielbestauntes Ereignis, als vor einigen Jahren zum ersten Mal auf den Wiesen Gras gemäht und Heu getrocknet wurde. Die nepalesischen Viehbesitzer füttern ihre Kühe, Büffel und Kälber im Winter mit nährstoffarmen Blättern, oder treiben die Tiere in die Wälder. Die Heuernte war in Nepal bislang unbekannt. Neben den Farmhäusern stehen ein paar niedrige Gebäude, ebenfalls im schweizerischen Stil. Es ist ein kleines Krankenhaus, das einzige auf mehr als 100 km im Umkreis. Eine Ärztin und eine Krankenschwester aus der Schweiz betreuen mit viel Idealismus und großer Tatkraft dieses Himalaya-Hospital. Ich bin mit den Schweizern befreundet und statte ihnen von Zeit zu Zeit einen Besuch ab, um mich auf der idyllisch gelegenen Farm von meinen Streifzügen in die Hochtäler auszuruhen.

An einem Abend bin ich spät angekommen und begebe mich bald nach dem Essen zur Ruhe. Mein Nachtlager ist in einem Zimmer aufgeschlagen, das als Büro- und Lagerraum dient. Da ich rechtschaffen müde bin, schlüpfe ich im Dunkeln in meinen Schlafsack, ohne noch einmal das Petroleumlicht zu entzünden. Mitten in der Nacht weckt mich ein fauchendes, kratzendes Geräusch. Vorsichtig setze ich mich auf, greife zur Taschenlampe und leuchte den großen Raum ab. Der Lichtkegel streift über Kisten, Aktendeckel, Sattelzeug, Blechdosen und bleibt an einem hohen Drahtkäfig hängen, aus dem mich zwei grünfunkelnde Augen anstarren. Sie gehören zu einer Zibetkatze, die auf dem Ast eines Kletterbaumes sitzt, den man ihr in den Käfig gestellt hat. Meine Freunde hatten am Abend vergessen, mir von ihrem neuen Haustier zu erzählen, deshalb hat mich die Nachbarschaft meiner Zimmergenossin überrascht. Ich zünde die Petroleumlampe an und beobachte in aller Ruhe das schöne Tier.

Mit untergezogenen Beinen sitzt es auf seinem Ast, wie eine schnurrende Katze, die gestreichelt werden möchte. Sobald ich mich jedoch bewege, faucht es und entblößt ein Gebiß mit drohenden Sägezähnen. Unvermittelt erhebt sich die Zibet, dehnt und streckt sich gähnend und setzt mit federndem Sprung zu Boden. Sie ist etwa so groß wie ein Dackel und bewegt sich mit lautloser Eleganz. Ihre Schnauze ist hundeartig verlängert, aber die scharfen, rückziehbaren Krallen lassen keinen Zweifel daran, daß es sich um eine Katzenverwandte handelt. Das Fell ist grau mit dunkler Musterung, sehr dicht und weich. Der Schwanz ist buschig und länger als der übrige Körper. Die Zibet riecht merkwürdig scharf, nach Moschus oder Bisam. Der Geruch stammt aus einer Drüse, die unter der Schwanzwurzel sitzt und das Zibet-Sekret absondert. Dieses Sekret macht das Tier für die Menschen begehrenswert, denn in der Parfümindustrie wird die stinkende Drüsenpaste als Grundstoff für betörende Wohlgerüche verwendet. Zibetkatzen sind ausgezeichnete Kletterer. Den Tag verschlafen sie, ähnlich wie die Schuppentiere, in versteckten Höhlen oder unzugänglichen Gebüschen. Erst in der Dämmerung erwacht ihr Tatendrang, wenn sie auf leisen Sohlen in den Urwäldern auf Nahrungssuche ausziehen. Eidechsen, Mäuse, Vögel und sogar Insekten sind ihre Beute, und gerne stehlen sie sich ein Huhn aus den Bauernhäusern am Waldrand.

»Sieh da, ein Nir-Biralu« sagt Khale fachmännisch, als er mich am Morgen weckt und meinen Schlafgenossen in der Zimmerecke entdeckt. »Es gibt viele davon in den Wäldern um mein Heimatdorf, aber man sieht sie selten, weil sie sehr scheu sind. Das Biralu kann beträchtlichen Schaden anrichten, wenn es sich nachts in den Stall schleicht und Hühner raubt. Das Nir-Biralu ist ein wildes Tier. Man braucht viel Geduld, um es zu zähmen.«

Den ganzen Tag schläft die Zibetkatze in ihrer Kiste, die mit Wolle und Stoffresten weich ausgepolstert ist. Wenn ich an das Drahtgitter trete, blinzelt das Tier nur träge und die langen Tasthaare an der Schnauze zittern ein wenig. Sonst bleibt es unbeweglich liegen. Ich erfahre nun auch die Geschichte dieses seltsamen Hausgenossen: Vor einigen Wochen haben Bauern aus dem Dorf eines Morgens ein winziges, greinendes Bündel gebracht, mit struppigem Fell und angstvoll geweiteten Augen. Unter der sorgfältigen Pflege des Hausherrn und seiner Tochter gedieh das Zibetbaby prächtig, wuchs zu einem großen Tier heran und wurde völlig zahm. Damit es aber nicht zu Raufereien mit den Hunden und Katzen auf dem Farmhof kam, wurde dem Pflegling ein Käfig als Behausung zugewiesen.

Am Abend finden sich alle Schweizer zu einer gemütlichen Plauderrunde am grobgezimmerten Küchentisch zusammen. Auch die Ärztin und die Schwester sind aus dem Hospital herübergekommen. Die Tochter des Farmers darf die Zibetkatze für eine Weile in die Küche holen und mit ihr spielen. Das Tier ist jetzt putzmunter, tobt durch das Zimmer, und klettert über Tisch und Schränke. Besonderen Spaß bereitet ihm eine Balgerei mit seiner Pflegemutter, allerdings hinterlassen die scharfen Krallen nach solchen Spielen oft rote Striemen an den Armen und Beinen der Spielgenossen.

Nachdem die Zibetkatze wieder in ihren Käfig zurückgebracht worden ist, klopft es an der Türe. Ein Mann aus dem Dorf tritt ein und bittet den Hausherrn um eine kurze Unterredung. Ich sehe den späten Gast erstaunt an. Sein Gesicht ist von mehreren roten Narben entstellt und über den Kopf zieht sich eine breite, haarlose Rinne. So ungefähr stelle ich mir die altgermanischen Helden vor, wenn sie nach geschlagener Schlacht in Walhalla beim Met sitzen. Während die beiden Männer sich ins Büro zurückziehen, erzählt die Schwester, wie der Besucher zu seinen schrecklichen Wunden kam:

Lalbahadur, so heißt dieser Dorfbewohner, hütete an einem sonnigen Herbsttag seine Ziegen auf einer Wiese im Eichenwald. Er saß auf einem Baumstumpf, rauchte und träumte. Da knackte es plötzlich im Gebüsch, und ein großer, goldgelber Leopard glitt über die Lichtung. Er hatte den Hirten nicht bemerkt und duckte sich zum Sprung auf die schönste und fetteste Ziege. Das war zuviel für Lalbahadur. Mit einem Wutschrei zog er seinen Kukri aus dem Gürtel und stürzte sich auf den Leoparden. Der wirbelte herum, legte sich platt auf den Boden und fauchte. Da er sich in die Enge getrieben fühlte, erschien ihm wohl ein Angriff auf den schreienden Menschen als der einzige Ausweg. Mit einem mächtigen Satz sprang er den Mann an und grub seine Krallen in das nackte Fleisch der Oberarme. Aber Lalbahadur war stark und flink. Mit Wucht stach er seinen Kukri in das Leopardenfell und reizte das Tier dadurch zu höchster Wildheit. Ein Kampf auf Leben und Tod entbrannte. Gerne wäre der Leopard jetzt noch geflohen, aber er hatte sich derart in seinen Gegner verkrallt, daß eine Flucht unmöglich war. Das Tier biß, kratzte und fauchte, der Mann hieb und stach mit seinem Haumesser wohin er gerade traf. Die Kämpfer rollten am Boden und bluteten aus vielen Wunden. Schließlich gelang es Lalbahadur, dem Leoparden mit einem Hieb den Schädel zu zerschmettern und ihn zu töten. Aber der Sieger war selber schrecklich zugerichtet. Seine rechte Wange klaffte, ein Prankenhieb hatte ihm Brust und Schultern zerfleischt, und vom Kopf hing ein Hautfetzen wie ein behaarter Lappen herunter. Erschöpft und blutend wankte er heim. Seine Frau schrie entsetzt auf, als sie ihn kommen sah. Sie packte ihren Ehemann kurzentschlossen an der Hand und zog ihn, so schnell sie konnte, nach Jiri in das etwa eine Stunde entfernte Hospital. Zwar war die Ärztin gerade auf Visite in einem Nachbarort, aber die Schwester flickte Lalbahadur wieder zusammen, und dank seiner robusten Konstitution verheilten die Wunden rasch. »Wir nennen ihn seitdem das Tigermanndl«, sagt die Schwester schmunzelnd. »Er ist sehr stolz auf die Narben und bei den Dorfbewohnern steht er wegen seines siegreichen Kampfes in hohem Ansehen. Er sonnt sich in seinem Ruhm und zeigt bereitwillig jederzeit seine Wunden. Das Fell des Leoparden schenkte er mir für seine Heilung; es hängt drüben in meinem Schlafzimmer. In all den Jahren, die ich schon in Nepal lebe, ist dies übrigens der einzige Fall, daß ein Raubtier einen Menschen angegriffen hat.« Der Hausherr kehrt mit dem Tigermanndl zurück. Auf meine Frage reißt der Leopardentöter strahlend sein Hemd auf und läßt mich stolz die Schrammen und Scharten bewundern. Im Verlauf des folgenden Gesprächs bestätigt der Farmer, daß solch ein Kampf zwischen Mensch und Tier eine große Seltenheit bleibt, da die scheuen Großkatzen, Wölfe und Bären die menschlichen Siedlungen meiden, wo sie nur können.

Am Tage, bevor ich weiterwandere, sitze ich in der geräumigen Küche des Farmhauses und hole Tagebuchaufzeichnungen nach. Da höre ich draußen schnelle Schritte, und jemand ruft meinen Namen. Die Schwester schickt nach mir, ich solle rasch in das Hospital kommen, denn dort gäbe es etwas Besonderes zu sehen. Ich laufe hinüber und treffe die Schweizerin im Gespräch mit einem Mönch, der aus einem Kloster nahe der tibetischen Grenze kommt. Er begrüßt mich mit zusammengelegten Händen und einem Lachen, gemischt aus Freundlichkeit und Verlegenheit. Auf die Bitte der Schwester zieht er aus den Tiefen seiner verstaubten, roten Kutte zwei seltsame Felle hervor. Meine Hand streicht über seidenweiches, dichtes Haar von schwarzbrauner und dunkelroter Färbung. Der Schwanz ist braun und grau geringelt, das Fell des Kopfes schwarzweiß gemustert. Ich dringe mit Fragen in den Mann, und nach einigem Hin und Her stellt sich heraus, daß dies die Häute von Katzenbären sind, von Kleinen Pandas. Wir erhandeln die Felle für ein paar Rupien, eines für die Schwester und eines für mich. Ehe der Mönch sich wieder entfernt, verspricht er uns, beim nächsten Besuch einen Kleinen Panda lebend mitzubringen.

Monate später führt mich mein Weg wieder nach Jiri. Als erste Neuigkeit erfahre ich, daß der Mönch mit den Katzenbärenfellen sein Versprechen gehalten hat. In der Küche liegt in einer Holzkiste neben dem Kamin ein leuchtend rotes Bündel. Als ich ein paar lockende Worte in die Kiste spreche, wächst aus dem Haarknäuel ein Kopf mit spitzen Ohren hervor, und zwei pfiffige, dunkle Augen blinzeln mir aus einem schwarzweißen Maskengesicht entgegen. Der junge Katzenbär gähnt, streckt seine rosa Zunge weit hervor und vergräbt darauf mit einem tiefen Seufzer das Gesicht wieder zwischen den Vorderpfoten. Der lustige Harlekin mit seinem roten Fell und dem geringelten, buschigen Schwanz fühlt sich auf der Farm schon ganz daheim und ist schnell der Liebling seiner Pflegeeltern geworden.

Am Abend wird das possierliche Kerlchen munter. Er verläßt sein Lager, tappt in der Küche umher und möchte mit den Menschen spielen. Wie Schuppentier und Zibetkatze verschläft der Kleine Panda, die Tageshelle, und erst in der Dämmerung erwacht sein Tatendrang. Als hervorragender Kletterer bewegt er sich meist in den Baumästen, auf denen er sich auch gern zur Ruhe ausstreckt. Er nimmt vorwiegend pflanzliche Nahrung zu sich, Früchte, Wurzeln und die Schößlinge des Bergbambus. Wie für seinen Verwandten, den Bambusbären oder Riesenpanda, gelten dem Kleinen Panda Bambussproßen als besondere Leckerbissen. Anders als der Riesenpanda, der ausschließlich Pflanzen frißt, verschmäht er jedoch Fleischkost keineswegs und verschlingt Mäuse, Hörnchen, Vögel und Insekten.

Daß der Katzenbär ein Verwandter der großen Bären ist – die Zoologen zählen ihn zu den Altweltvorbären – kann man beim abendlichen Spiel beobachten. Wenn er aus seiner Kiste kriecht und über den Küchenboden trollt, läuft er wie die Bärenvettern »über den großen Zeh«, mit einwärts gerichteten Füßen. Will man mit ihm spielen, stellt er sich auf die Hinterläufe und hebt die Vorderfüße, zum Schlag bereit, über den Kopf. Dabei läßt er ein quiekendes Brummen hören, das in wohliges Knurren übergeht, wenn man ihn am Bauch oder im Nacken krault. Der bunte kleine Kerl darf durch Haus und Hof streifen. Bei den Hunden, die ihn manchmal ärgerlich anknurren, verschafft er sich mit seinen Zähnen und messerscharfen Krallen Respekt. Mit dem Rhesusaffen »Hansli« verträgt er sich ausgezeichnet. Wenn er vergnügt herumtollt, möchte man meinen, er habe die Bambusdschungel seiner Heimat längst vergessen.

Nur ein einziges Mal habe ich einen Kleinen Panda in freier Wildbahn gesehen. Wir richten uns an einem trüben Oktoberabend auf einer Waldalm für die Nacht ein. Nach dem Abendessen vertrete ich mir noch ein wenig die Beine. Ich habe mich im Zwielicht ein ganzes Stück von der Hütte in den Tannenwald hinein entfernt, als ich dicht vor mir eine Bewegung zwischen den Stämmen bemerke. Ich bleibe regungslos stehen. Ein Tier schiebt sich auf einem dicken Ast entlang, ein Katzenbär. Jetzt entdeckt er mich ebenfalls. Vorsichtig hockt er sich auf die Hinterkeulen, wendet mir seine Maske zu und schnuppert sichernd zu mir herüber. Eine ganze Weile kann ich ihn beobachten, dann drehe ich ein wenig den Kopf, und mit wenigen Klimmzügen verschwindet der schnurrige Kletterkünstler in der Baumkrone.

Später begegne ich noch oft Katzenbären, aber nur in Gefangenschaft: im Zoo von Kathmandu z.B. oder bei einer alten Dame, die im Royal Hotel wohnt. Ich habe den kleinen Urwaldharlekin ins Herz geschlossen. Mit seinem freundlichen, verspielten Temperament ist er für mich zum Symbol und Wappentier Nepals geworden. Zum Symbol für ein Land, in dem es sich mit freundlichen und höflichen Menschen gut leben läßt.

Vor dem alten Königspalast in Patan steht eine hohe Steinsäule, auf der die Bronzefigur von König Yoganarendra Malla kniet, der gegen Ende des 17. Jahrhunderts in dieser Stadt herrschte. Die vergoldete Skulptur wird von einer aufgerichteten Bronzekobra mit gespreiztem Nackenschild beschirmt. Die Kobra verleiht hier dem Herrscher Schutz und gilt zugleich als Symbol seiner göttlichen Stellung. Obwohl die Nepalesen sich vor Schlangen im allgemeinen ängstigen und sie auch gelegentlich erschlagen, wird die Schlange als dämonische Gottheit teils verehrt und teils gefürchtet. Die Nagas, die unterweltlichen Schlangenfürsten, beschützen die Quellen und Gewässer. Sie werden von Garuda, dem menschenköpfigen und Vishnu zugeordneten Göttervogel, beherrscht und mitunter verschlungen.

Ich begegne auf meinen Wanderungen des öfteren Schlangen. In der Tschissanku Kola, einem Seitental des unteren Marsyandi, rufen an einem frühen Nachmittag meine Freunde und die Träger plötzlich: »eine große Schlange, Uli, komm schnell!« Ich stürze auf eine Steinmauer zu, in der gerade ein Schlangenleib verschwindet. Den Schwanz bekomme ich gerade noch zu fassen; dann baue ich mit der rechten Hand die Mauer Stück für Stück ab und ziehe eine etwa 2 m lange Strahlennatter hervor. Die graubraune Körperfarbe des Tieres ist von einem schimmernden Goldglanz überzogen und im vorderen Körperabschnitt mit großen, schwarzen und weißen Flecken versehen. Wenn die Strahlennatter sich bedroht fühlt, bläst sie voller Erregung ihre Kehle in vertikaler Richtung auf und zeigt eine aus schwarzen und weißen Kreisflecken gebildete »Augenfleck-Zeichnung«. Mit diesem Zeichnungsmuster sollen Feinde abgeschreckt werden. Die Schlange wandert in einen Transportsack aus Leinen und reist mit mir heim nach München, wo ich sie in der Zoologischen Staatssammlung noch lange Zeit im Terrarium pflegen und beobachten kann. Mehr als 11 Jahre lebt nun schon eine andere Schlange aus Nepal in einem meiner Terrarien: die Hodgson-Natter. Dieses elegante, über eineinhalb Meter lange Tier ähnelt mit seiner grauen Schuppenfärbung, dem schlanken Kopf und den schnellen Bewegungen der europäischen Äskulapnatter. In den Wäldern des nepalesischen Mittelberglandes führt sie ein heimliches Leben und ist nur selten an besonnten Plätzen anzutreffen. Ein besonders hübscher Vertreter der Schlangen im Nepal Himalaya ist die Himalayanatter, wie die Hodgson-Natter ein Bewohner der lichten Wälder und Waldränder. Auf dem vorderen Drittel ihres Schuppenleibes sind zwischen dunkelgrauen ganze Serien von leuchtend ziegelroten Schuppen eingestreut. Die Himalayanatter ist harmlos und ungiftig; sie ernährt sich vorwiegend von Fröschen und Mäusen, die in ihrem Lebensraum in reichlicher Menge zur Verfügung stehen. Als Glücksbringer gilt die große Rattennatter, die ebenfalls mehr als 2 Meter lang werden kann. Im Kathmandutal sitzen wir eines Tages in unserer Privatpension nach dem Mittagessen beim Tee, als plötzlich unsere kleine Tochter Dolma hereinkommt und laut ruft:

»Papa, Papa, da draußen liegt auf der Treppe eine große Schlange.« Alle lachen über das Kind und seine lebhafte Phantasie, aber ich habe sofort begriffen. Mit einem Satz springe ich von meinem Stuhl hoch und renne hinaus. Tatsächlich liegt auf den Stufen des Nachbarhauses eine ausgewachsene Rattennatter in der Mittagssonne. Vorsichtig schleiche ich näher, dann ein Sprung, ein rascher Griff zum Kopf, und ich halte das sich heftig wehrende Tier in den Händen. Meine Reisebegleiter, die Belegschaft unserer Pension und die Menschen aus der Nachbarschaft laufen zusammen, um die große Schlange und ihren Fänger zu bestaunen. Ich ergreife die Gelegenheit, um den Zuschauern diese Schlange, ihre Schönheit und ihren Nutzen zu erklären und um den Nepalesen einzuschärfen, daß die Rattennatter Glück bringt und nicht erschlagen werden darf. Dann lasse ich sie wieder frei. Blitzschnell und sichtlich erleichtert verschwindet sie mit einigen Schlängelbewegungen im Reisfeld hinter dem Haus.

Neben den vielen ungiftigen Nattern gibt es im nepalesischen Bergland nur wenige Giftschlangenarten, darunter die kleine, braune Bergotter oder die Himalaya-Grubenotter, der man im Kali Gandaki-Tal hie und da begegnen kann. Beide Arten sind nicht übermäßig giftig, aber ihr Biß ist außerordentlich schmerzhaft. Bei Kalopani zeigt mir einmal ein Bauer an seinem linken Bein eine vernarbte Bißwunde, das Ergebnis einer Begegnung mit der Himalaya-Grubenotter.

»Wir wissen, daß ein erwachsener Mensch nach dem Biß einer solchen Schlange nicht sterben muß,« sagt er, »aber es tut höllisch weh, und es dauert wochenlang, ehe die Wunde verheilt ist. Deshalb gehen wir diesen Tieren nach Möglichkeit aus dem Weg und warnen vor allem unsere Kinder davor«. In den abgelegenen Bergtälern gibt es ja kein Schlangenserum. Himalaya-Grubenottern werden etwa so groß wie Kreuzottern. Zwischen Nasenloch und Auge besitzen sie eine Sinnesgrube als Wärmeorgan, mit dem sie warmblütige Beute – wie etwa junge Mäuse – in der Dunkelheit orten können. Außer auf die kleinen Nagetiere machen sie bevorzugt Jagd auf die vielen Himalayaskinke, fingerlange Echsen mit glänzend glattem Schuppenleib, die im mittleren Kali Gandaki-Tal in großer Anzahl zwischen den Steinen und Büschen umherhuschen.

Ob die eigenartigen Nebelwaldagamen in den Bergwäldern an Dhaulagiri und Annapurna ebenfalls zu den Beutetieren der Himalaya-Grubenottern gehören, weiß man allerdings noch nicht. Die Männchen dieser Echsenart sind grasgrün gefärbt. Sie leben in Bäumen oder Büschen und sind mit ihrer Färbung im grünen Blattwerk gut getarnt. Sie können bei Dunkelheit, bei großer Schreckerregung oder in plötzlicher Sonnenhitze ihre Farbe wechseln wie ein Chamäleon; in wenigen Augenblicken färben sie sich von Grün nach Braun um und wenn die Erregung abklingt, werden sie wieder grün. Die Weibchen der Nebelwaldagamen sind braun, oft mit einer olivgrünlichen Rückenfärbung. Da sie ihre Eier im verrottenden Laub des Waldbodens ablegen, bedeutet auch dieses Farbmuster eine tarnende Anpassung an die Umgebung.

Gefiederte Freunde

»Nepal ist ein Vogelparadies! Sie werden überrascht und begeistert sein von den unzähligen Vogelarten, denen Sie unterwegs begegnen.« Dr. Fleming nimmt einen leuchtend roten Federbalg vom Tisch und dreht ihn in seinen sehnigen Händen. Schon bald nach meiner Ankunft habe ich mit diesem hageren, grauhaarigen Gelehrten Bekanntschaft geschlossen, der als bester Kenner der nepalesischen Vogelwelt gilt. Er wohnt mit seiner Frau, der Chefärztin des amerikanischen Hospitals, in einer kleinen Villa hinter den Mauern des Krankenhauses. Ich besuche ihn oft und lasse mir von seinen Sammelexpeditionen erzählen. Jedes Jahr unternimmt Dr. Fleming während seiner Ferien eine Reise in die abgelegenen Täler und Urwälder und kehrt mit reicher Beute an Vogelbälgen zurück. Vor ein paar Tagen ist er von seinem letzten Trip heimgekommen und hat nun das Ergebnis seiner Sammelreise auf einem Tisch ausgebreitet.

»Die gewaltigen Höhenunterschiede haben die Lebensbereiche so eng zusammengedrängt, daß Sie innerhalb von zwei Tagen an einem Flußbett Nektarvögel aus den Subtropen und an der Baumgrenze Kolkraben aus dem Hochgebirge beobachten können.« Er nimmt ein blauschillerndes Federbällchen und einen tiefschwarzen Rabenbalg und hält sie nebeneinander. Rote, grüne, schwarzgefleckte oder weißgestreifte Vogelbälge bedecken die Tischplatte; eine Reihe neuer Arten und Rassen sind darunter.

»Das gibt viel Arbeit mit der Bestimmung und Auswertung meiner Notizen«, sagt Dr. Fleming, »ich bin neugierig, was Sie auf Ihren Streifzügen zu Gesicht bekommen. Sie müssen uns unbedingt besuchen, wenn Sie wieder aus den Bergen zurückkehren und müssen uns berichten. Vor allem von den Vögeln.«

Bevor ich jedoch zu meiner Expedition in die Hochtäler aufbrechen kann, bleibt mir Zeit, mich in der Vogelwelt des Kathmandutales umzusehen. Schon früh am Morgen verlasse ich das kleine Nepalihaus, das mir Unterkunft gibt und spaziere zwischen den Reisfeldern in Richtung auf die Stadt Kirtipur. Als erstes begrüßen mich die Mainas gleich hinter dem Haus mit eindringlichem Gekreisch. Es sind Starenvögel, die wie unsere Stare in Schwärmen auf den Feldern nach Nahrung suchen. Sie haben schwarze Köpfe, olivbraune Oberseiten und hinter jedem Auge einen nackten, gelben Hautfleck, an dem man sie sofort erkennt. Die Mainas bauen ihre Nester unter den Stroh- oder Ziegeldächern und wecken die Hausbewohner jeden Morgen mit durchdringendem Geschrei aus dem Schlaf. Auf einem Busch, der über eine hohe Lehmmauer quillt, sitzt eine Dayaldrossel und äugt mit schiefem Kopf zu mir herunter. Dieser starengroße Vogel aus der Familie der Drosseln sieht aus wie eine Miniaturelster, mit schwarzglänzendem Rücken, weißem Bauch und schwarzweißer Musterung an Schwanz und Flügeln. Unruhig knickst er auf und nieder, wobei er den Schwanz nach unten wippt und fliegt bald mit hastigem Flügelschlag über die Straße zu einem anderen Ausguck.

Ich schlendere durch ein idyllisches Tälchen, das ein klarer Bach durchfließt. Auf einer schmalen Holzbrücke überquere ich ihn. Hinter einigen strohgedeckten Lehmhütten bleibe ich am Rand eines kreisrunden Teiches stehen, über den zur Hälfte ein riesiger Baum seinen Schatten breitet. Drei Wasserbüffel liegen bis zum Hals im schmutziggelben Wasser und glotzen mich aus feuchten Augen an. Ich schaue den Tieren beim Baden zu, wie sie sich schwerfällig von einer Seite auf die andere wälzen. Plötzlich wirbelt ein dunkler Lappen vor mir durch die Luft. Bei genauem Zusehen entpuppt sich dieser Lappen als ein kohlschwarzer Vogel, mit schlankem Leib und langem Gabelschwanz, der auf den ersten Anblick einer großen Schwalbe ähnelt. Es ist ein Drongo, ein unermüdlicher Insektenjäger, dem man häufig im Kathmandutal begegnet. Steil aufgerichtet sitzt er auf einem kahlen Ast, wirft sich jäh in die Höhe, um ein Insekt zu haschen und kehrt im Sturzflug zu seiner Warte zurück. Manchmal läßt er sich auf einem der flachen Erdwälle nieder, die die Felder umgeben. Von dort aus steigt er senkrecht in die Höhe, wenn er eine Fliege, eine Wespe oder einen Schmetterling entdeckt hat. Mit schneller Hakenwendung oder elegantem Looping erwischt er selbst die raschesten Flieger unter den Insekten.

Gegen Mittag fahre ich mit dem Fahrrad nach Kathmandu. Auf dem Dhundikhel, der ausgedehnten Paradewiese vor den Toren der Stadt, haben sich Scharen von weißen Reihern versammelt. Gravitätisch schreiten sie hin und her, putzen sich mit langen Schnäbeln das makellose Gefieder oder stehen wie Statuen unbewegt in Gruppen zusammen. Gerade als ich an der Wiese entlangfahre, dröhnt vom Regierungspalast herüber ein Kanonenschuß, der in Kathmandu den Zwölfuhrschlag ersetzt. Im selben Augenblick erhebt sich rauschend eine weiße Wolke vom Dhundikhel in die Luft. Wie Watteflocken flattern die Reiher hoch und kreisen in dichten Scharen ein paarmal über dem Platz, ehe sie nach verschiedenen Richtungen auseinanderfliegen. Am Abend begegne ich den weißen Reihern noch einmal. Mit schwerem Flügelschlag gleiten sie den Waldbergen zu, die im Norden das Kathmandutal begrenzen. Irgendwo an den Hängen müssen ihre Schlafbäume stehen. Dort verbringen sie die Nacht, ehe sie sich morgen vormittag wieder zur großen Reiherkonferenz auf dem Dhundikhel versammeln.

Zum Mittagessen bin ich bei Freunden aus der angesehenen Rana-Familie eingeladen. Nach dem Mahl sitzen wir plaudernd auf der Terrasse, als sich hoch oben im Himmelsblau die Umrisse eines großen Vogels abzeichnen. Mit ausgebreiteten Schwingen schraubt er sich langsam herunter. Ein zweiter gesellt sich zu ihm, ein dritter – bis schließlich sechs Riesenvögel über den Häusern ihre Kreise ziehen. Der Hausherr deutet hinauf und sagt: »Geier! Sie erscheinen jeden Mittag um dieselbe Zeit, segeln eine Weile über der Stadt und entfernen sich wieder. Niemand weiß, woher sie kommen und wohin sie fliegen. Wenn jedoch irgendwo eine tote Kuh oder ein toter Hund liegt, dann tauchen die Geier in großer Zahl aus allen Himmelsrichtungen auf und sorgen dafür, daß nach kurzer Zeit nur noch das Gerippe des verendeten Tieres übrigbleibt.« Heute scheint der Tisch für die hungrige Schar nicht gedeckt zu sein, denn schon nach einer halben Stunde sind sie verschwunden.

Am späten Nachmittag sitze ich lesend in meinem Zimmer. Ein Vogel in dem Busch vor dem Fenster läßt mich aufhorchen. Er lenkt mein Augenmerk mit lauten Flötenrufen auf sich, wie ich sie gleich schmeichelnd und jubelnd selten gehört habe. Vorsichtig schleiche ich näher, um nach dem Sänger zu sehen. Hochgereckt und wachsam sitzt ein finkengroßer Bülbül auf dem obersten Astbüschel des Strauches. Das Schwarz des Kopfes, der von einer kleinen Tolle gekrönt wird, verblaßt am Hals allmählich in ein dunkles Graubraun, das den ganzen Rücken überzieht. Unter dem Schwanz leuchtet ein blutroter Fleck. Der Vogel streckt sich, wölbt die Brust und schmettert seine Triller über den Garten, Herausforderung an jeden Nebenbuhler. Dann sinkt er etwas zurück, wendet den Kopf nach rechts und links und äugt auf sein Weibchen. Das sitzt ein paar Zweige tiefer und scheint von seinem Gemahl keinerlei Notiz zu nehmen. Doch sobald er auffliegt, folgt sie ihm. Ich kann im Flug die beiden nicht mehr unterscheiden, denn in Gestalt und Farbe sind sie einander täuschend ähnlich. In der Abenddämmerung treffe ich noch einmal auf die Bülbüls, und wieder überrascht mich der wohltönende Flötengesang des Männchens. Er hat sich mir so tief ins Ohr geprägt, daß ich ihn am nächsten Morgen sofort aus den anderen Vogelstimmen heraushöre.

Vögel treffen wir auf all unseren Wanderungen. Im Buschwald, in den Dörfern, zwischen den Terrassenfeldern, auf den hochgelegenen Almen ziehen immer neue Vogelarten mit leuchtenden Farben und lebhaftem Gehabe die Aufmerksamkeit auf sich. Schon am ersten Wandertag, kurz hinter dem Dörfchen Hukse, fesselt mich ein Eisvogel durch sein ungewöhnliches Verhalten. Auf einem Baumstumpf sitzt er direkt am Bach, mit blaugrün glänzender Oberseite, strahlend blauem Längsstreifen auf dem Rücken und rotbraunem Bauch. Wie ein überdimensionaler Edelstein hockt er regungslos auf seiner Warte und starrt ins Wasser. Nach einer Weile steigt er in die Luft und bleibt rüttelnd wie ein Falke über dem Bach stehen. Plötzlich legt er die Flügel an und stürzt, mit dem spitzen Schnabel voraus, wie ein Pfeil ins Wasser. Den Aufprall fängt er mit den Flügeln ab, aber trotzdem spritzt und platscht es, als das buntschillernde Geschoß in die Wellen taucht. Im selben Augenblick erscheint der kühne Fischer wieder und strebt mit einer zappelnden Beute im Schnabel, einem Fischchen oder einer Insektenlarve, zu seinem Ausguck zurück. Ein Stück weiter unten im Tal beobachte ich einen Weißkopfschmätzer. Er erinnert entfernt an ein Rotschwänzchen. Schwanz und Bauch sind erdbeerrot gefärbt, Brust, Kopf und Nacken sind blauschwarz, und auf dem Kopf trägt er eine weiße Kappe. Dieser kleine Vogel ist der häufigste Bach- und Flußbewohner. Vom breiten Sun-Kosi-Strom bis hinauf zu den Rinnsalen in der Nähe des Mt. Everest begegne ich ihm immer von neuem. Er ist ein nervöser Bursche, der es keine Minute auf demselben Fleck aushält. Ständig huscht er von Stein zu Stein oder unter die Uferböschung und knickst ununterbrochen, wobei er den Schwanz mit jähem Schlag wie einen Fächer nach unten wippt.

Am Tschiaubas-Paß dehnen sich trockene Wiesenhänge, auf denen vereinzelt niedrige Dornbüsche stehen. In einem dieser Büsche hat ein Falke aufgebaumt. Er bleibt nicht lange an seinem Platz. Immer wieder stößt er in das Gras herunter und hascht etwas vom Boden auf. Als wir uns dem Vogel nähern, bemerken wir, daß es zwischen den Grasbüscheln von Heuschrecken in den verschiedensten Entwicklungsstadien wimmelt. Der Falke läßt sich von uns bei seiner Heuschreckenjagd nicht stören. Er flattert zum nächsten Strauch und stürzt sich von dort wieder auf die Wiese, wo an diesem Tage der Tisch für ihn reichlich gedeckt ist.

Am Manga-Deorali-Paß sehe ich zum ersten Male Mennigvögel. Männchen und Weibchen, beide etwa so groß wie Bachstelzen, sind auffallend, aber ganz verschieden gefärbt. Der blauschwarze Kopf des Männchens glänzt metallisch, seine Kehle und seine Unterseite leuchten tiefrot, und auch über den Rücken und die Flügeldecken sind rote Flecken getupft. Beim Weibchen wird die rote Farbe des Männchens durch ein leuchtendes Kanariengelb ersetzt. Lange sitze

Mit meinem Tamangbegleiter spüre ich die Tiere der höchsten Berghänge auf, um etwas über ihr Leben zu erfahren.

ich am Wegrand und schaue den fliegenden Rubinen und Topasen zu, wie sie sich in den Rhododendronbüschen tummeln und Insekten von den Blütenbüscheln picken.

Das Auf und Ab unserer Gebirgspfade wiederholt sich in der Vogelwelt, die unseren Weg begleitet. Tief unten am Tamba-Kosi-Fluß huschen bunte Nektarvögel durch das Laub und sitzen Kormorane auf den Felsen, gegen die schäumende Wellen gischten. Beim Aufstieg nach Darapani treiben sich Mainas und Bülbüls zwischen den Häusern herum. In den Laubwalddschungeln unterhalb Bigu beobachten wir Weißhaubenhäherlinge und einen seltenen Tragopan, einen rostbraunen, weißgesprenkelten Waldfasan. Kurz vor dem Kloster Bigu bewundern wir eine Gruppe von Rotschnabelkittas, Elsternvögel mit violetten Flügeldecken, orangeroten Schnäbeln und Füßen und langen gegabelten Wippschwänzen. Die Bergwälder um die Pässe bei Lamjura oder Taxindu beherrschen Drosseln, Meisen, Spechte und Häher. Im Frühjahr singt, ruft und jubiliert es an allen Hängen. Besonders fallen die mannigfachen Kukkucksrufe auf, die teils genauso wie die europäischen klingen, teils mit phantasievollen Schnörkeln und Schleifen ausgeschmückt sind. Auf dem Weg nach Tschaunrikharka, eine Tagereise vor dem Sherpadorf Namche Bazar, läßt uns ein geheimnisvoller Ruf in den dichten Laubwäldern aufhorchen. Gellende Pfeiftöne, die in einer chromatischen Tonleiter aufsteigen, hallen durch die Schluchten und brechen nach zwei Oktaven jäh ab. Ich bekomme die heimlichen Flötisten nie zu Gesicht, aber später erfahre ich, daß es Pfeifdrosseln sind.

Meine Träger haben mir erzählt, daß man Geier anlocken könne, indem man sich auf einem gut sichtbaren Platz schlafend stelle. Auf dem Tschangma-Deorali-Paß mit seinen weiten Wiesenhängen möchte ich diese Behauptung prüfen. Ich schicke meine Begleiter in das nahe Dorf und lege mich ins Gras nieder. Ich habe kaum eine Viertelstunde regungslos gelegen, als mit einem Male hoch oben am Himmel ein schwarzer Punkt erscheint. Der Punkt bewegt sich in Kreisen, wird immer größer und verwandelt sich schließlich in die Umrisse eines mächtigen Vogels. Ein Geier segelt ohne einen einzigen Flügelschlag in unaufhörlichen Spiralen über dem ausgestreckten Menschen. Es dauert nicht lange, da taucht aus dem Nichts ein zweiter Punkt auf und nimmt die Formen eines Geierflugbildes an. Ein dritter findet sich ein, ein vierter, und schließlich sind es sechs Geier, die sich überzeugen wollen, ob das Wesen dort unten noch lebt oder bereits zu einem freßbaren Kadaver verendet ist. Mit keiner Bewegung gebe ich mein Rätsel preis, blinzle nur durch die halbgeschlossenen Lider und wage kaum, zu atmen. Meine Beobachter sind inzwischen so weit herabgeschwebt, daß ich die gespreizten Handschwingen, die fächerförmig gebreiteten Schwanzfedern und die stumpfen, gebogenen Schnäbel erkennen kann. Eine halbe Stunde dauert dieses Versteckspiel, dann recke ich mich,

Die Rhododendronblüte vor der Kulisse der Eisberge ist für den Blumenfreund ein unvergeßliches Himalayaerlebnis (oben).

In der Monsunzeit überzieht der gelbe Scheinmohn an den Gosainkundseen ganze Berghänge (unten links).

Der blaue Scheinmohn ist die geheimnisvolle Symbolblume des Himalaya. Er blüht in der Monsunzeit (unten rechts).

gähne und strecke die Arme in die Luft. Sofort lassen sich die Geier wieder emportragen, kreisen höher und höher. Aber sie schweben noch eine Weile über dem Paß, als könnten sie es nicht glauben, daß sie gefoppt wurden. Ich erhebe mich und gehe auf und ab. Da scheinen die großen Aasfresser es endlich zu begreifen, daß diese erwartete Mahlzeit ein Trugbild war.

Mit dem Sherpadorf Junbesi erreichen wir eine Landschaft, die in der Form der Täler, in der Anlage der Bergbauernhöfe und in der Pflanzenwelt an die Alpen erinnert. Es erstaunt mich nicht, daß ich hier viele gefiederte Bekannte treffe, die mir aus den Alpentälern vertraut sind. In dem lichten Kiefernwald kurz oberhalb des Junbesibaches treiben sich Tannenhäher herum. Es ist dieselbe Art wie in Tirol oder Vorarlberg. Unter rätschendem Geschwätz zerzausen die weißgesprenkelten Vögel die Zapfen der Tränenkiefern und picken die Flügelsamen heraus. Am Bach unter der gedeckten Holzbrücke schaue ich einem Wasseramselpärchen zu. Ruhelos schwirren die beiden von Stein zu Stein, stürzen sich unvermittelt ins Wasser, laufen ein Stück am Grunde entlang und tauchen wieder auf. Ein Fettfilm aus der Bürzeldrüse verhindert, daß das Gefieder beim Schwimmen und Tauchen naß wird. Zwei Sherpamädchen kommen mit Körben voll Weizenkörnern den Dorfpfad herab, um in der kleinen Wassermühle am Bachufer Mehl zu mahlen. Das Lachen und Plaudern der Mädchen verscheucht die Vögel. Mit burrendem Schwirrflug schießen die Wasseramseln wie Pfeile dicht über die Wellen und fallen 100 m bachabwärts an der Grenze ihres Reviers wieder ein.

Um die Almen nahe der Baumgrenze im Basha-Kola-Tal herrscht reges Vogelleben. Tannenmeisen mit einem kleinen Federschopf auf dem Scheitel, Haubenmeisen und Braunkopfmeisen zirpen und zwitschern in den Berberitzen- und Wachholderbüschen. An den Stämmen der Himalayatannen klettern Baumläufer und Kleiber hinauf und fischen Insekten aus der rissigen Rinde. Am Abend stattet ein Flug Ringdrosseln unserer Hütte einen Besuch ab, elegante Drosselvögel mit einer weißen Halskrause um Kehle und Nacken. Einige Tage wohnen wir in einer Hochalm zwischen Zwergrhododendren und Felsblöcken. Von hier gelange ich in einer knappen Stunde zu einem kleinen See,

Wie aus Gold glänzt die Orchidee Dendrobium densiflorum (oben links).

Die seltsamen Blüten der Pfeifenwinde (Aristolochia) halten kleine Insekten für einige Tage zur Bestäubung im Blütenboden gefangen (oben rechts).

Auf den höchsten Hängen blüht die eigenartige Himalayascharte (unten links).

Der gelbblühende Zwergrhododendron über der Baumgrenze am Dhaulagiri verströmt einen harzigen Duft (unten rechts).

der zwischen hohen Moränenrücken eingebettet liegt. An den Felsbrocken am Ufer bemerke ich eine Bewegung. Ein winziges Federbällchen huscht um die Ecke, als ich mich nähere. Dann ertönt laut perlender Schmettergesang, der mir einen weiteren Bekannten verrät: Einen Zaunkönig! Die Neugier läßt es ihn nicht lange in seinem Versteck aushalten. Vorsichtig lugt er unter einer Steinkante hervor und schwirrt auf einen benachbarten Platz. Steil ragt der kurze Schwanz in die Höhe, und unter aufgeregtem Knicksen schmettert er seine Triller über den See.

Die Täler südlich des Mt. Everest sind die Ausgangsbasis für viele Gipfelexpeditionen. Aber selten berichtet einer der Bergsteiger von den Hochgebirgsvögeln, die dort ihr auffälliges oder heimliches Leben führen. Auf den weiten Berghängen der Hochalmen oder in der Nähe der Siedlungen, wo sie sich in großen Schwärmen sammeln, kann man sie gut beobachten. Viele alte Freunde aus den Alpen sind darunter. Wir richten uns in einer Alm gegenüber dem Dorf Pangpotsche ein und erhalten schon am nächsten Morgen den ersten Besuch. Laut kreischend sammelt sich eine Schar Himalayakrähen um den Küchenfelsen. Sie sind Brüder und Schwestern unserer Alpenkrähen, mit blauschwarzem Gefieder und leuchtend roten Schnäbeln und Füßen. Da ihre Vettern, die gewöhnlichen Krähen, ebenfalls von den guten Gerüchen unserer Küche angelockt werden, dauert es nicht lange, bis die Verwandten in Streit geraten. Khale und seine Gehilfen machen sich einen Spaß daraus, Abfallbrocken in die Luft zu werfen und damit einen hitzigen Tumult heraufzubeschwören. Mit heftigen Flügelschlägen und unter durchdringendem Gezeter versuchen die Krähen, sich die Beute abzujagen. Bei diesem Gezänk kommt es zu heftigen Streitflugspielen. Die Himalayakrähen erweisen sich als die geschickteren Flugkünstler, ihre Gewandtheit begeistert den Beobachter. Wie Steine lassen sie sich mit angelegten Flügeln fallen, schnappen ihren Widersachern blitzschnell die Brokken vor den Schnäbeln weg und gleiten kurz über dem Boden in eleganten Bögen davon. Es bleibt den Krähen meist nichts anderes übrig, als hinter den flinken Burschen herzuschimpfen und auf eine günstigere Gelegenheit zu warten. Mit den Loopings, Haken und Gleitflügen ihrer Vettern können sie nicht konkurrieren.

Jeden Morgen und jeden Mittag macht uns ein goldgelber Lämmergeier seine Aufwartung. Trotz seiner Größe wirkt er schlank, der schmale Stoß steht gerade nach hinten und wird nur bei einer raschen Wendung auseinandergefächert. Manchmal wirft Khale ihm einen Knochen oder ein Stück Fleisch zu. In rauschendem Gleitflug fängt der mächtige Vogel den Brocken auf, so daß man die Luft an den Federn knattern hört. Ohne Flügelschlag verschwindet er wieder talaufwärts, dem Everest zu. Auch Adler kreisen oft über dem Tal, Goldadler oder Schwarzadler, aber sie wagen sich nie zu den Menschen herunter. Manchmal sieht man sie auf die Hänge niederstoßen, im Versuch, einen der flinken Pfeifhasen zu packen.

Ein Ausflug führt mich für ein paar Tage nach Thame, einem Sherpadorf, das an der Handelsstraße über den Nangpa-Paß nach Tibet liegt. Die Landschaft um Thame ist abweisend und kahl: düstere Felsberge, Wiesenhänge, die mit Steinbrocken übersät sind, ein paar karge Kartoffeläcker. Die Händler, die über den hohen Paß aus Tibet gekommen sind, rasten hier nach den Strapazen der Gletscherüberschreitung. Ihre Zelte aus Yakwolle stehen auf dem Rastplatz am Dorfeingang; nachts hallen ihre melancholischen Tanzlieder weit durch das Tal. Die Abfälle, die sich an diesem Rastplatz angesammelt haben, locken Scharen von Kolkraben an. Mit plumpen Sätzen hüpfen die schwarzen Vögel zwischen den Steinen am Boden umher und suchen nach Essensresten. Ihr Gefieder wirkt struppig, ihre unförmigen Schnäbel und ihr schmutziges Aussehen lassen sie häßlich erscheinen. Nach dem Besuch in einem der Zelte nehme ich meinen Weg durch den Rabenschwarm. Mit schwerfälligen Flügelschlägen heben sich die Sagenvögel vom Boden und verwandeln sich in Meister des Segelfluges. Wie Adler spreizen sie ihre Schwingen, schrauben sich in Spiralen empor. Der Wohlklang ihrer tiefen »Glong«-Rufe und ihre Flugkunst lassen mich den unschönen Anblick ihrer Gestalten vergessen. Es tut mir leid, daß ich sie in ihrer Ruhe gestört habe, in Zukunft werde ich einen Bogen um sie schlagen.

Auf der Yakalm Pursur belausche ich hinter der Mauer einer verfallenen Hütte einige Felsenhühner. Sie gleichen in Farbe und Zeichnung ihren kleineren Vettern, den Alpensteinhühnern. Die hellen Flügeldecken sind dunkelquergestreift, ein schwarzer, scharfer Strich zieht sich um den weißen Kehlfleck und ist über Stirn und Augen verlängert. Schnabel, Füße und Augenrosen leuchten tiefrot, die Größe entspricht dem europäischen Haushuhn. Diese Hühnervögel sind sehr scheu. Als ich vorsichtig mein linkes Bein ausstrecke, flüchten sie sofort mit vorgestreckten Hälsen hangaufwärts und verschwinden spurlos in dem Blockgewirr der Moräne. Ein anderer Bewohner der Hochweiden ist weniger ängstlich und läßt sich gern betrachten: der Wasserpieper. Ich habe diesen kleinen Lerchenvogel bereits am Glungezer in Tirol, in den Stubaier Alpen, oder am Großglockner kennengelernt und mich an seinem unermüdlichen Singspiel erfreut. Auf einer unsichtbaren Leiter steigt er in die Luft. Von der obersten Sprosse läßt er sich fallen und schwebt unter endlosem Zwitschergesang, vermischt mit ziehenden Pfeiftönen, zu Boden. Schwanz und Flügel reckt er hoch empor, eine Haltung, die ihm ein kesses Aussehen verleiht. Vom frühen Morgen bis zum späten Abend ist dieser unermüdliche Sänger in Bewegung, man wundert sich, daß er nicht ermüdet.

Hochtal am Südfuß des Siebentausenders Numbur.

Auf dem Rückweg nach Kathmandu sind mir die Vögel des Himalaya bereits zu vertrauten Freunden geworden. Auf jedem Paß, an jedem Flußufer begrüße ich die gefiederten Bewohner und ergötze mich an ihren Eigenarten. Monate sind vergangen, aber am Bach unterhalb des Dorfes Hukse, an dem unsere Vogelreise begann, lauert immer noch der Eisvogel auf seinem Baumstumpf und hastet der Weißkopfschmätzer von Steinblock zu Steinblock. Ein Kuckuck ruft aus dem Buschwald; sein »Kuckuck-Kuckuck« ist der einzige Vogellaut an diesem dunstigen Nachmittag. Er stimmt mich wehmütig. Einige Stunden später kreischen in Banepa wieder die Mainas, und weiße Reiher stehen am Rande eines schlammigen Reisfeldes. Ich schaue hinauf zu einem kreisenden Milan und erinnere mich an Dr. Fleming. Gleich morgen muß ich ihn besuchen und ihm meine Erlebnisse mit seinen Lieblingen erzählen.

Blühender Himalaya

»Als der erleuchtete Buddha Gautama Shakyamuni sein 80. Erdenjahr vollendet hatte, fühlte er, daß er sterben müsse. Er zog mit seiner Jüngerschar in die Stadt Kushinagara, die am Fuß der Himalayaberge lag und trat in den schattigen Park der Mallakönige ein. Dort errichtete ihm sein Lieblingsschüler Ananda ein Lager unter zwei blühenden Salbäumen. Die honiggelben Blütentrauben hingen so dicht, daß man meinen konnte, zwischen den Bäumen sei ein goldenes Dach gespannt. Der erhabene Buddha ließ sich im Lotussitz auf dem Lager nieder und versank alsbald in tiefe Meditation. Nach einer Weile verschied sein Leib, und er stieg strahlend wie ein Edelstein in das Nirwana auf. Gleichzeitig donnerte und bebte die Erde bis hin zu den fernen Eishöhen. Die schlanken Salbäume aber schüttelten ihre Kronen und streuten einen Blütenregen wie pures Gold über die verlassene Hülle des Erhabenen.«

Die Wipfel der Tannen über mir rauschen im Nachtwind, der von den Bergen talaus weht. Ich liege auf einem weichen Lager aus Wachholderzweigen, inmitten des Himalayadschungels und schaue in die schwankenden Zweigbüschel hinauf. Wie eine abstrakte Graphik heben sie sich gegen den Nachthimmel ab, der immer heller wird, denn langsam schiebt sich der Vollmond hinter dem gegenüberliegenden Bergkamm hoch. Das gleißende Mondlicht zeichnet ein Filigranmuster auf den Moosboden und taucht die schmalen Blätter des Bergbambus in einen Silberschein. Ab und zu knackt es in der Glut, die vom Abendfeuer übriggeblieben ist. Meine Träger schnaufen und schnarchen auf der anderen Seite der Feuerstelle, sie haben sich eng aneinandergedrängt, wie schutzsuchende Tiere. Ein Schrei läßt mich auffahren. Ein großer Nachtvogel löst sich von den Tannenästen und streicht mit klagendem Ruf über das Tal.

Ich kann noch keinen Schlaf finden und lasse die Tagesereignisse im Geiste an mir vorüberziehen: Am Morgen sind wir über einen Höhenrücken gewandert, kaum einen Steinwurf weit oberhalb der Baumgrenze. Wir wollten auf die andere Talseite. Der Umweg auf einem bequemen Almsteig im Talschluß war uns zu weit und deshalb folgten wir kurzentschlossen einem schmalen Pfad, der sich im Tannenwald bergab verlor. Wir hofften, auf diese Weise schnell und direkt an unser Ziel zu gelangen. Rasch stiegen wir ab, dem tosenden Wildbach tief unter uns entgegen. Zwischen den Tannenstämmen dehnte sich ein knorriges Gewirr von Rhododendronbüschen. Alle Äste und Zweige waren von dicken Moospolstern überzogen und ließen lange Flechtenbärte wie Fahnen herabhängen. Moos und Flechten waren jetzt im Januar, in der regenlosen Zeit des Winters, staubtrocken. Aber ich konnte mir gut vorstellen, wie es in der Monsunzeit von überall tropfen und triefen würde, wenn sich die Moospolster wie Schwämme mit Wasser vollgesogen hatten. Allmählich drängten sich Büschel von Bergbambus zwischen die Rhododendren, bis schließlich, ein wenig tiefer, diese langen Hartgräser allein den Unterwuchs des Waldes bildeten. Wir wanderten zwischen dichten Mauern aus Bambusstengeln dahin und mußten aufpassen, daß wir nicht über die harten Stümpfe stolperten, die beim Aushauen des Weges stehengeblieben waren. Wir erreichten einen kleinen Platz, auf dem einige Männer saßen. Mit flinken Fingern spalteten sie die Bambusstengel und flochten daraus Matten in allen Größen. Während der Monsunregen würde man damit Almhütten und Unterstände für das Vieh decken. Außerdem konnte man sie als Regenschutz und Schlafmatten verwenden. Die Männer warnten uns, weiter abzusteigen. Man könne nicht zum Bach hinunter, da die Felsen zu steil seien. Ich glaubte ihnen nicht, und deshalb zogen wir nach kurzer Rast weiter. So nahe über dem Talboden wollte ich nicht aufgeben.

Der Weg wurde immer unscheinbarer, und schließlich verloren wir ihn vollständig. Mühsam zwängten wir uns durch den Bambusdschungel, bis wir kurz über dem Talboden nicht mehr weiterkamen. Der Wald wurde hier etwas lichter, aber der Hang fiel mit senkrechten Felsen zur Bachschlucht ab. Nur mit einem 100 m langen Seil wären wir über sie hinuntergekommen. Kleinlaut ließ ich mich auf einen Lastensack nieder und starrte in das gischtende Wasser unter mir. Als ich den Kopf hob, blieb mein Blick an dem schrundigen Stamm einer Hemlocktanne hängen. Aus dem graugrünen Moos leuchteten ein paar helle Blütenköpfe: Orchideen! Wie große Schmetterlinge saßen sie direkt am Stamm, mit schneeweißen Blütenblättern und orangeroten Punkten im Blütenschlund. Es waren Pleionen, ähnliche hatte ich im botanischen Garten in München gesehen. Mit einem Begeisterungsruf stürzte ich zu den Blumen und betrachtete sie von allen Seiten. Es war meine erste Begegnung mit diesen blühenden Wundern des Himalaya.

Wir konnten nicht allzu lange an diesem Platz verweilen, denn die Sonne stand schon schräg am Himmel. Ich sah Khale fragend an. »Es bleibt uns nichts anderes übrig, als wieder hinaufzusteigen«, sagte er lakonisch. Die Träger nickten gleichmütig zu seinen Worten und lächelten: »Wir müssen wieder hinauf, Sahib.« Sie nahmen ihre Lasten auf den Rücken und begannen, sich mit dem Kukri bergaufwärts einen Pfad zu bahnen. Ich blieb noch einen Augenblick bei den Orchideen sitzen und folgte dann den Gefährten. Mühsam ging es voran. Der Vorderste schlug mit dem scharfen Kukri die Bambusstengel aus dem Weg und wurde von Zeit zu Zeit abgelöst. Keiner murrte. Die Tamangs waren vergnügt wie immer, und nach einer Weile fingen sie sogar zu singen an. Als es dunkel wurde, hatten wir die unterste Rhododendronzone wieder erreicht und richteten uns in einer kleinen Mulde ein bequemes Lager her. Bald brannte ein loderndes Feuer, der Duft von kochendem Reis und gebackenen Tschabati breitete sich aus.

Wenn ich den vergangenen Tag überdenke, bin ich mit seinen Abenteuern sogar recht zufrieden, obwohl wir unser Ziel nicht erreichen konnten. Ich habe den Himalayadschungel in tiefster Unberührtheit erlebt und bin zum ersten Mal den geheimnisvollen Orchideen begegnet. Noch einmal ruft der Vogel aus der Ferne, dann entschlummere auch ich.

Am nächsten Abend erreichen wir den Bergrücken dort, wo wir ihn verlassen haben. Ohne jeden Umweg folgen wir ihm bis in den hintersten Talgrund und beziehen am übernächsten Mittag eine kleine Almhütte als Nachtquartier, die ich mit dem Fernglas schon vor unserem Abenteuer im Bambusdschungel entdeckt hatte.

Die blühenden Pleionen sollen nicht meine einzige Begegnung mit Himalayaorchideen bleiben. Wir treffen im Verlauf unserer Wanderung noch viele an. Die ausgefransten Zipfel der Coelogyne etwa, oder die rosaroten Schmetterlingsflügel einer anderen Pleione. Besonders begeistern mich jedoch die schlanken Dendrobium-Orchideen, die ich am Dhud-Kosi-Fluß auf einem Steinblock finde. Auf hohen Stengeln wippen aufgeblasene Blütenbäuche mit dunkelbraunem Schlund, umrahmt von zarten, rosaroten Kronenblättern. Manchmal begegnen uns Mädchen, die Orchideenblüten im Haar tragen. Meine Gefährten brechen in großes Gelächter aus, wenn ich mir dann die Köpfe der Schönen genau betrachte, um die Art der Pflanzen festzustellen. »Die Mädchen werden noch eifersüchtig auf die Blumen, wenn du deine Aufmerksamkeit nur den Blüten widmest!« sagt Khale einmal augenzwinkernd.

Mitte April geht es nach Osten, in das Khumbugebiet am Fuße des Mt. Everest. Noch ist das Land trocken und braun, ausgedörrt vom heißen Schein der Frühlingssonne. Die ersten Anzeichen eines Wetterwechsels sind schon zu spü-

Weißtannen und Rhododendronbäume bestimmen die Bergwälder südlich des Everest-massives.

ren. Oft ballen sich nachmittags Wolkentürme über den Vorbergen im Süden und wachsen zu düsteren Unwetterwänden zusammen. Gegen Abend brechen wilde Gewitter über den Tälern los und toben sich mit Blitz, Donner und Wolkenbrüchen aus. Am nächsten Morgen glänzt wieder friedlicher Sonnenschein über den Hängen. Mittags, wenn sich das Gebirge erhitzt hat, bläst ein böiger Wärmewind talaufwärts, bis nachmittags und abends das Spiel mit Blitz und Donner sich wiederholt.

Die Gewitterregen haben die ersten Primeln, Fingerkräuter und viele Orchideen hervorgelockt und die größte Blumenpracht der Himalayaberge ausgelöst: die Rhododendronblüte. Man hat mir in Kathmandu schon von diesem Ereignis vorgeschwärmt, und bereits im Januar habe ich einige dunkelrote Blütenköpfe am unteren Sun-Kosi-Fluß gefunden. Auf unserem Weg nach Osten stehen auf dem Tschiaubas-Paß, in der Nähe des Jiritales und oberhalb des Liku-Kola-Tales einige Rhododendronbüsche in Blüte. Aber auf das, was uns am

Lamjura-Paß erwartet, bin ich nicht vorbereitet. Schon beim Aufstieg leuchten uns Büsche entgegen, die mit kirschroten oder rosaroten Blütenbüschen wie mit einem Fell überzogen sind. Kaum haben wir die Paßhöhe überschritten, tauchen wir in ein Meer von Blüten, wie es Menschenhand in keinem Garten der Erde in gleicher Fülle erzeugen könnte. Mannshohe Büsche, meterhohe Bäume, wo man hinschaut, blühende Rhododendren. Ich setze mich auf einen moosgepolsterten Baumstamm und lasse mich von den Farben und dem herben Duft berauschen. Dort glänzen dunkelrote Farbflecken im Laub, drüben breitet sich ein rosaroter Teppich über einen Rhododendronbaum, und wenn ich den Kopf in den Nacken lege, schwanken schneeweiße Blütenbälle von doppelter Faustgröße vor dem tiefblauen Himmel. Nur widerwillig lasse ich mich von den lauten Stimmen meiner Träger in die Wirklichkeit zurückrufen. Ich wandere durch diesen Naturgarten, der sich kilometerweit erstreckt, bis hinunter in das Tartong-Tal in der Nähe von Junbesi. Immer wieder bleibe ich stehen und sauge das Farbenspiel in mich ein. Nicht nur im Talboden selber blüht es, auch die Hänge rechts und links des Tales sind mit blühenden Rhododendronwäldern bedeckt.

Die Rhododendronblüte begleitet uns bis in das Khumbugebiet. Jedesmal, wenn wir in die Höhenzone über 3000 m steigen, wandern wir unter blühenden Büschen und Bäumen. Jedesmal bin ich von der Üppigkeit der Blütenpracht aufs neue begeistert. Auch um das Kloster Thengpotsche, nur noch 2½ Tagemärsche vom Mt. Everest entfernt, stehen die Rhododendren in Blüte. Am Morgen dringt die Kälte bis unter den warmen Wollpullover. Schlaff hängen die ledrigen Rhododendronblätter in Froststellung herab, aber die rosaroten Blütenköpfe sind weit geöffnet und trinken das erste Sonnenlicht. Strahlende Zeichen dauernden Lebenswillens vor den abweisenden Gletscherwänden.

Im Khumbu bietet uns eine kleine Alm Quartier für mehrere Wochen. Sie liegt unmittelbar unter der Baumgrenze, und man kann von hier aus, so oft man will, den höchsten Gipfel der Erde mit seiner typischen Wolkenfahne bewundern. Auf den Wiesen rund um die grauen Steinhütten hat der warme Frühjahrsregen eine Fülle bunter Bergblumen hervorgezaubert. Man könnte meinen, ein Meistergärtner habe hier ein weitläufiges Alpinum angelegt. Die goldgelben Sterne der Fingerkräuter wechseln mit purpurroten Läusekräutern. Niedrige Erikastauden mit rosaroten Glöckchen nicken im Wind, und auf einem Steinblock kleben die Rosettenpolster eines weißblühenden Mannsschildes. Überall dort, wo der Boden besonders steinig ist, haben sich die Schwertblätter einer Zwergiris direkt durch das Geröll gebohrt und violettblaue Blütenkronen geöffnet. In den Mauerwinkel einer verfallenen Hütte drückt sich ein fast mannshoher Buschen gelben Enzians, und davor kriechen die Ausläufer einer Staude mit samtvioletten Schmetterlingsblüten nach allen Seiten. Jeden Tag entdeckt man neue Blumen. Frühling im Khumbu!

Oft steige ich morgens weit hinauf über die Baumgrenze, manchmal allein, manchmal in Begleitung eines meiner Träger. Schon zwischen die Stämme der letzten Tannen und Birken drängt sich verfilztes Buschwerk von Zwergrhododendren und Zwergazaleen. Wenn wir dann die Bäume hinter uns zurückgelassen haben, müssen wir stundenlang durch das kniehohe Gestrüpp waten. Ausgedehnte Felder dieser Büsche, die an die Alpenrosen in den heimatlichen Alpen erinnern, überziehen die Hänge bis fast 5000 m hinauf. Auch die Blüten sehen den Alpenrosenblüten sehr ähnlich, lediglich die Farben sind verschieden. Blaßgelb bei manchen niedrigen Rhododendren, zartrosa bei den Zwergazaleen. Die harten Lederblätter strömen einen harzigen Duft aus, der sich in der Nase festsetzt und den man noch nachts im Traum zu riechen meint. Jedesmal, wenn ich aus den Tälern heraufsteige, freue ich mich auf diesen süßlichen Geruch. Kitzelt er mich dann endlich in der Nase, weiß ich, daß ich die Weite und Einsamkeit der Hochgebirgshänge erreicht habe. Ich werfe mich in solchen Augenblicken gern zwischen den Sträuchern zu Boden, atme tief ein und träume mit offenen Augen hinüber zu den Moränen und Gletschern.

Pünktlich Anfang Juni setzt der Monsun ein. Es ist Zeit, nach Kathmandu zurückzukehren. Wir heuern für unsere Lasten zusätzlich Männer und Frauen aus dem nahen Sherpadorf an und brechen auf. Wir müssen uns beeilen, wenn wir auf dem Rückmarsch die Flüsse ungefährdet überqueren wollen. Oft schwellen sie um diese Zeit zu wilden Ungeheuern an und reißen die Brücken mit sich. Als wir in tiefere Regionen kommen, in den Bereich der Tamang- und Tschetridörfer, der Reis- und Maisfelder, hat sich das Bild der Landschaft völlig gewandelt. Die Äcker und Wiesen, die in der Trockenzeit gelbbraun aussahen, sind jetzt mit saftigem Grün bedeckt. Reis und Mais wachsen auf den Terrassen, Gras und Blumen sind in üppiger Fülle aus dem Boden geschossen. Durstig saugt der Boden die Nässe der täglichen Regengüsse auf und läßt dafür einen Überfluß an Pflanzen aufkeimen. Wenn uns solch ein Regenguß unterwegs überrascht, nützt der aufgespannte Regenschirm bald nichts mehr. In kurzer Zeit hat uns die Sprühnässe der aufprallenden Tropfen durchgeweicht, und in den Schuhen steht das Wasser bis zum Rand. Aber es ist warm, und man trocknet rasch, wenn nach dem Wolkenbruch ein paar Sonnenstrahlen die Bergwiesen und Eichenwälder dampfen lassen.

Kurz hinter Ringmo können wir uns vor den herabstürzenden Fluten gerade noch in einen Viehunterstand retten, in dem unsere Schar lachend und schwatzend das Ende des Regens abwartet. Dann ziehen wir weiter und überqueren die Wiesenhänge des Soluberges. Er ist jetzt über und über bedeckt von den blaßrosa Blütenflügeln der Ingwerwurz, die ihre Oberlippenblätter wie Segel in den Wind halten. In einem Wiesenwinkel entspringt unter einigen Weidenbüschen eine kleine Quelle. Direkt neben dem sprudelnden Wasserlauf haben sich auf hüfthohen Stengeln die hellblauen Blüten einer Schwertlilie geöffnet. Kurz vor Junbesi erreichen wir einen lichten Kiefernwald. Auf dem Waldboden drängen sich unzählige Erdbeerstauden, an denen die Beeren gerade reifen. Die Träger und Trägerinnen setzen ihre Lasten ab und stürzen sich unter Freudenrufen auf den Beerenreichtum. Mir geht es gut an diesem Tag, denn unsere Sherpamädchen sorgen dafür, daß der Sahib seinen Teil von dem Erdbeermahl erhält. Immer wieder streckt sich mir eine braune Mädchenhand entgegen, mit roten Früchten gefüllt, und die schelmischen Augen lächeln mir auffordernd zu: »She, she – iß, iß, Sahib!«

An einem trüben Monsunnachmittag trotte ich in Gedanken versunken dahin. Plötzlich ruft Jasman: »Vorsicht Sahib, eine Kobra am Weg!« Als ich erschreckt auffahre, wollen meine Begleiter sich ausschütten vor Lachen. Ich stutze und besehe mir die vermeintliche Kobra genauer. Da muß ich in das Gelächter einstimmen, denn es stellt sich heraus, daß ich vor einer Pflanze davonlaufen wollte. Es ist ein Aronstab, mit aufgeblähtem Blütenkopf und zwei langen Zipfeln an der Spitze. Wenn er sich ein wenig vorneigt, kann man ihn bei flüchtigem Hinsehen leicht für ein züngelndes Schlangenhaupt halten. Ich beuge mich nieder und untersuche die Blüte genauer. Das große, grüne Blatt, das im unteren Teil zu einem Kessel eingerollt wird, ist kein Blütenblatt, sondern eine Blütenscheide. Echte Blütenblätter fehlen. Ein dicker, dunkelvioletter Kolben lockt kleine Insekten an. Sie kriechen an diesem Kolben hinunter, zwängen sich an seinem unteren Ende durch eine Reuse von starren, dünnen Haaren und finden am Grunde des Kessels einen wohlschmeckenden Nahrungsbrei. Aber die Pflanze füttert ihre Gäste nicht umsonst. Die Insekten, die vielleicht vorher eine andere Aronstabblüte besucht haben und von dort Blütenstaub mitbringen, sollen diesen Staub nun auf den Stempeln ihres neuen Wirtshauses abladen. Deshalb werden sie gefangengehalten, denn die Reusenhaare lassen die Besucher zwar herein, jedoch nicht mehr hinaus. Während die Tierchen in ihrem Gefängnis herumkrabbeln, streifen sie den Pollen von ihren Hinterleibern auf die Stempel. Am nächsten oder übernächsten Tag springen die Kapseln der Staubbeutel auf und pudern die Insekten dick mit Pollenstaub ein. Nun öffnet sich die Tür von selbst. Der Haarvorhang schrumpft ein, die Gefangenen sind frei. Sie kriechen an dem Kolben empor und fliegen fort, – um in der nächsten Aronstabblüte von neuem eingesperrt zu werden. Ich erkläre meinen Trägern Bau und Aufgabe der seltsamen Pflanze, und sie hören aufmerksam zu. Wenn sie später in ihr Heimatdorf zurückkehren, werden sie die

Aronstabgeschichte ihren staunenden Freunden und Verwandten erzählen. Sie werden die Erzählung ausschmücken, dramatisieren, und sie werden mit der Gelehrsamkeit ihres Sahibs prahlen.

Anfang Oktober haben sich die Monsunregen ausgetobt. Wir sind wieder unterwegs in den Bergen zwischen Sun-Kosi- und Dhud-Kosi-Fluß. Immer noch sind die Weiden, Wiesen und Felder grün, aber die Sonne läßt sich jetzt nicht mehr von dunklen Wolkenmassen verdrängen. Vom Kloster Bigu steigen wir in stundenlangem Marsch in ein Hochtal nahe des Sumuri Parbat. Auf den verlassenen Almweiden, dort wo die letzten Tannen und Wachholderbäume wachsen, hält dieses Tal noch einmal eine Blumenüberraschung bereit. Im Herbst blüht hier der Trompetenenzian. Zu Tausenden und Abertausenden bedecken die aufrechtstehenden Glocken den Boden. Die Blütenblätter sind abwechselnd hellblau und weiß gefärbt, an den Kelchblättern zieht sich eine scharfe, dunkle Längsrippe entlang. Ich werde wieder an die Bergwiesen in den Alpen erinnert, denn diese Enzianblüten sind genauso geformt wie die des stengellosen Enzians daheim. Lediglich die Farbe ist anders. Mit der hellblauen Enzianflut endet das Jahr der Blüten im Himalaya. Die Sonnenhitze beginnt die Erde auszutrocknen, die Berghänge färben sich braun. Bis sich dann im Januar in den tiefen Tälern wiederum die ersten Orchideen und Primeln öffnen und an manchen Stellen eine dunkelrote Rhododendronblüte aus dem Dikkicht leuchtet.

Auf allen meinen späteren Wanderungen im Nepal Himalaya spielt die Begegnung mit der lebendigen Natur, mit Pflanze und Tier, eine beherrschende Rolle. Einmal haben wir mit einer Gruppe von Blumen- und Vogelfreunden eine Trekkingtour mitten im Monsun durchgeführt, die vorrangig zu den Wäldern, den Hochgebirgsblumen und in die Vogelwelt des Langtangtales führen sollte. Diese Tour bleibt allen Teilnehmern unvergeßlich. Nach einer holprigen Fahrt mit dem Landrover auf einer schmalen Bergstraße bis Trisuli Basar folgt man dem Weg über die Tamangdörfer Ramtsche, Dhuntsche und Schabru in die untere Schlucht des Langtangflußes. Im Monsunmonat Juli führt er eine gewaltige Wassermenge. Mit unvorstellbarer Wucht, gischtend und brüllend, stürzt er über haushohe Felsen zu Tal. Wir wandern an seinem Ufer talaufwärts durch dichten Wald, im unteren Teil überwiegend aus Eichen, im oberen aus Hemlocktannen, Weißtannen und Rhododendren gebildet. Dicke Flechtenbärte hängen an den Zweigen; sie sind mit Nässe vollgesogen und lassen kleine Tropfenbäche zu Boden rinnen. So haben wir uns einen Nebelwald immer vorgestellt. Einmal hängen an einer senkrechten Felswand über einem Wasserfall riesige Bienenwaben. Ein Seil ist über den Fluß gespannt, an dem sich die einheimischen Honigsammler hinüberhangeln, wenn sie die süße Bie-

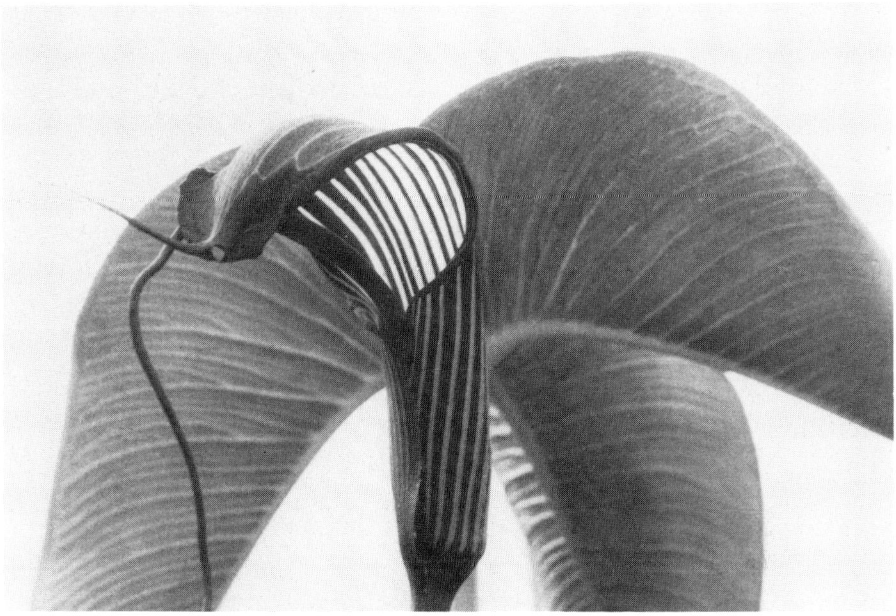

Die Blüte des Aronstabes erinnert an eine züngelnde Kobra.

nenfracht holen wollen. Am Wegrand stehen die Blüten der Ingwerwurz, Orchideen stecken im Moos an den Baumstämmen und in den Zweigen tummeln sich Schwirle, Schopfammern und Timalien.

Oberhalb der Schlucht wird der Wald lichter. Das Siedlungsland der Langtangsherpas hat die Baumbestände verdrängt. In einer Felswand über dem Dorf Langtang turnen Languraffen herum; sie warten auf die Abenddämmerung, um die Maisfelder hinter dem Dorf zu plündern. Ein Schwarm Himalayakrähen mit roten Füßen und Schnäbeln ist in die Heckenkirschenbüsche eingefallen und ein Zaunkönig schimpft laut über die ungestümen Eindringlinge. Aus der Ferne klingen die melodischen Rufe der Pfeifdrosseln. Eine Fülle von Blumen begeistert die Pflanzenkenner unter uns. Verschiedene Aronstabarten mit dunkelvioletten oder braun-grün gestreiften Hochblattblüten locken Insekten an. Am Rand eines klaren Baches nicken Büschel von Sikkimprimeln mit ihren goldgelben Blütenköpfen. Mannsschild, Läusekraut, Fingerkräuter und Knöterich weben bunte Muster in die Wiesenteppiche am Boden. In Kyangdjin erreichen wir unser Etappenziel. Mit Schweizer Unterstützung wurde hier in 3600 m Meereshöhe eine Käserei errichtet, in der man köstlichen Yakkäse und erfrischende Buttermilch kaufen kann. Eine kleine Gompa steht gleich oberhalb unserer Zelte, ihr Holzschindeldach wird von einem vergoldeten Turmaufsatz gekrönt. Lebhaftes Treiben herrscht heute auf der Wiese hinter unserem Lagerplatz; die Langtangsherpas feiern eine Art Kirchweihfest. Die Männer spielen ein Würfelspiel oder üben sich mit recht unterschiedlichem Erfolg im Bogenschießen, Frauen laufen mit Kuchen und vollen Tschang- oder Schnapskrügen zwischen den Häusern der Siedlung und den Feiernden hin und her. Es wird tüchtig gegessen und vor allem getrunken; einige Festteilnehmer torkeln schon beträchtlich. Ein paar Männer versuchen, einen großen Steinbrocken möglichst weit zu stoßen. Da packt Hubert, einen jungen Sportler in unserer Gruppe, der Wettkampfehrgeiz. Wortlos nimmt er den Stein auf die Schulter und wirft ihn in hohem Bogen in den Bach, daß das Wasser hochaufspritzt. Lauter, bewundernder Jubel begleitet den Wurf. Einen derart starken Sahib haben die Sherpas von Kyandjin noch nie erlebt. Zwei Burschen versuchen vergeblich, den Block wieder aus dem Wasser zu heben, bis Hubert noch einmal zupackt und den Steinbrocken mühelos ans Ufer wuchtet. Von diesem Augenblick an hat er in unserer Gruppe seinen Spitznamen sicher: Hubert, der Schmied von Langtang.

Anderntags steht das Langtanggebirge mit seinen Sechs- und Siebentausendern scharf und schneeweiß gegen den azurblauen Himmel. Der Monsun macht Pause, so wie er das immer wieder einmal in der Zeit von Juni bis September für ein oder zwei Tage tut. Wir wollen das trockene Wetter nutzen, um einen Ausflug hinauf zur viereinhalbtausend Meter hohen Yala-Alm zu unternehmen. Schon der Aufstieg zur Alm beschert uns reiches Naturerleben. Wir zählen allein 6 verschiedene Arten von Läusekräutern, dazu Arnika, Süßklee, Astern, Lerchensporn und Wiesenraute. In einem windgeschützten Winkel am Fuß einer Felswand steht dunkelrot blühender Himalayafrauenschuh, eine große Bodenorchidee. Die Bäume sind bereits bei 3800 Metern zurückgeblieben; als Gehölz begleiten uns nur noch hüfthohe Büsche wie Zwergmispeln, Berberitzen, Rosen und Zwergrhododendren mit roten, rosa oder gelben Blüten. Auf einem Berberitzenbusch sitzt ein Himalayawürger; Schneetauben schießen mit klatschendem Flügelschlag in eine Felsenschlucht hinein; vom Wiesengrund steigen Bergpieper hoch in die Luft und segeln unentwegt zwitschernd wieder zu Boden. Von der Yala-Alm aus genießen wir einen großartigen Blick auf die Berge im Talschluß und auf die Gipfelkette oberhalb der Gosainkundseen, die uns als weiteres Wanderziel der nächsten Tage erwarten. Klein und verloren stehen die Steinhütten der Alm in einer Wiesenmulde. In ihren Trockensteinmauern hausen Pfeifhasen, die so wenig scheu sind, daß sie mir sogar durch die Beine witschen.

Am folgenden Morgen fallen wieder die Nebel ein. Wir steigen noch über 5000 Meter auf; wenn wir auch keinen Bergblick haben, so wollen wir wenigstens Bergblumen fotografieren. Wir fühlen uns wie in einem natürlichen Alpengarten. Primeln mit blauen Glöckchenblüten, Steinbrech, Fingerkräuter, Edelweiß und Läusekräuter erinnern uns an die sommerliche Hochgebirgsblüte in den Alpen. Weit oben aber, in mehr als 5000 Metern Meereshöhe, stoßen wir auf eine merkwürdige, 2 bis 3 Handbreit hohe Pflanze, deren Gestalt mit weißen Haaren wie von einem Spinnennetz überzogen wird. Es ist die geheimnisvolle Himalayascharte, ein echter Bergsteiger unter den Bergblumen, dessen Reich erst in Höhen um 5000 Meter beginnt. Beim Abstieg zu den Almhütten geht vor uns eine Schar grauer Königshühner hoch und fällt mit burrendem Flug in einer Geröllhalde ein. Wir hören das heisere Gackern der großen Hühnervögel noch eine ganze Weile, können sie aber nicht mehr entdecken, denn im grauen Gestein verschmelzen sie völlig mit ihrer Umgebung. Vor der Hütte beobachten wir später Karmingimpel, die mit ihrem dunkelroten Brust- und Kopfgefieder einen starken Farbkontrast zu den weißgrauen Nebeln am Gegenhang liefern. Es wird kalt und beginnt zu regnen. Wir kriechen rasch in die Almhütte, wo wir am wärmenden Feuer noch lange im Gespräch versunken sitzen.

Vom Langtangtal aus ziehen wir noch einmal durch das Dorf Schabru und steigen dann steil hinauf gegen das Hochplateau, das die heiligen Gosainkundseen birgt. Vorbei an riesigen Hemlocktannen erreichen wir im Aufstieg den Tannen-Rhododendronwald, von dessen Flechtenbärten die Wassertropfen herniederrinnen. Wie dicke, blaue Kerzen stehen die Weißtannenzapfen aufrecht an den Zweigen. Der Bergwald macht einen gesunden Eindruck, sogar Jungwuchs kommt zwischen den Stämmen der Altbäume hoch. Wir sammeln Pfifferlinge und Steinpilze aus dem feuchten Moos am Boden; eine willkommene Bereicherung unseres abendlichen Speisezettels. Über der Waldgrenze, die hier zwischen 3700 und 3800 Metern liegt, dehnt sich ein bunter Blütenteppich. Neben den bereits bekannten Primeln, Läusekräutern und Knöterichen bilden weiße und rote Fingerkräuter zusammenhängende Farbflecken. Besonders eindrucksvoll aber sind die großen Bestände des gelben Scheinmohns, eines Verwandten des vielbesungenen, blauen Himalayamohns. Seine etwa brusthohen, mehrblütigen Stengel, an denen die nahezu faustgroßen, gelben Blüten sitzen, bedecken ganze Wiesenhänge. Um eine Wegbiegung herum gelangen wir schließlich in rund 4200 Metern Höhe an den größten Gosainkundsee. Seine dunkle Wasserfläche ist spiegelglatt und wirkt geheimnisvoll. Er ist Shiva geweiht, und eine vom Wasser bedeckte Felsplatte in der Mitte des Sees symbolisiert den schlafenden Gott. Alljährlich pilgern Tausende von Hindus herauf, um bei der kleinen Tempelanlage und den anderen Lingas am Ufer Shiva zu verehren oder im heilbringenden Wasser zu baden. Uns sind die Temperaturen für ein Bad im See zu kalt, und wir begnügen uns damit, Hände und Gesicht zu benetzen. Es gibt noch einen zweiten großen See, den Bairavkund, aus dem der Trisulfluß entspringt. Die Zeit der Pilger ist noch nicht gekommen und so gehört die Einsamkeit um die beiden großen und die vielen kleinen Bergseen uns allein. Wir steigen an den Hängen über den Seen einige hundert Meter höher hinauf. Die Vegetation ist dicht; zu den bereits bekannten Pflanzen kommt hier der üppige Himalayarhabarber hinzu, dann viel gelber Scheinmohn und an einem Abhang einige Blüten des blauen Mohns. Blumen, Nebel, die dunklen Augen der Gewässer und die Rufe einiger unsichtbarer Vögel verleihen der Landschaft einen eigenartigen Zauber. Die Gosainkundseen können auch im Monsun zu einem unvergeßlichen Erlebnis werden.

Beim Rückweg nach Dhuntsche erreicht uns die Nachricht, daß die Brücke kurz vor dem Dorf eingestürzt ist. Kurz entschlossen biegen wir schon in das oberste Trisultal ein und steigen durch Bergwald und über steile Schrofen hinunter zum Flußufer. Wir suchen nach einer Furt, die uns die Querung des schäumenden Flußes auch ohne Brücke gestattet. Der Sherpa Pemba findet schließlich – an ein langes Seil gebunden – eine Übergangsstelle, wo uns das Wasser lediglich bis zum Bauch reicht. Ein 40 Meter langes Seil wird an beiden Ufern festgebunden, ein zweites Seil dient zur Sicherung eines jeden einzelnen Flußüberquerers. Nacheinander hangeln wir uns an dem Seilgeländer durch die reißenden Fluten. In der Mitte werden einem fast die Füße weggerissen, so stark ist die Strömung. Die schwächeren Reiseteilnehmer und die Träger mit ihren Lasten werden jeweils von einem Sherpa am Arm geführt. So können wir unseren 35 Personen starken Tross in nur eineinhalb Stunden sicher übersetzen. Einmal rutscht eine Last vom Stirntragband eines Trägers und beginnt zu schwimmen, aber der beherzte Zugriff des Sherpas Ongdi rettet sie. Nachdem die ganze Gesellschaft glücklich das andere Ufer erreicht hat, kommt der Sirdar Mukia zu mir und sagt: »Sir, we were very lucky, we lost no people!« Welch eine Erleichterung! Wollte uns der Gott des Gosainkund eine Warnung schikken? Er hat uns zwar getauft, aber er hat uns auch vor Schlimmerem bewahrt.

In Dhuntsche übernachten wir in der Schule. Die ganze Nacht trommeln Monsunregengüsse derart dröhnend auf das Blechdach, daß wir alle von schweren Träumen geplagt werden. Dafür können wir uns in Bagaintsa kurz vor Trisuli Basar an süßen, saftigen Mangofrüchten laben, die einige unserer Träger aus den hohen Baumkronen schütteln. Ein großartiges Naturwandererlebnis geht zu Ende; der Abschied von den einheimischen Begleitern, mit denen wir während der Wandertage zusammengewachsen sind, fällt uns schwer. Aber wir werden wiederkommen, um zu neuen Begegnungen mit der großartigen Hochgebirgsnatur, mit Pflanzen, Tieren und Menschen aufzubrechen.

Der verlorene Rinji

Der Lamjura Banyang liegt hinter uns. Ein Paß mit unendlichen Rhododendronwäldern und einer Fernsicht über dunkle Waldberge, tiefeingeschnittene Flußtäler und glitzernde Firnzacken, die in solcher Großartigkeit nur die Pässe des Vorhimalaya zu bieten haben. Kalt und windig war es dort oben, so daß wir uns nicht länger aufgehalten haben. Jetzt sind wir froh, mit der ersten Sherpasiedlung im Tartong-Kola-Tal wieder wärmere Gefilde zu erreichen. An einem riesigen Steinblock, in den fromme Hände in mühseliger Arbeit das heilige »Om Mani Padme Hum« in ständiger Wiederholung eingeritzt haben, bleibe ich ein wenig stehen. Weit geht der Blick über die Landschaft Solu. Dichte Wälder ziehen sich bis zu den Bergkuppen hinauf. Die Täler weiten sich, im Gegensatz zu den engen Flußrinnen, die wir in den letzten Tagen überquert haben. An den Hängen liegen, in lockeren Weilern oder als verstreute Einzelhöfe, die hellen Häuser der Sherpas. Gebetsfahnen flattern an den langen Stangen vor den Gebäuden. Hie und da hallt von den Feldern der näselnde Gesang arbeitender Bauern. Fern erkennt man auf einem Bergvorsprung an steilem Hang einen ausgedehnten, weißen Gebäudekomplex, die Gompa von Tschiwong. Einen Augenblick lang meine ich sogar, die vergoldete Kuppel auf dem Klosterdach in der Nachmittagssonne blitzen zu sehen. Weit, großzügig und friedlich ist die Landschaft, in ihre abgelegenen Täler dringt selten eine Kunde des großen Weltgeschehens.

Während einer halben Stunde führt der Weg leicht ansteigend an einem Berghang entlang; rechts und links steht schütterer Bergwald. In unregelmäßigen Abständen haben die Sherpas hier Manimauern errichtet, lange Steinmauern, gegen die Steinplatten mit eingeritzten Gebetsformeln gelehnt sind und an denen wir der Sitte gemäß auf der linken Seite vorbeigehen. Der fromme Buddhist weist einem Heiligtum, sei es ein Tschörten, eine Manimauer oder eine Gompa, immer die rechte Körperseite zu, wenn er an ihm vorübergeht. Man tut gut daran, sich an diese Regel zu halten, wenn man nicht unliebsames Aufsehen erregen will. Hoch über dem Weg leuchtet an einem glatten Felsen in roter, grüner und weißer Farbe das »Om Mani Padma Hum« in riesigen Reliefbuchstaben. Kunstvoll sind die Buchstaben aus dem Stein gehauen. Ich biege um die Bergnase, die von dem Felsen gebildet wird. Vor mir liegt in einem lieblichen Tal eine Ansammlung weißgetünchter, holzschindelgedeckter Häuser: Das Dorf Junbesi, der wichtigste Handelsumschlagsplatz des Solu. Aus der Schar der Gebäude erhebt sich rot und wuchtig der Tempel. Am Dorfeingang steht ein leuchtend weißer, mit bunten Wimpeln geschmückter Tschörten, und hinter den letzten Häusern ragen wie Wächter zwei mächtige Kiefern auf. Die Hänge direkt über dem Dorf sind steil und felsig. An der gegenüberliegenden Seite des Tales dehnt sich am Berg Solu, nach dem die ganze Landschaft ihren Namen hat, ein prächtiger Wald von Tränenkiefern. Weit hinten, wo das Junbesi-Tal einen scharfen Knick nach Westen macht, erkennt man verstreute, weiße Punkte: die Bauernhäuser von Mobung. Gekrönt aber wird die Tallandschaft, die lebhaft an die heimatlichen Alpen erinnert, von der gleißenden Pyramide des fast 7000 m hohen Numbur, an deren Spitze eine kleine Wolkenfahne hängt, als wolle sie mir einen Willkommensgruß zuwinken.

Mit raschen Schritten laufe ich den Weg hinunter, vorbei an einem Hüttchen, in dem das Bachwasser eine Gebetstrommel treibt, die nach jeder Umdrehung ein Glöckchen mit feinem »Kling« anschlägt. Die Augen Buddhas, die man auf alle vier Seiten des Tschörten gemalt hat, blicken mir lächelnd entgegen. Ein paar Hunde bellen, und nach wenigen Minuten stehe ich auf einem mit Steinplatten gepflasterten Hof vor einem stattlichen, dreistöckigen Gebäude. Es ist das Haus des Tendi Lamas, eines reichen und angesehenen Bürgers von Junbesi. Einige barfüßige Kinder und zwei hübsche Sherpamädchen sehen mir mit neugierigen Augen entgegen. Das ältere der beiden Mädchen bittet mich, in das Haus zu kommen. Über eine steile Holztreppe steigen wir in den obersten Stock und betreten den großen Wohnraum. Einrichtung und Anordnung der Möbel sind in allen Sherpahäusern gleich, aber die reiche Ausstattung dieses Raumes, vor allem die Menge prächtig leuchtenden Kupfergeschirrs auf den dunklen Holzregalen, läßt auf einen wohlhabenden Besitzer schließen.

Auf der Bank unter den Fenstern sitzt direkt am Feuer die massige Gestalt des Tendi Lamas. Er ist durch die vorausgelaufenen Träger bereits auf meinen Besuch vorbereitet. Mit freundlichem Lächeln legt er grüßend die Handflächen zusammen, eine Sitte, die man als vornehm aus Indien übernommen hat. Ich erwidere den Gruß. Tendi Lama bittet mich, auf der Bank neben ihm Platz zu nehmen, und ich lasse mich auf einem weichen Teppich mit buntem Drachenmuster nieder. Höflich erkundigt er sich nach Woher und Wohin, obwohl er längst durch meine Gefährten unterrichtet wurde. Ich antworte ebenso höflich, flechte ein paar Komplimente über sein schönes Anwesen und seinen Kinderreichtum ein und gebe meiner Freude Ausdruck, daß ich in seinem Hause weilen darf. Inzwischen bringt seine Frau Purna, eine mütterliche, matronenhafte Gestalt, eine Schale Buttertee. Mit genüßlichem Schmatzen lasse ich mir das heiße Getränk schmecken und beachte dabei das übliche Teezeremoniell, was mir das Wohlwollen der Familie Tendi Lama einträgt. Ich merke, daß man mir Sympathie und Gastfreundschaft entgegenbringt, und ich überlasse mich diesem Gefühl gern.

Während der Unterhaltung mit dem Hausherrn hat sich die Schar der Kinder in dem Raum versammelt und starrt mich mit großen Augen an. Sie hokken auf dem Holzfußboden vor der Bank oder am Feuer, tuscheln, kichern und wagen es nicht, in der Nähe des fremden Gastes laut zu reden. Es sind kräftige, kleine Gestalten, mit glatter, brauner Haut und lustigen, dunklen Schlitzaugen. Alle tragen eine lange Hose mit einem Hemd darüber und sind barfüßig. Den Buben hat man das Haar kurz geschnitten, den Mädchen baumeln schwarze Zöpfe über den Rücken. Nur der Kopf der kleinen Maya ist ebenfalls kahl geschoren, so daß sie aussieht wie ein Knabe. Wenn ich mich an eines der Kinder wende, lächelt es scheu und rückt verlegen ein Stückchen weg. Ich möchte gern die Mauer der Scheu zwischen der kleinen Gesellschaft und mir beseitigen. Daher lasse ich durch Jasman Bonbons verteilen, die ich extra zu diesem Zweck aus Kathmandu mitgenommen habe. Die süße Gabe bricht das Eis, ein munteres Schwatzen und Lachen hebt an. Bald verliert der Sahib an aktuellem Interesse, man wird ihn ja in den nächsten Tagen noch oft genug beobachten können, und so verläuft sich die Schar wieder zu ihren Spielen in Haus und Hof. Von Zeit zu Zeit kommen aber ein paar Buben und Mädchen, um nachzuschauen, ob der Gast noch da ist und ob sie nichts Aufregendes versäumen.

Ein kleiner Junge fällt mir vor allen anderen auf. Er ist wie die übrigen Kinder gekleidet und trägt auf dem Kopf eine Wollmütze. Aus seinem pausbäckigen Gesicht funkeln ein paar dunkle, schräg geschnittene Augen, deren äußere Winkel spitz nach oben gezogen sind. Um den Mund spielt ständig ein verschmitztes Spitzbubenlächeln. Man erkennt bald, daß der Kleine der Liebling der Familie ist; gern läßt er sich von den Erwachsenen liebkosen. Auch von mir duldet er mit scheuer Zurückhaltung, daß ich ihm über den Kopf streiche. Danach stürmt er sofort auf den Hof, um den Spielgefährten dieses sensationelle Ereignis laut schreiend mitzuteilen. Ich frage Tendi Lama nach dem Namen des kleinen Burschen und erfahre, daß er Rinji heißt und fünf Jahre alt ist. Sei-

Scheu und pfiffig lächelt der kleine Rinji unter seiner Wollmütze.

ne Mutter ist eine Nichte des Hausherrn. Sein Vater starb vor eineinhalb Jahren an einer Krankheit, die er sich auf einer Handelsreise nach Indien zugezogen hatte. Bald nach dem Tode des Vaters warb ein neuer Mann um Rinjis Mutter, und sie beschloß, mit diesem nach Kathmandu zu ziehen. Ihren Sohn wollte sie nicht mitnehmen, deshalb ließ sie ihn kurzerhand im Hause des Tendi Lama zurück. Seitdem wächst Rinji in der Familie seiner Verwandten auf, nennt seinen Großonkel »Vater«, seine Großtante »Mutter« und ist mit seinem strahlenden, heiteren Wesen der Liebling seiner Pflegeeltern. In einer Sherpafamilie werden die leiblichen Nachkommen und die der Verwandten gleich behandelt. Es interessiert niemanden, ob Kinder ehelich oder unehelich sind; keinem Sherpa würde es einfallen, hier einen Unterschied zu machen. Kinder sind ein willkommenes Geschenk und werden zärtlich geliebt.

Das Haus des Tendi Lamas ist den ganzen Tag über erfüllt von fröhlichem Kindergeschrei. Die kleinen, bloßen Füße tappen die Stiegen hinauf und hinunter, rumpeln über die Holzbretter der offenen Veranda und klatschen über die Steinplatten im Hof. Hie und da tönt jämmerliches Wehgeschrei, wenn eines die letzten Stufen der Treppe hinuntergefallen oder in der Hitze des Spieles mit dem Kopf gegen einen Balken gestoßen ist. Aber die Tränen fließen niemals lange. Bald ist der Schmerz vergessen, übermütiges Lachen und Kreischen begleitet wieder die Toberei. Ein Sherpahaus ist ein Paradies für Kinder. Alle Türen sind weit geöffnet, so daß man ungehindert hinein- und herauslaufen kann. Die Räume sind groß, es gibt viele dunkle Ecken und Winkel als Verstekke. Der geräumige Hof bietet Platz für wilde Spiele. Unter den Bäumen am Bach, der ein Stück unterhalb des Hauses rinnt, kann man Dämme und kleine Wasserräder aus Holz bauen. Rinjis kräftige Bubenstimme hört man deutlich aus dem Geschrei der Kinder heraus. Er liebt vor allem das Fangespiel, denn mit seinen flinken, stämmigen Beinen läßt er sich nur schwer erwischen.

Inzwischen haben die Frauen das Abendessen bereitet, die Kinderschar hockt erwartungsvoll um das Feuer. Mutter Purna füllt Tsampabrei in die Schalen und legt auf jede Portion ein großes Stück Butter. Dann greifen die braunen Kinderfinger in den duftenden Brei, und vergnügtes Schmatzen zeigt an, daß es allen gut schmeckt. Friedlich sitzt die kleine Gesellschaft mit untergeschlagenen Beinen dicht an der Feuersglut, nur manchmal knufft eines aus Übermut seinen Nachbarn oder die Mädchen kichern und tuscheln mit heimlicher Wichtigkeit. Nach dem Essen dürfen die Kinder noch ein Weilchen bei den Erwachsenen sitzen und den Gesprächen mit dem fremden Gast lauschen. Die Mädchen interessieren sich allerdings mehr für den jüngsten Enkel des Tendi Lama, der jetzt ebenfalls seine Mahlzeit bekommt. Die junge Mutter gibt dem Säugling ungeniert die Brust, ohne das Gespräch mit den anderen Frauen zu unterbrechen. Danach dürfen die kleinen Mädchen das Baby abwechselnd ein wenig auf dem Schoß halten und es wie richtige Mütter streicheln und liebkosen. Rinji sitzt derweil zwischen den Beinen seines Großonkels und hört mit großen Augen zu, wie sich der Sahib mit dem Hausherrn unterhält. Ganz ruhig sitzt er und schaut den Fremdling unentwegt an. Schließlich ist es für die Kinder Zeit zum Schlafen. Die älteren Schwestern haben in einer Ecke des Raumes die Nachtlager hergerichtet, willig lassen sich die Kleinen auskleiden und in die Decken einwickeln. Eine Weile flüstert und wispert es noch in der Schlafecke. Dann wird es still. Das Knistern des Feuers und das leise Gespräch der Erwachsenen sind die einzigen Geräusche, die in die Kinderträume klingen.

Ein paar Tage lang genießen wir noch die Gastfreundschaft des Tendi Lama, dann gehe ich mit meinen Gefährten nach Tschiwong Gompa, um den heiligen Abt dieses Klosters zu besuchen. Zwei Wochen lang bleiben wir bei den freundlichen Lamas von Tschiwong, dann kehren wir mit reichem Erleben erfüllt nach Junbesi zurück. Wir hatten vor unserem Abmarsch ausgemacht, daß wir wieder bei Tendi Lama wohnen sollten. Gern habe ich seine Einladung angenommen, denn das fröhliche Leben in seinem Haus behagt mir sehr. Als ich jedoch den Wohnraum betrete und mich auf der Bank niedersetze, schlägt mir eine gedrückte Stimmung entgegen. Nach dem üblichen Gruß erfahre ich die Ursache dieser Niedergeschlagenheit. Der kleine Rinji ist verschwunden. Am Nachmittag ist Tsumi, die dreizehnjährige Tochter des Tendi Lama, weinend von der Yakalm auf dem Solu heruntergekommen und hat die bestürzende Nachricht gebracht. Mit rotgeweinten Augen sitzt sie am Feuer und erzählt noch einmal was sich zugetragen hat:

Vor einer Woche ist Mingma, der zweite Sohn des Tendi Lama, mit den Yakkühen auf die Solualm gezogen, begleitet von zweien seiner Schwestern und einigen Hirten. Rinji durfte mit auf die Alm und sollte vierzehn Tage dort oben bleiben. Es bedeutet eine Auszeichnung für eines der Kinder, wenn es auf die Hochweiden mitgenommen wird, denn dort kann man viel Aufregendes sehen und erleben. Es gibt frische Yakmilch, neuen Yakkäse, und man darf beim Buttern in der einfachen Almhütte helfen. Es kann aber auch sehr langweilig sein, wenn tagsüber die Erwachsenen bei den Herden arbeiten und man allein in der Hütte zurückbleibt. An diesem Morgen sollte Rinji mit zu den Kühen gehen, aber er war noch so verschlafen. Zudem war es kalt und neblig draußen, so daß er lieber in der Almhütte blieb. Als Tsumi mit Mingma und einem Hirten am Vormittag zu der Alm zurückkam, war Rinji nicht mehr dort. Sein Wolljäckchen und seine Mütze lagen in einer Ecke; neben den rauchenden Holzstücken der Feuerstelle stand eine Schale mit einem Rest Tsampa. Also hatte der Junge sich etwas zu Essen gemacht. Vielleicht war er nur ein wenig in der Nähe spazieren gegangen und konnte jeden Moment wieder auftauchen. Tsumi ging vor die Tür und rief laut: »Rinji, Rinji!« Es kam keine Antwort. Mingma und seine Schwester wurden unruhig. Ein Weilchen warteten sie noch, dann begann sie in der näheren und weiteren Umgebung zu suchen und zu rufen. Erfolglos! Kein Rinji ließ sich hören oder blicken. Schließlich bekam Tsumi es mit der Angst zu tun. Weinend lief sie ins Tal, um Tendi Lama zu benachrichtigen und Hilfe zu holen.

Die Unglücksbotschaft bestürzt auch mich. Der kleine Liebling der Familie ist fort. Vielleicht hat er sich verlaufen und irrt durch die dichten Wälder des Solu. Der Gedanke, daß ein fünfjähriger Junge in den Schluchten und Gräben dort oben herumläuft, ist beunruhigend. Es gibt viele Gefahren für ein verlaufenes Kind. Leoparden, Wölfe und Bären treiben ihr Wesen in den Wäldern, und wie leicht kann man über die glatten Felsen an der Südseite des Berges abstürzen. Es ist klar, daß wir etwas unternehmen müssen. Ich schlage vor, daß wir sofort eine umfangreiche Suche organisieren. Meine drei Träger und alle erwachsenen Angehörigen des Hauses sollen sich daran beteiligen, nur der kranke Tendi Lama und Mutter Purna bleiben bei den kleinen Kindern zurück. Wir rüsten uns mit frischen Kiefernspänen aus, denn wenn die Suche bis in die Nacht hinein dauert, brauchen wir Licht. Außerdem nehmen wir den großen Hofhund mit. Vielleicht kann er uns nützlich sein, auch wenn er es nicht gelernt hat, eine Spur aufzunehmen. Ich stecke mir zusätzlich Verbandszeug und schmerzstillende Mittel für den Notfall ein, dann brechen wir auf.

In 2½ Stunden erreichen wir die Solu-Alm. Yakkühe grasen in der Nähe der Hütte, und Mingma kommt uns entgegengelaufen. Rinji ist noch nicht wieder aufgetaucht. Als erstes machen wir einen Versuch mit dem Hund. Ich halte ihm Rinjis Jäckchen unter die Nase und rede ihm aufmunternd zu. Tatsächlich sucht er gleich mit der Schnauze am Boden und strebt auf einen Berberitzenbusch zu. Ich frohlocke innerlich über das gelungene Experiment, aber hinter dem Busch findet es sein unrühmliches Ende. Rinji hat ihn nur aufgesucht, um sich zu erleichtern; von dem Häufchen führt seine Spur offensichtlich wieder zurück zur Hütte. Ein weiterer Versuch mit dem Hund ist zwecklos, denn er läßt sich nicht mehr dazu bewegen, die Fährte des Buben aufzuspüren. So beginnen wir mit der Suche. Wir bilden in Abständen von Hörweite eine Kette und durchstreifen laut rufend den Wald. Allmählich wird es dunkel, und wir entzünden unsere Kienspanfackeln. In unregelmäßiger Linie ziehen die flakkernden Lichter über den Berg und fahnden nach dem kleinen Knaben. Von der Nordseite angefangen, wandern sie nach Westen, Süden und über die Ostflanke zurück zur Alm. Der Wald hallt wieder von unserem Lärm. Hie und da streicht ein erschreckter Nachtvogel mit schrillem Schrei ab. Rinji aber bleibt verschwunden. Die Fackeln sind heruntergebrannt, und wir müssen die Suche abbrechen, um uns nicht selbst in den unzugänglichen Schluchten und Dikkichten zu verlaufen. Morgen, bei Tageslicht, wollen wir noch einmal in den hinteren Tälern gegen den Numbur zu suchen.

Wir versammeln uns in der Almhütte, um vor dem Abstieg zu rasten. Eng drängen wir uns um das wärmende Feuer, denn draußen ist es empfindlich kalt geworden und hat sogar zu schneien begonnen. Ich sitze auf einem weichen Yakfell, Tsumi reicht mir frische Milch und Tsampa. Auch eine große Kanne mit Buttertee wird bereitgestellt, um die müden und hungrigen Helfer zu erfrischen. Der Rauch beißt in die Augen, die Unterhaltung ist lebhaft. Immer wieder kreisen die Gedanken um den verlorenen Knaben, voll Anteilnahme, aber ohne sentimentale Klagen. Kann man etwas ändern, wenn es dem kleinen Buben bestimmt ist, auf diese Weise aus der Welt zu gehen? Wer kennt schon die rätselhaften Wirkungen der Karma-Kräfte, die ihre Wurzeln in den vergangenen Leben haben und das gegenwärtige lenken? Mingma scheint etwas von meinen Gedanken zu erraten und lächelt mir zu. Wir seien alle schon einmal in irgendeiner Gestalt auf der Erde gewesen, meint er. Wer wolle wissen, ob es bisweilen nicht eine Gnade ist, wenn man frühzeitig ein Leben verlassen müsse, um rascher in das nächste eingehen zu können? Außerdem könne man morgen weitersuchen. Vielleicht würden sich all unsere Besorgnisse in nichts auflösen.

Spät in der Nacht verlassen wir die Solu-Alm und steigen wieder nach Junbesi ab. Die letzten Fackeln sind entzündet, wie kleine Sterne hüpfen und springen die Lichter über die Hänge hinab. Manchmal stolpert einer der Fackelträger und kugelt unter den Spottrufen der anderen ein Stück den Berg hinunter. Aber niemand nimmt übel.

Am nächsten Morgen bespreche ich gerade mit meinen Gefährten den Plan, nach dem wir die Suche in den oberen Tälern durchführen wollen, als sich großes Geschrei auf dem Hof erhebt. Wir laufen rasch hinaus, um zu sehen, was es gibt. Alle Bewohner des Hauses sind an der Mauer versammelt und schauen den Weg hinunter, der zwischen den Häuserwänden und am Tschörten vorbei zum Bach führt. Sie rufen aufgeregt durcheinander und winken mich heran. Eine Gruppe von Menschen kommt den Weg herauf. Vorweg geht mit langen, gleichmäßigen Schritten ein hochgewachsener Sherpa. Auf seinen Schultern sitzt – der verlorene Rinji! Schon von weitem ruft er uns zu und strahlt über das ganze Gesicht. Der Sherpa erreicht den Hof und stellt den Buben mit einem Schwung auf den Erdboden. Da steht er, stämmig und lächelnd, als sei er nie fort gewesen. Purna schließt ihn in ihre Arme, die Vettern und Kusinen umringen ihn aufgeregt und freudig. Inzwischen sind auch die anderen Männer und Frauen herangekommen, die den kleinen Rinji begleitet haben. Es sind Leute aus einer Nachbarsiedlung, die zwei Stunden entfernt liegt. Sie berichten:

Heute morgen in der ersten Dämmerung hätten sie im Wald oberhalb ihrer Häuser einen weinenden Buben gefunden. Auf ihre Fragen habe er bereitwillig geantwortet. Er heiße Rinji, sein Vater sei tot und seine Mutter fortgegangen. Jetzt wohne er beim Tendi Lama, der sein neuer Vater sei, und bei Purna, zu der er »Mutter« sage. Daraufhin hätten sie ihn mitgenommen und hierher nach Junbesi gebracht, denn ein anderer Tendi Lama sei ihnen nicht bekannt.

Die Leute aus dem Nachbardorf werden in das Haus gebeten und reichlich mit Tschang und Buttertee bewirtet, und Rinji darf auf dem Schoß seines Großonkels sitzen und muß seine Geschichte erzählen:

An der Baumgrenze in etwa 4000 Metern Höhe bietet sich ein grandioser Blick auf den Gaurisankar.

Als gestern morgen Mingma, Tsumi und die Hirten fortgegangen waren, lag er noch ein Weilchen unter seinen Decken. Dann war er aufgestanden, hatte das Feuer neu entfacht und sich ein wenig Tsampa zubereitet. Nach dem Frühstück legte er sich wieder auf das Lager, aber mit der Zeit wurde es ihm langweilig in der Hütte und schließlich ein bißchen unheimlich. Draußen war es kalt, neblig und ganz still. Plötzlich überkam ihn das Verlangen, nach Junbesi zurückzugehen, in das große Haus, zu den Spielgefährten. Er verließ die Almhütte und machte sich auf den Weg nach Hause. Er wußte, daß er bergab gehen mußte, aber er hatte keine Vorstellung, welche Richtung er einschlagen sollte. Er lief einfach los, barfüßig, nur mit seiner Hose und seinem Hemd bekleidet. Da es zudem neblig war, hatte er sich schon nach kurzer Zeit verlaufen. Er geriet in einen großen Wald mit hohen Bäumen, der kein Ende nahm. Er lief und lief, aber immer gab es nur Bäume, Büsche und dickes Moos am Boden. Sein kleiner Magen knurrte, sehnsüchtig dachte er an die Schalen mit Reis und Tsampa daheim. Weinend stolperte er weiter und rief kläglich nach Vater, Mutter und Gespielen. Aber niemand antwortete. Schließlich wurde es dämmerig und begann zu schneien, bald würde es ganz dunkel sein. Da fand der Junge einen alten, umgestürzten Baumstamm, der vollständig ausgehöhlt war. Rasch kroch er in diese Höhle und legte sich todmüde auf den weichen Mulm aus faulendem Holz. Die ganze Nacht schlief er in seinem Versteck, wie ein kleines Tier. Beim ersten Dämmerschimmer kroch er wieder aus dem Stamm heraus und setzte seinen Marsch fort. Schon bald stieß er auf freundliche Menschen, die ihn mitnahmen, ihm zu essen gaben und ihn zu seinen Verwandten zurückbrachten.

Rinji erzählt seine Geschichte mit leiser, stockender Stimme, denn die Aufmerksamkeit, die ihm geschenkt wird, macht ihn scheu. Wir fragen ihn, ob es nicht sehr kalt in seinem Baum gewesen sei. Verlegen grinst der kleine Kerl und antwortet, daß er recht schön warm gelegen hätte, nur an den Ohren und an der Nase habe ihn etwas gefroren. Dann schlabbert er eilig eine Schale mit Tee hinunter und rutscht vom Schoß seines Großonkels. Schnell witscht er durch die Tür, und schon bald mischt sich seine Stimme unter die Rufe der anderen Kinder. Als ich am Nachmittag in den Hof gehe, tobt Rinji mit seinen Gefährten um das Haus, unbekümmert, als habe es nie das angsterregende Erlebnis im großen Soluwald gegeben.

Die Nachbarsleute brechen am späten Nachmittag auf. Man bittet sie, doch noch zum Abendessen zu bleiben, aber sie müssen zurück zu ihren Höfen. Die Arbeit wartet auf sie. Mit vielen höflichen Worten und freundlichen Wünschen werden sie von der Familie des Tendi Lama zum Tor geleitet. Rinji ist nicht zu sehen. Einen Augenblick lugt sein verschmitztes Lausbubengesicht um eine Ecke. Rasch winkt er den Gästen zu und ist schon wieder verschwunden. Es wird nicht lange dauern, bis er sein Abenteuer vergessen hat.

Der Tanz in Ringmo

»Heute abend wollen die Sherpas tanzen, Sahib. Wirst du ihnen Tschang spendieren?« Khale kratzt sich verlegen am Kopf. Ich lache und drücke ihm 30 Rupien in die Hand, genug, um ein halbes Dorf betrunken zu machen. Eine silberne Tschangschale steht schon seit geraumer Zeit vor mir und wird von Doma, der freundlich lächelnden Frau des Hauses, in regelmäßigen Abständen neu gefüllt. Ich liebe dieses sämige, erfrischende Reisbier ebenso wie den gebutterten und gesalzenen Tee, der wie Bouillon schmeckt und die Lippen angenehm fettet.

Mit untergeschlagenen Beinen sitze ich auf der breiten Bank in einem Bauernhaus des Dorfes Ringmo. Noch deuten keine Anzeichen auf Tanz oder Festlichkeiten, die täglichen Arbeiten nehmen ihren gewohnten Gang. Neben mir brennt in einer gemauerten Vertiefung des Fußbodens das Feuer, vor dem Doma mit ihren beiden hübschen Töchtern die Vorbereitungen für das Abendessen trifft. Sie verrichten ihre Hausarbeit unter vergnügtem Schwatzen auf dem Boden, denn Arbeitstische kennt man in einem Sherpahaus nicht. Für Khale, der sich stets in der Nähe der jüngeren Ang Putti hält, gibt es Gelegenheit zu kleinen Handreichungen, die ihm einen funkelnden Blick aus ihren dunklen Augen oder ein Scherzwort einbringen. Die Mädchen haben Tücher über ihre kohlschwarzen Haarflechten geknüpft, um sie vor der aufwirbelnden Asche zu schützen, wenn sie in die glühenden Holzscheite blasen. Auf eisernen Dreibeinen stehen rußgeschwärzte Töpfe, in denen Reis und Gemüse brodeln. Die heiße Asche an der Seite der Feuerstelle hält den Buttertee in einer großen Kupferkanne warm. Ang Putti läuft zur gegenüberliegenden Wand und gießt Wasser aus einem großen Kessel in einen Krug. Diese Wand ist das Prunkstück des Hauses. Aus dem dämmrigen Halbdunkel schimmern rote Kupfergefäße auf dunkelblauen, weißbemalten Holzregalen und verleihen dem Wohnraum den Eindruck behäbiger Wohlhabenheit. Karma Gyaldsen, der Hausherr, ist stolz auf diesen kupfernen Reichtum, und die Mädchen müssen die Kessel jede Woche mit Sand blitzblank putzen.

Vor der Türe erhebt sich ein Poltern. Karma Gyaldsen tritt ein, gefolgt von seinen Söhnen Njima und Purbu. Lautstark begrüßt er mich und läßt sich schwerfällig an meiner Seite nieder. Genüßlich schlürft er den dampfenden Buttertee aus einer rotbraunen, mit Silber ausgeschlagenen Holzschale, die ihm seine Tochter vorgesetzt hat. Er ist ein reicher Bauer und Händler. Lebhaft erörtert er mit mir die Möglichkeit, Yakkälber billig in Tibet einzukaufen und nach einigen Monaten, wenn sie auf den fetten Sherpaweiden herangewachsen sind, dort wieder mit Gewinn abzusetzen. Er plant eine lange Handelsfahrt über den 5800 m hohen Nangpa-Paß nach Tibets Hauptstadt Lhasa, und der 18jährige, drahtige Purbu soll den Vater zum ersten Male begleiten. Die jungen Männer haben sich an das Feuer gesetzt und erkundigen sich beim Weibervolk nach den Tagesereignissen. Als sie erfahren, daß am Abend getanzt werden soll, sind sie begeistert.

Doma ruft zum Essen. Purbu und Njima nehmen neben dem Vater und mir auf der Bank Platz. Sie greifen nach den weißen Porzellanschalen voll duftendem Reis, die ihre Schwestern vor sie auf das schmale Tischchen stellen. Nachdem die Männer ihren Teil bekommen haben, bedienen sich die Frauen. Eine Weile hört man nur das Klappern der hölzernen Eßstäbchen, lautes Schmatzen und Schlürfen. Schließlich sind die hungrigen Mägen gesättigt, wohliges Rülpsen bedeutet der Hausfrau, daß das Essen geschmeckt hat. Es wird Tee aufgetragen, diesmal mit Milch und Zucker, damit die scharf gewürzte Speise durch Süße gelöscht werden kann.

Es ist dunkel geworden. Khale bringt einige brennende Kerzen, und ich greife zum Tagebuch. Aber aus meinen Eintragungen wird heute nichts. Ich werde von den Vorbereitungen abgelenkt, die jetzt das Herannahen eines festlichen Ereignisses künden. Die Frauen vertauschen ihre verblichene Arbeitskleidung mit prächtigen Feiertagsschürzen aus leuchtend rot, gelb und blau gestreifter Wolle, die an der Hüfte mit Goldstickerei versehen sind. Ang Putti hängt ihrer Mutter eine Kette aus grünen Türkisen, roten Korallen und braun-weißen Keramikperlen um den Hals. Sie selber trägt eine ähnliche Halskette, nur sind die Steine kleiner. Ich muß an das alte tibetische Lied denken, in dem die Prinzessin Drugmo verherrlicht wird:

Wenn sie sich erhebt, ist sie an Schönheit ähnlich
einem wehenden Banner,
Wenn sie sitzt, gleicht sie einem vielfarbenen Zelte.

Ein stattlicher Bergbauernhof der Sherpas vor dem Massiv des Numbur. Am Abend findet man sich hier zum Tanz ein.

Wie eine Königin sieht Doma aus in ihrer farbenprächtigen Tracht und mit dem herzlichen Lächeln auf dem braunen Antlitz, aus dem die Backenknochen weit hervorstehen. Ihre Töchter Ang Putti und Laki wirken wie Prinzessinnen. Wenn das Lachen auf ihren hübschen, ovalen Gesichtern die schwarzen Augen zu schmalen Schlitzen verengt, kann man sich kaum etwas Reizvolleres vorstellen, als diese rundlichen, anmutigen Frauen.

Die Mädchen krempeln ihre Blusenärmel hoch, waschen sich die Hände und schleppen einen riesigen Tonkrug herbei, das Bierfaß der Familie. Mit den bloßen Händen wird die Tschangmaische über einem Sieb durchgeknetet, durch das die milchigtrübe Flüssigkeit in eine Kupferkanne läuft. Es gibt heute Reistschang, den besten, den man zu bieten hat. Ich bekomme als erster eine Kostprobe. Als ich unter behaglichem Schlürfen erkläre, daß ich noch nie so guten Tschang gekostet hätte, strahlt Doma über das ganze Gesicht. Sie gilt als die beste Tschangbrauerin des Ortes.

Karma Gyaldsen hat ein frisches Hemd und buntgestickte, lederbesohlte Filzstiefel angezogen. Er füllt Öl in die eisernen Kugellampen, die auf drei schlanken Beinen stehen und mit ihrem Flackerschein den Kupfergefäßen an der Wand ein unwirkliches Leben verleihen. Die ersten tanzlustigen Gäste aus der Nachbarschaft erscheinen. Es sind Bauern und Händler wie Karma Gyaldsen, mit ihren Söhnen, Frauen und Töchtern. Die Männer beginnen sofort ein

Gespräch über das Vieh und den Bau der neuen Schule. Die Mädchen flüstern und kichern mit Ang Putti und Laki, wobei mich manch neugieriger, scheuer Seitenblick aus dunklen Mandelaugen streift. So also sieht der Sahib aus, der schon seit acht Tagen bei Karma Gyaldsen wohnt und dort wie ein Mitglied der Familie aufgenommen wurde!

Doma ist eine gute Gastgeberin. Jeder Neuankömmling wird mit der Tschangschale begrüßt, die er zunächst bescheiden ablehnt, wie es die Höflichkeit vorschreibt, um schließlich nach längerem Überreden in durstigen Zügen zu trinken. Mit lautem »Ah« schleckt er sich danach die Lippen und hockt sich zu den anderen um das Feuer. Mit der Zeit versammeln sich 25 Menschen in dem Raum. Neckereien und deftige Scherze fliegen hin und her, lärmende Fröhlichkeit erfüllt die Stube.

»Wollen wir jetzt tanzen?« Doma gibt ihrem Mann einen freundlichen Schubs. Der ziert sich und möchte einen anderen vorschieben. Einige Frauen springen empor und versuchen, die Männer mitzuziehen. Unter Gelächter und Gekicher zerrt und knufft man sich ein Weilchen herum, bis sich schließlich alle inmitten des Raumes in einer Reihe untergehakt aufstellen. Rechts stehen die Frauen, links die Männer, die kleinsten und jüngsten ganz außen. Ein Mann beginnt zögernd, mit näselnder Kopfstimme eine getragene Melodie. Die Frauen fallen in hohem Diskant ein. Tiefere Männerstimmen folgen, und ein schwermütiges Lied schwingt durch den Raum. Die Körper pendeln langsam hin und her. Die Füße in den Filzstiefeln schlagen im Takt auf den Holzboden, bewegen sich vor und zurück, werden im Wechselschritt dem Rhythmus des Liedes angepaßt. Der Tanz hat begonnen.

Die auf dem Rücken verschränkten Arme werden gelöst. Die Gestalten drehen sich singend um ihre Achse, fassen sich wieder unter und stampfen kräftig mit den Hacken auf den Boden. Die Oberkörper bleiben dabei ruhig, schwingen nur leicht im Takt und vibrieren mit verhaltenem Temperament. Jetzt läuft die Reihe vor und zurück, wieder Drehen, Unterfassen und Stampfen. Dann ist der erste Tanz beendet. Ang Putti und Laki bringen volle Tschangschalen.

Das nächste Lied fängt wieder verhalten an, steigert sich jedoch in einen wilden Rhythmus. Wie ein Sturmwind braust die Melodie durch das Haus. Die Filzstiefel trommeln dröhnend auf den Boden, daß die Wände beben und die Holzbohlen sich unter den stampfenden Füßen biegen. Bei den wirbelnden Drehungen fliegen die Röcke, die Zöpfe schlagen den Tänzerinnen um die Ohren. Die breitknochigen Gesichter der Tänzer strahlen. Nach dem tänzerischen Ausbruch greift man gierig zum Tschangtopf und stürzt die milchgraue Köstlichkeit in langen Zügen hinunter. Ang Putti und Laki sind aufmerksame Bedienerinnen, die dafür sorgen, daß jeder genug zu trinken bekommt. Wenn ei-

Die Familie meiner gastfreien Sherpafreunde.

ner zu lange zögert, setzten sie ihm kurzerhand die Schale an den Mund, so daß er unter dem Spottgelächter der anderen prustend und hustend schlucken muß. Auch der Sahib wird nicht vergessen. Kaum ist meine Tschangschale halb geleert, steht Laki zum Nachschenken bereit. Ihre dunklen Augen leuchten, und ihre Stimme schmeichelt: »She, she – trink, trink!«

Tanz folgt auf Tanz. Der Raum ist wie verzaubert. Die Kupferkessel schimmern, als seien sie aus purem Gold, und die weißen Ornamente an den Regalen gleichen Dämonenaugen. Der flackernde Schein der Öllampen malt die Schatten der Menschen groß und unwirklich an die Wand, wo sie ein eigenes Koboldleben führen. Es riecht nach Schweiß, Staub und süßem Reisbier. Alle Augen glänzen, in den braunen Gesichtern blitzen die weißen Zähne. Der Alkohol tut seine Wirkung, befeuert die Sänger und steigert in den Tanzpausen das Gelächter zu schier endlosen Lachsalven.

Da steht auf einmal Laki vor mir und fordert mich auf, es ebenfalls mit dem Tanzen zu versuchen. Drei, vier andere Mädchen unterstützen sie. Schließlich werde ich von zarten Mädchenhänden einfach von meinem Sitz gezogen und in die Reihe der Tänzer geschoben. Als einziger Mann darf ich zwischen den Frauen stehen, die an ihrer Lehrerinnenrolle großen Spaß finden. Mit hingebungsvollem Eifer zeigen sie mir die Schritte, schieben mich hin und her, vor und zurück.

Ein neues Lied wird angestimmt. Zunächst wollen meine ungeschickten Beine nicht recht begreifen, wie sie laufen, wechseln, hüpfen und trampeln sollen. Doch bald werden sie vom mitreißenden Takt der Melodie ergriffen. Bis der lobende Beifall meiner hübschen Nachbarinnen und der reichlich genossene Tschang mir zu der Vorstellung verhelfen, ich sei ein meisterhafter Tänzer. Mit Begeisterung, wenn auch nicht immer genau im richtigen Moment, drehe ich mich sausend im Kreis und stampfe die Absätze meiner Bergschuhe krachend auf den Fußboden. Der Rausch des Tanzes ist wundervoll und ergreift von meinem Körper Besitz.

Wir tanzen die ganze Nacht. Man kann nicht genug bekommen von den Tänzen, die immer mit leichtem Wiegen in den Hüften und Knien beginnen und in überschäumender Ausgelassenheit enden. Gegen Morgen findet das Fest sein Ende. Die Sherpas hocken sich noch für einige Minuten an das niedergebrannte Feuer, dann verschwindet einer nach dem anderen ohne viel Aufhebens, wie er gekommen ist. Die Hausbewohner begeben sich zur Ruhe. Doma, Ang Putti und Laki breiten Decken auf der Bank und auf dem Boden aus, in die sich die müdgetanzten Schläfer wickeln. Man schläft gemeinsam im Wohnraum.

Ich gehe noch einmal kurz vor die Haustür. Es ist nachtkühl. Über mir verblaßt eine glitzernde Sternenpracht. Hinter den schwarzen Silhouetten der Tannen ragt weiß und unnnahbar der Numbur. Der untergehende Mond übergießt die fernen Gletscher mit gleißendem Licht, die Gipfelpyramide sticht klar gegen den dämmerigen Morgenhimmel. Aus dem Tal dringt das Rauschen des Wildbaches, der von den Eisfeldern herunterkommt. Mich fröstelt, und ich gehe zurück in das Haus. Vorsichtig steige ich im Schein meiner Taschenlampe über die vermummten Gestalten der Schlafenden zu meinem eigenen Ruheplatz auf der Bank. Es ist mäuschenstill in dem Raum, der vorher vom Stampfen der Füße dröhnte. Nur das kurze Schnorcheln von Karma Gyaldsen unterbricht hie und da die Ruhe, und aus der Ecke, wo Ang Putti liegt, dringt leises Kichern. Mir ist, als hätte ich an der gleichen Stelle auch einen Laut von Khales Stimme gehört. Mit einem Seufzer schließe ich die Augen und gleite auf einer Woge von Alkoholseligkeit und Gliederschwere hinüber ins Reich der Träume.

Dhud-Kund, der heilige See

Der Weg aus dem Dorfe Ringmo herauf in das obere Dhud-Kund-Tal ist weit und beschwerlich. Doppelt beschwerlich, wenn dicke Nebelschwaden in den bizarren Rhododendronbäumen hängen und Regenschauer tausend Bächlein von den Flechtenbärten an den Tannenästen rinnen lassen. Immer wieder rutscht man auf den schlüpfrigen Steinen des Weges aus, der eher einem ausgelaufenen Bachbett als einem Pfad ähnelt. Später, nachdem die Wildnis der Rhododendronbäume zurückgeblieben ist, überschreitet der Steig die Baumgrenze und schlängelt sich durch dichte Zwergrhododendronbüsche. Sie schlagen einem wie tropfende Ruten um die Beine und sprühen ihre Nässe auf die Kleider, so daß die Hosenbeine klatschnaß werden.

Es ist still rundherum. Der graue Vorhang verschluckt selbst das Geräusch der Tritte auf den Steinen. Ich bin meinen Trägern weit vorausgelaufen, denn ich trage außer meinem Fotoapparat keine Last und kann frei und unbeschwert wandern. Der Weg ist gut ausgetreten von den Yakherden, die im Sommer auf die Almen getrieben werden. Man kann ihn nicht verfehlen. Er senkt sich jetzt den Moränenhang hinunter und windet sich durch wirres Rhododendrongestrüpp dem tosenden Wildbach im Talgrund entgegen. Plötzlich ist er zu Ende. Ich stehe am Rande einer steilen Böschung. Weißschäumend rauschen die Wasser des Dhud-Kund-Baches bergab, gischten über Steinblöcke und springen über Felsstufen hinab. Auf dem anderen Ufer erkennt man die Umrisse von Steinmauern: Die untere Dhud-Kund-Alm. Dort hinüber müssen wir, denn wir wollen heute nacht unser Quartier in der Alm aufschlagen. Aber wie hinüberkommen, ohne bis zum Bauch im eiskalten, reißenden Gletscherwasser waten zu müssen? Ich laufe ein wenig ratlos am Bachufer entlang, bis zu einem Wasserfall, der sich zwischen zwei mächtigen Steinblöcken wie durch ein Tor zwängt. Hier sind Baumstämme als Notbrücke von Block zu Block gelegt und mit Felsbrocken beschwert. Über den luftigen Steg gelangt man leicht und vor allem trockenen Fußes auf die andere Bachseite.

Dichtes Berberitzengestrüpp und struppige Wacholderbüsche bedecken den Talboden. Zwischen ihnen stehen rechteckige Hütten, aus Trockensteinmauern errichtet, ohne Dach. Man nennt diese Hütten im Sherpaland »Ghot«. Von Querwand zu Querwand sind der Länge nach drei dicke Holzstangen gelegt, über die die Sherpahirten im Sommer Bambusmatten hängen. Beim Almabtrieb im Herbst rollen sie die Matten einfach ein und nehmen das Dach mit nach Hause, damit es von den schweren Winterstürmen nicht verweht oder zerrissen wird. Ich setze mich auf einen Steinblock und betrachte das klobige, graue Gemäuer, das aussieht, als sei es aus dem Erdboden gewachsen. In diesen einfachen Behausungen leben die Sherpas den Sommer über bei ihren Yakherden. Auch wir wollen uns für ein paar Tage hier einrichten. Die tropfenden Stangen und nassen Steine sehen nicht gerade einladend aus.

Der Nebel drückt auf die Stimmung. Leichter Ärger kriecht in mir hoch, denn noch immer ist nichts von den Trägern zu bemerken. Mein Magen knurrt schon hörbar, ich schimpfe leise vor mich hin und nenne meine braven Kerle Faulpelze und Trödler. Wie schnell ist man bereit, den eigenen Unmut auf andere zu richten! Da zirpt und lockt es plötzlich vor mir in den Sträuchern. Ein Schwarm Schneefinken hat sich dort niedergelassen. Regungslos sehe ich den lebhaften Vögeln zu, wie sie zwischen den Steinen und Wachholderbüschen herumhüpfen. Allmählich verfliegt mein Ärger. Ich hätte nicht so weit vorausrennen sollen in meiner unverbesserlichen europäischen Ungeduld. Ich muß über mich selbst lächeln. Trotz Nässe und Kälte legt sich wieder die Gelassenheit auf mein Gemüt, um die ich mich seit Beginn meiner Nepalreise mit wechselndem Erfolg bemühe.

Plötzlich fliegt der Schwarm Schneefinken burrend auf und verschwindet zwitschernd taleinwärts. Rufe tönen durch den Nebel. Ich antworte mit einem Jodler. Bald darauf stehen meine fünf Getreuen keuchend und mit den Schuhen in der Hand vor mir. Sie sind weiter oben durch den Bach gewatet, weil sie die Brücke nicht gefunden haben. Ich bin froh, daß wir wieder beisammen sind, aller Unmut ist verflogen. Wer könnte auch dem breiten Grinsen von Khale oder dem fröhlichen Geschwätz von Damai Singh böse sein? Zielbewußt machen sich die Fünf daran, eine der Steinhütten wohnlich herzurichten. Über die Firststangen werden die großen Zeltplanen als Dach gehängt und an den Seiten mit Steinen beschwert. Damai und Bahamandur schlagen mit ihren Kukris, den breiten nepalesischen Haumessern, Äste von den Wachholderbüschen und legen den Boden des Ghot mit einem federnden Zweigteppich aus. Die Nadeln des Bergwachholder im Himalaya sind weich und samtig, sie eignen sich gut als Unterstreu. Jasman sucht dicke Rhododendronprügel zusammen und spaltet sie. Khale entfacht das Feuer in einer Bodenvertiefung an der Längswand, und bald brodelt eine duftende Hühnersuppe über den Flammen. Die Schlafsäcke werden ausgebreitet. Wo vorher nur ungastliche Steinmauern standen, haben wir uns eine gemütliche Behausung eingerichtet. Wir bauen vor dem Eingang noch einen Windfang, dann ist unser »Bhawan« fertig, unser Palast, wie die Träger die Hütte scherzhaft nennen.

Nach und nach wird es warm in dem kleinen Raum, der so gut nach Holzfeuer und frischen Wachholderzweigen duftet. Lediglich der Rauch ist lästig und beißt in die Augen. Aber wenn man hustend und unter Tränen aus dem Ghot krabbelt, läßt einen der kalte Wind bald frösteln, so daß man den rauchigen, jedoch warmen Almraum der Kälte vorzieht. Nach dem Abendessen aus Reis, einem Rest scharfgewürzten Hühnerfleisches und spinatartigem Gemüse verziehen wir uns bald in die Schlafsäcke.

Als ich in der Nacht einmal vor die Hütte trete, ist die Umgebung von einer weißen Decke überzogen. Es schneit mit großen Flocken. Ich schüttele den Schnee von den Zeltplanen und krieche wieder in die warmen Daunen. Am nächsten Morgen biegt sich unser Zeltplanendach tief durch, überall tropft es. Das Innere der Hütte ist wärmer als die Luft draußen, daher schmilzt die Unterseite der Schneeschicht auf dem Dach und rinnt durch ein paar Löcher herein. Da zudem heftige Windböen den abziehenden Rauch des Feuers wieder hereinblasen und uns husten und weinen lassen, beschließen wir, nach einer besseren Unterkunft Ausschau zu halten.

Mit Jasman mache ich mich nach dem Frühstück auf den Weg. Wir wollen das Tal oberhalb unseres Nachtquartiers erkunden. Wir folgen einem schmalen Pfad durch Zwergrhododendren und Zwergazaleengestrüpp. Der Nebel lichtet sich. Rechts vor uns heben sich hoch oben am Hang plötzlich dunkle, massige Gestalten aus dem milchigen Grau. Durch das Fernglas erkenne ich dicke, geschwungene Hörner: Tahrs! Regungslos, wie gebannt stehen wir und starren nach oben. Die Tiere bilden ein kleines Rudel und halten sich eng beieinander. Nur wenige Augenblicke können wir sie beobachten, dann hat sie der Nebel wieder verschluckt.

Mit einem Male reißt er auf. Geblendet müssen wir die Augen schließen, denn gewaltig erhebt sich vor uns im Talschluß eine Eiswand, die von einer leuchtend weißen Pyramide gekrönt wird. Der Numbur, ein fast 7000 m hoher Berg, ragt mit seinem schimmernden Gipfel unfaßbar hoch über uns in den azurblauen Himmel. Rechts neben ihm eine Mauer aus Fels und Eis, der Kariolung, der sich ebenfalls weit über 6000 m erhebt.

Wir steigen noch eine gute Stunde weiter, bis wir in einen flachen Talgrund sehen können. Eine erfreuliche Überraschung erwartet uns hier, denn oberhalb des Grundes, für das Hochwaser des Gletscherbaches nicht mehr erreichbar, stehen ein paar solide Steinhütten. Rasch gehen wir hinüber, um die größte in Augenschein zu nehmen. Sie ist mit einer doppelten Lage von Bambusmatten gedeckt, die durch große Steine beschwert werden. In dicken Zapfen schwingt eine grobe Holztür, die Fugen in den Trockensteinmauern sind mit Gras und Erde verstopft. Der dämmerige Innenraum erhält sein Licht nur durch die Türe und zwei winzige Fensternischen. Dieses Ghot erscheint uns, nach der primitiven Unterkunft der letzten Nacht, wie ein Palast. Zufrieden steigen wir wieder den Weg hinunter, um die übrigen Träger mit dem Gepäck zu holen.

Wenige Stunden später können wir darangehen, uns in der neuen Alm, die in etwa 4000 m Höhe liegt, wohnlich einzurichten. Wieder müssen die Kukris einen duftenden Wacholderteppich für den Boden herrichten und Brennholz zurechtschlagen. Ich kann mir nun erklären, weshalb die Hütte, in der wir zuletzt genächtigt haben, so primitiv ist. Sie wird von den Sherpahirten nur als Durchgangsstation benutzt, wenn die Herden hinauf zu den eigentlichen Hochalmen ziehen. Den Sommer über leben die Sherpas zusammen mit den Yaks und Tschauris, den Kreuzungen aus Yak und Rind, hier oben. Eine dicke Lage getrockneten Yakdungs in einer Ecke des Ghot zeugt davon, daß die Yakkälber mit den Menschen unter demselben Dach wohnen dürfen. Bald haben wir es uns in der neuen Hütte bequem gemacht, ein prasselndes Feuer brennt in der Kochecke. Diesmal plagt uns der Rauch nicht, denn er kann durch ein Loch am Giebel unter den Bambusmatten ins Freie ziehen. Nach dem vergangenen Abend eine wahre Wohltat!

Ich trete vor die Tür und schaue talaufwärts zu den schweigenden, unnahbar majestätischen Bergen. Am Fuß der Gletscher dort oben soll der Dhud-Kund-See liegen, den ich besuchen will. Als die Leute im Tal mich vor ein paar Tagen fragten, weshalb ich ausgerechnet im Winter in das einsame Hochtal zöge, habe ich ihnen erklärt, daß ich eine Pilgerfahrt zu diesem heiligen Gewässer unternehmen wolle. Das hat ihnen eingeleuchtet, denn ein Vorhaben, das zur Ehre der Götter oder zur Mehrung der eigenen Erkenntnis dienen soll, wird von den Menschen in den Himalayabergen immer anerkannt. Hätte ich ihnen allerdings von der Neugier nach dem Unentdeckten erzählt, das uns Europäer in unbekannte Hochtäler und auf unbetretene Gipfel treibt, so hätten die Dorfbewohner zwar höflich gelächelt, mich jedoch insgeheim für ein bißchen verrückt gehalten.

Der Talboden liegt bereits im Schatten. Die Abendsonne vergoldet die Eis- und Firnfelder, ehe sie für den heutigen Tag Abschied nimmt. Rötlich-violett leuchtet der Schnee auf und überzieht sich dann mit einem kalten Violettblau,

Über die Moräne vor dem Numbur führt der Weg zum Dhud-Kund.

dessen Anblick allein schon frösteln macht. Aus der Hütte quillt ein dünnes Rauchwölkchen, und man hört das vertraute Murmeln von Stimmen. Rasch gehe ich zurück an das wärmende Feuer, denn die kalte Wucht der Berglandschaft ist kaum zu ertragen.

Meine fünf Burschen hocken um das Feuer und lachen mir vergnügt entgegen. »Heute gibt es Nepali-Kana, Nepalesisches Essen, Sahib«, sagt Khale, »Reis mit viel scharfem Chilli, ein wenig getrocknetes Yakfleisch und hinterher Tsampa mit Tee, Butter und Zucker.«

Wir leben genügsam, denn alle Nahrungsmittel müssen wir heraufschleppen. Es erstaunt mich jedesmal, wie ausgeglichen und zufrieden sich meine Leute jeder Situation anpassen. Unsere neue Behausung haben sie sofort als Wohnung angenommen, und sie fühlen sich offensichtlich wohl hier. Es tut gut, mit diesen freundlichen Menschen zusammenzuleben, doppelt gut, weil man in der abweisenden Hochgebirgslandschaft mit jemandem reden und lachen kann. Ich hocke mich zum Feuer und halte die klammen Hände darüber. Bald entspinnt sich eine Unterhaltung, die mit Scherzworten und gutmütigem Spott gespickt ist. Für einen Uneingeweihten wäre es nicht leicht, Sahib und einheimische Träger voneinander zu unterscheiden, zumal wir alle warme Höhenkleidung tragen. Ich liebe diese fröhlichen Gespräche am Feuer, die den Kontakt mit meinen Gefährten vertiefen und bei allem Vergnügen eine Menge Wissenswertes für mich bringen. Heute erzählt Damai, daß die Bewohner seines Heimatdorfes gute Stockfechter seien. Bei einem Streit suche ein geübter Fechter Rückendeckung, am besten Rücken an Rücken mit einem Kameraden. Wenn man einen kräftigen Holzprügel rasend schnell in der Hand herumwirbeln ließe, könne man sich auf diese Weise einer Übermacht erwehren. Er habe mit seinem Bruder zusammen einmal zwanzig Angreifer in Schach gehalten. Damai schneidet bei seinen Erzählungen gern ein wenig auf, und seine Kameraden hänseln ihn sogleich mit seinem angeblichen Mut. Neckereien und Lachen halten uns in guter Stimmung.

Man geht früh schlafen, wenn man in einem Ghot wohnt, aber man steht dafür morgens frühzeitig auf. Bereits um 6 Uhr sind Jasman und ich, nach einem ausgiebigen Frühstück aus Tee, Tsampa und Butter, unterwegs zum heiligen See. Das großartige Hochtal zieht meine Blicke immer wieder vom Pfad ab, so daß ich manches Mal stolpere. Zwischen Steinblöcken, die dick mit dunkelgrünen, grauen und gelben Flechtenmustern überzogen sind, klettern wir keuchend auf den Kamm einer riesigen Moräne. Das Steigen wird mühsam, denn die Luft in viereinhalbtausend Metern Höhe ist schon recht dünn. Von der Moräne sehen wir auf ein altes Gletscherbett hinunter, in das der Moränenrand steil abbricht. Reste von Alteis liegen darin. Das schwarzgähnende Loch eines übriggebliebenen Gletschertores läßt die ungeheuren Ausmaße des Gletschers ahnen. Wir steigen weiter hinauf. Die Landschaft verharrt in tiefem Schweigen, das nur hin und wieder durch fernes Poltern der Eislawinen in den Wänden von Numbur und Kariolung unterbrochen wird.

Der Weg erscheint uns endlos. Ich beginne an der Existenz des heiligen Sees zu zweifeln, als er plötzlich hinter einer kleinen Stirnmoräne vor uns liegt. Wie ein Gefäß mit gefrorener Milch, denn das milchiggrüne Wasser ist zu einer Eisschicht erstarrt. Er ist nicht groß, etwa 500 m lang und 300 m breit. Fast senkrecht über ihm türmen sich die Wände, deren himmelstürmende Wucht einem die Sprache verschlägt. Wir sind fast 4700 m hoch, wenige hundert Meter über dem See beginnen schon die Gletscher.

Am Rande des Sees hat man ein paar einfache Steinhütten errichtet, Unterkünfte für die Pilger, die zu diesem heiligen Ort wallfahren. Alljährlich findet hier oben ein religiöses Fest statt, zu dem die Menschen von weither kommen, viele sogar aus Indien. Am Ufer liegen Unmengen von eisernen und kupfernen Dreizacken herum; kleine, kaum handlange und große, von einem halben bis einem Meter Länge. Der Dreizack, der heilige Trisula, ist ein Attribut Shivas in seiner Erscheinung als Held. Die Anhänger dieses Hindugottes, der Zerstörungs- und Schöpferkraft gleichermaßen in sich vereint, haben die Symbole in frommer Verehrung geopfert und sogar Geld als Opfergaben in das Wasser geworfen. Man kann viele Münzen auf dem Grunde schimmern sehen. Kein Mensch käme hier je auf den Gedanken, sich dieses Geld zu holen und mit solchem Frevel den Zorn des Gottes auf sich zu lenken.

Wir lassen uns auf einem großen Stein nieder und stärken uns mit etwas Tsampa. Immer wieder zerreißt das jähe Knacken und Krachen des gefrorenen Sees die feierliche Stille. Mir fällt die Erzählung des alten Sherpabauern Norbu aus Ringmo ein, der gesagt hat, hier oben zwischen den Gletschern hause ein Asket. Er sei schon über 100 Jahre alt und verharre, nur in dünne Lumpen gekleidet, in tiefer Meditation. Der Platz, auf dem er sitze, sei mit blutrotem Schnee bedeckt. Kein Mensch wisse, wo er sich befände. Wenn aber einmal ein Mensch dem Asketen begegnen sollte, so müsse er ihm als Schüler und Diener folgen und ebenfalls in der unwirtlichen Eiswildnis leben. Eine Vorstellung, die abschreckend genug ist, um etwa nach dem heiligen Mann zu suchen.

Wieder werden wir vom Dröhnen einer Eislawine in der Wand über uns aufgeschreckt. Jasman wirft einen scheuen Blick auf die Bergflanken:

»Es ist nicht gut, Sahib, allzu lange in dieser Jahreszeit am Dhud-Kund zu verweilen. Der Gott könnte zürnen und uns strafen.«

Mir selber wird der Ort auch unheimlich. Das Singen und Klirren des Eises klingt wie Dämonengelächter. Ein kalter Hauch weht von den Gletschern herunter. Rasch und schweigend verlassen wir den See und wechseln erst wieder ein paar Worte, als wir ein gutes Stück die Moräne hinuntergeeilt sind.

Mit frohem Hallo werden wir bei der Hütte von den Gefährten begrüßt. Die kalten Schatten des Abends fallen über das Tal. Im Ghot warten Essen und Trinken. Wir setzen uns ans Feuer und erzählen unsere Erlebnisse. Gleich nach dem Essen suchen wir das Nachtlager auf. Bald kündet tiefes Atmen und rollendes Schnarchen, daß meine Träger entschlummert sind. Ich selbst kann noch keinen Schlaf finden. Eine seltsame Beklemmung hält mich wach, ich wälze mich in meinem Schlafsack hin und her. Schließlich sinke ich in einen unruhigen Schlaf.

Da stößt eine heftige Windbö gegen die Tür und rüttelt daran. Als sei das ein Zeichen, folgen weitere Windstöße, und innerhalb weniger Minuten tobt und saust es um die Hütte, als sei die Hölle losgelassen. Wie ein wildes Tier springt der Sturm die Tür an, daß sie ächzt und stöhnt. Zwischen den einzelnen Böen bleibt es einen Augenblick ruhig, als hielten die Windgötter den Atem an, um gleich darauf umso ungestümer loszublasen. Die Hütte bebt unter dem Ansturm des Windes, das Dach knarrt und knistert.

Plötzlich höre ich ein scharfes Reißen. Dumpfes Poltern folgt, dann klafft eine breite Lücke über mir, durch die ein paar Sterne hereinscheinen. Der Sturm ist unter das Dach gefahren, hat eine Bambusmatte losgerissen und den großen Stein heruntergeworfen, der darauf lag. Jetzt hat er eine Angriffsfläche gefunden, und ich befürchte, daß er uns im Nu das ganze Dach über dem Kopf abdecken wird. Hastig krieche ich aus dem Schlafsack, verfange mich in der Eile in der Decke und suche nach meiner Taschenlampe. Ich gehe hinüber zu den Trägern und rüttele Jasman wach. Die Kerle schnarchen bei dem Toben, als sei es die friedlichste Nacht. Verschlafen blinzelt mich Jasman an, dann aber begreift er blitzschnell und weckt die anderen. Ich bedeute ihnen, daß wir hinaus müssen, um das Dach zu retten. Die Träger zögern einen Augenblick, und Bahamandur zieht ein bedenkliches Gesicht.

»Bei dem Wind ist es gefährlich«, sagt er, »der Gott ist erzürnt und hat den Yeti geschickt. Der läuft jetzt draußen herum. Wenn er einen Menschen erblickt, wird er wütend und tötet ihn.«

Auf mein Zureden entschließen sich die Fünf aber doch, mir hinauszufolgen, und in wenigen Minuten ist das Dach repariert. Wir legen einige besonders dicke Steinblöcke darauf und binden es mit einer Schnur zusätzlich fest. Jetzt kann nichts mehr passieren. Die Windstöße kommen mit einer Heftigkeit, daß sie uns fast umwerfen. Es sind Fallböen, die auf nur 10 km Luftlinie vom Numbur aus 7000 m Höhe herunterstoßen und mit ungeheurer Wucht über den Talboden fegen. Dabei erwärmen sie sich stark. Am nächsten Morgen zeigt sich bei der Kontrolle des Minimumthermometers, daß die Sturmnacht um 10 Grad wärmer war, als die vorhergehenden Nächte.

Nachdem das Dach gerettet ist, schlüpfen wir wieder in unsere sichere Behausung. An Schlafen ist jedoch nicht mehr zu denken. Deshalb bläst Khale in die Glut und wir hocken uns um das Feuer. Ich frage Bahamandur, was er über den Yeti wisse und warum der gerade heute auf den Beinen sein soll.

»Wenn der Wind so stark bläst«, sagt der Träger, »ist der Gott des Dhud-Kund unwillig und schickt seine Yetis, die hoch oben bei den Gletschern wohnen. Sie streifen über die Almen, und es ist besser, ihnen nicht zu begegnen. Sie können beim Anblick eines Menschen sehr wütend werden und ihn töten.«

Ich frage Bahamandur, ob er schon einmal einen Yeti gesehen habe.

Er nickt nachdrücklich mit dem Kopf. »Es war nicht weit von hier«, sagt er, »mein jüngerer Bruder und ich wollten mit Waren nach Namche Bazar und kamen kurz vor einem Pass in die Dunkelheit. So mußten wir unter einem großen Felsen übernachten. Es war Vollmond, und nachts weckte mich mein Bruder. Er flüsterte mir zu, daß ein Yeti um unser Lager streiche. Ich bemerkte, wie er vor Angst zitterte. Auch mir war nicht geheuer zumute. Ich streckte den Kopf hinaus ins Freie und fuhr sofort wieder zurück. Was ich dort sah, war grauenerregend. Eine riesige Gestalt stand aufrecht dicht vor unserem Felsen. Der Körper war mit bräunlichem Haar bedeckt, der Kopf lief oben spitz zu. Der Mund, mit einem fürchterlich blitzenden Gebiß, stand halb offen. Der Oberkörper mit den langen Armen pendelte leicht hin und her. Wir zwei wagten nicht, zu atmen. In Gedanken versprach ich dem Gott des Dhud-Kund einen schönen Trisula aus reinem Kupfer, wenn er uns rette. Als sei mein Stoßgebet erhört worden, drehte sich die unheimliche Gestalt vor unserem Lager plötzlich um und verschwand, leicht vornübergebeugt laufend, zwischen den Rhododendronbüschen. Wir hörten den Yeti noch eine Weile knacken und schnaufen. Wir atmeten tief auf, und sobald sich im Osten über den hohen Schneebergen der erste helle Streifen zeigte, verließen wir schleunigst den unheimlichen Ort.«

Bahamandur stochert versonnen mit einem Stock in der Glut. Dann sieht er mich an und bemerkt mein zweifelndes Gesicht.

»Ich weiß«, sagt er ernst, »daß ihr Sahibs immer meint, wir hätten den Yeti nur mit einem Bären verwechselt. Aber wir kennen die Bären gut, und wir kennen den Yeti ebenso gut. Es gibt zwei Sorten, einen kleineren, der bis in die Wälder heruntersteigt und einen großen, der meistens hoch oben in der Nähe des Schnees lebt. Der, den mein Bruder und ich gesehen haben, war einer von den Großen. Man bekommt sie nur selten zu Gesicht. Ihr Sahibs werdet wohl nie einen Yeti sehen können. Er wittert euch, lange bevor ihr ihm nahekommt. Außerdem ist der Yeti ein Dämon, und ihr Sahibs seid viel zu wenig empfindsam, um Dämonen zu sehen. Das können nur wir Leute aus den Bergen.«

Vielleicht hat Bahamandur recht, und wir Europäer sind wirklich zu grob und gefühllos, um Dämonen oder ihren Abgesandten zu begegnen. Ich beschließe, morgen die Umgebung der Hütte nach Spuren abzusuchen.

Schon früh bin ich auf den Beinen und streife über den Talboden. Der Sturm hat aufgehört. Nur in der Höhe scheint er noch zu toben, denn von den Gipfeln und Graten des Numbur und Kariolung wehen riesige Schneefahnen in das Himmelsblau. Von hier unten sehen sie aus wie leichte Silberschleier. Die Wolkendecke, die in den letzten Tagen jeden Mittag wie ein unheimliches Tier das Tal heraufgekrochen kam und alles in eine Nebelsuppe einhüllte, ist weit nach Süden zurückgewichen. Ihre Ränder sind zerschlissen und ausgefranst, als habe ein mutwilliges Kind die Wolkenwatte zerfetzt. Immer wieder versuchen Wolkenbänke, nach Norden vorzudringen, doch der Höhensturm zerzaust sie und jagt sie davon. Der Jet ist da, der winterliche Höhensturm aus dem Westen! Mit seinem eisigen Atem wird er viele Wochen lang für sonniges Wetter sorgen. Ein paar Schneeflecken, die vom letzten Schneefall übriggeblieben sind, liegen hier und da zwischen den Steinen. Ich ziehe von einem zum anderen, auf der Suche nach Spuren. Ich finde eine ganze Menge, aber sie sind mir bekannt. Da sind die kleinen Pfotenabdrücke der Pfeifhasen, alle vier dicht beieinander. Da ist eine Fuchsfährte, die Spur eines Wiesels, und an einer Stelle stehen frische Abdrücke eines Schneeleoparden im Schnee. Von der unbekannten Fußspur eines großen Lebewesens ist nichts zu entdecken. Ich erzähle das meinen Gefährten, und sie nicken zufrieden. Da sei meine Pilgerfahrt zum heiligen See gnädig aufgenommen worden, meinen sie, der Sturm heute nacht könne nur eine Warnung gewesen sein.

Unser Besuch im Dhud-Kund-Tal geht zu Ende. Bei strahlendem Sonnenschein verlassen wir das Ghot, in dem wir Unterschlupf gefunden und uns richtig heimisch gefühlt haben. Meine Gefährten stimmen ein übermütiges Lied an. Als wir den Tannenwald erreichen, bleibe ich stehen. Noch einmal geht der Blick zurück in das Tal, an dessen Ende ein stiller, kleiner See dicht vor gewaltigen Eiswänden liegt. Riesige Schneefahnen hängen an den Graten, wirbeln auf, vergehen und entstehen von neuem. Wie eine Fanfare tönt der Balzschrei eines Glanzfasans durch den Rhododendronwald. Ich reiße mich von dem Anblick los und stürme mit großen Schritten den Weg hinunter, um meine Gefährten einzuholen.

22 Jahre später bin ich im Herbstmonat Oktober wieder in der Landschaft Solu unterwegs, um den heiligen See Dhud-Kund ein zweites Mal zu besuchen. Ich wandere zusammen mit meiner Frau Margret, meinem Bruder Klaus, seiner Frau Karin und 4 jungen Medizinerfreunden auf den altvertrauten Pfaden von damals. Ich bin gespannt, wie ich alles wiederfinden werde, ob sich viel verändert hat, ob ich die alten Plätze noch erkennen werde. Wir sind auf dem Aniko Highway bis Bharabise gefahren und dann aufgestiegen zum Tingsang La. Wir sind durch prächtigen Eichen-Rhododendron-Wald vom Paß herabgewandert, immer mit dem Blick auf den Gaurisankar und die Rolwalingberge. Wir haben den Berghang gequert, der völlig aus Talkum besteht, und wir stehen jetzt im Hof der Gompa von Bigu. Ich bin überrascht, alles genauso wiederzusehen, wie ich es von meinem ersten Besuch her in Erinnerung habe. Da stehen die Tujenbäume an der Klostermauer, da schließen die Wohnhäuser des Mönchs- und des Nonnenklosters an den Tempelbereich an, da liegt neben dem Haupttempel der mit Steinplatten gepflasterte Platz, auf dem ich im November 1961 die Maskentänze des Mani-Rimdu-Festes erlebt habe. Wie in jenen Tagen sitzen wir in der Klosterküche und lassen uns von einer freundlichen Nonne mit Buttertee bewirten. Das Abendessen, das unser Koch Pemba in dem Haus gekocht hat, in dem ich seinerzeit wohnte, nehmen wir auf der Vorveranda der großen Versammlungshalle ein. Die 4 Himmelswächter und der

Schutzgott mit dem Lebensrad an der Verandawand scheinen mich mit wiedererkennendem Lächeln zu begrüßen. Mir ist, als sei die Zeit stehen geblieben, als sei ich erst in der letzten Woche von hier fortgegangen. Das einzige, was ich vermisse, ist mein Freund der Abt von Bigu. Er ist mit den meisten Mönchen nach Westnepal verreist.

Auch auf dem weiteren Weg von Bigu nach Jiri hat sich wenig verändert. Ich erkenne sogar viele Häuser am Wegrand wieder, darunter das schöne Gehöft von Netra Bahadur Tschetri. Ich bringe es allerdings nicht über mich, dort hineinzuschauen, denn ich fürchte, die vertrauten Menschen von damals nicht wiederzufinden. Die Hängebrücke, die sich tief unten im Tal bei der Ortschaft Biguti über den Tamba-Kosi – den »Kupfer-Fluß« – spannt, wirkt noch genauso verfallen wie vor 22 Jahren. Der Bergwald über der Tamangsiedlung Yarsa sieht mit seinen kräftigen Jungbäumen im Unterwuchs allerdings eher gesünder und gut bewahrt aus. Schließlich erreichen wir, unter dem Gipfel des Hanumante hindurchziehend, Jiri. Als wir den breiten, unbewaldeten Bergrücken von Westen her hinunterlaufen, stutze ich. Ist dies noch das Jirital, das ich kenne? Das Tal vor mir hat sich völlig verändert. Auf einem Hügel ist eine kleine Basarstadt entstanden. Im Talgrund wurde eine Flugpiste für Flugzeuge bis zu der Größe einer Twinotter angelegt. Verwaltungsgebäude, ein Forstwirtschaftsinstitut, der Gebäudekomplex einer Mittelschule, hotelartige Lodges stehen dort, wo ich einfache Häuser der Jirelbauern in Erinnerung habe. Man hat dieses Tal, in das gerade mit schweizer Hilfe eine Autostraße gebaut wird, entwickelt; sein ursprünglicher Charme ging dabei verloren.

Gleich hinter Jiri findet man die Landschaft wieder unverändert. Wir queren den Tschangma-Deorali-Paß, auf dem einige einfache Herbergen gebaut wurden und von dem man einen weiten Blick hinüber zum Aussichtsberg Pike genießt. Im tief eingeschnittenen Talboden des Liku-Kola-Flußes beobachten und fangen wir einige Felsenagamen mit dunkelgrauer, hellgelb gesprenkelter Körperfärbung. An allen stark besonnten Felshängen entlang unseres Wanderweges kann man diese Sonnenanbeter finden. Steil geht es von der Liku-Kola hinauf zum Sherpakloster Sete, das so einsam und verlassen wirkt wie ehedem und weiter durch einen geisterhaft bizarren Rhododendronwald auf den 3500 Meter hohen Lamjura Banyang. Der Boden ist übersät mit den leuchtend blauen Blüten des Trompetenenzians, der dem kurzstengeligen Enzian in den Alpen ähnelt und der erst im Herbst blüht. An langen Stangen flattern bunte Gebetswimpel im Wind. Von der Paßhöhe eröffnet sich das Solu, eine Landschaft, die mit ihren dichten Tannen-Rhododendron-Wäldern und ihren sanfter geneigten Hängen ein wenig an den Schwarzwald erinnert. Der kalte Wind treibt uns vom Paß herunter in die Wälder, und nach nur zwei Stunden Marsch liegt das Dorf Junbesi vor uns. Hier hat sich in der langen Zeit, seit ich den Ort und das Tal verlassen habe, kaum etwas geändert. Dort stehen hinter den Häusern immer noch die beiden hohen Tränenkiefern, der weiße Tschörten am Dorfeingang grüßt den ankommenden Wanderer, die Wälder an den Hängen scheinen unversehrt. Lediglich einige neue Häuser wurden gebaut; ein Laden, eine Schule, eine kleine Krankenstation, ein paar Rasthäuser. Aber die rot angestrichene Gompa erhebt sich wie früher im oberen Dorfteil und ich erkenne Tendi Lamas Haus mit den bunten Papierfensterscheiben, in dem ich viele Wochen wohnen durfte.

Junbesi ist der zentrale Ort in der Landschaft Solu, die man als das eigentliche Stammland des Sherpavolkes bezeichnen muß. Eine Stunde Fußmarsch talaufwärts gegen den Numbur zu haben die Sherpas ein neues Kloster, die Thubten Tschöling Gompa, für den hochverehrten Tuschi Rimpotsche gebaut, den ich 1961 in Tschiwong Gompa besuchte. Wir wollen den hohen Geistlichen aufsuchen und pilgern zu dem großen Kloster, das versteckt hinter Tannen- und Wacholderbäumen in einem Seitental liegt. Tuschi Rimpotsche können wir nicht sehen, denn er hat sich für einige Wochen zu einsamer Meditation in seine Privatgemächer zurückgezogen. Aber wir nehmen an der Morgenrezitation der etwa 80 Mönche und Nonnen im blitzsauberen Dhukang teil, wir ehren die Statue des heiligen Padmasambhava durch die drei Niederwerfungen am Altar und wir lernen Sang-Sang Rimpotsche kennen. Der liebenswürdige, junge Mönch läßt uns in der Küche mit Buttertee bewirten und unterhält sich lange mit uns. Die Steinplatten des Hofes sind bedeckt mit Bambustabletts, auf denen Yakkäse und Mais trocknen. Wir sitzen auf den Stufen vor dem Tempel und spielen mit den beiden jungen Apsohunden von Sang-Sang Rimpotsche. Die wuscheligen Wollknäuel lassen sich voll Behagen von uns kraulen und liebkosen. Sie werden gut gepflegt und heiß geliebt; ein Ausdruck der liebevollen Zuwendung zur Mitkreatur, die von den zentralasiatischen Buddhisten erwartet wird.

Von Junbesi aus wollen wir zum Dhud-Kund See aufsteigen, dem letztendlichen Ziel unserer Wanderung. Wir benutzen diesmal eine andere Route als diejenige, die ich vor vielen Jahren hinaufwanderte. An Mobung vorbei kommen wir zu den weit verstreuten Häusern von Phungmotsche und biegen hier in ein bewaldetes Tal nach Norden ein. Im strömenden Regen, der an der Baumgrenze in Schneefall übergeht, verfehlen wir den richtigen Weg zu einem Almgrund, auf dem wir nächtigen wollen. Die Träger sind mit dem Führer aus Junbesi, der uns den Weg weisen soll, zurückgeblieben. Es stellt sich später heraus, daß sie den richtigen Aufstieg finden. Wir Sahibs stoßen inzwischen kurz über der Waldgrenze auf eine Alm, wo uns ein alter Sherpahirte erklärt, wie wir unseren vorgesehenen Zeltplatz finden können. Es folgt eine lange Hangquerung durch pitschnasse Rhododendron- und Wacholderbüsche. Wie Dämonentiere tauchen einige verschneite Yaks aus dem Nebel auf. Unbeweglich stehen sie da, eine Schneedecke auf ihrem zottigen Fell, das sie vor Kälte und Nässe bestens schützt. Schließlich erreichen wir in der Abenddämmerung doch unseren 4000 Meter hoch gelegenen Almboden. Die Küche und einige Träger sind schon dort und haben sich in den Steinhütten wohnlich eingerichtet. Wir lassen den frierenden Trägern heißen Tee reichen und sorgen dafür, daß sie in ihrer Schlafhütte ein wärmendes Feuer bekommen. In unserer Küchenhütte wird es dann noch richtig gemütlich. Trotz Rauch und einigen tropfenden Löchern im Dach sind wir guter Stimmung, lassen uns das Abendessen schmecken und unterhalten die Sherpas mit alpenländischen Liedern.

Am nächsten Morgen sind die Wolken wie weggeblasen, und ein strahlender Tag zieht herauf. Nach einer Stunde erreichen wir einen 4300 m hohen Paß, der ins Dhud-Kund-Tal führt. Ein überwältigender Blick erwartet uns. Eine Kette von Eisbergen baut sich vor uns auf und reicht vom Numbur und Kariolung über die südlichen Khumbuberge bis zum Makalu. Wir wissen nicht, was uns mehr in Erstaunen versetzt, die hohen Gipfel oder der Teppich von blauen Enzianen am Boden, der das Himmelsblau auf den Wiesenboden herabgeholt hat. Nur langsam setzen wir uns wieder in Bewegung und schlendern in den Talgrund hinab, der vor unseren Füßen in der Sonne liegt. Ich erkenne alles wieder: den klaren Bach, über den eine einfache Holzbrücke führt; die Almhütte aus Trockensteinmauern, in der ich damals gehaust habe; den schmalen Pfad, der über die Moräne gegen das Talende führt. Schneeweiß und gleißend erhebt sich über der Alm und dem Tal der Pyramidengipfel des fast 7000 Meter hohen Numbur; direkt daneben die breite, mächtige Felsenkuppe des Kariolung, auch weit über 6000 Meter aufragend. In 4000 m Meereshöhe sollen hier für zwei Tage unsere Zelte stehen, von hier wollen wir zum heiligen See hinaufpilgern. Die Almhütten dicht unterhalb unseres Lagers sind noch besetzt. Yakkühe grasen davor und werden am Abend von einer Sherpafrau gemolken. Als wir später dort einen Besuch abstatten, bitten uns die Hirten in ihre Behausung und bewirten uns mit heißer Yakmilch. Ich überreiche ihnen als Dank und Gastgeschenk ein Foto des Dalai Lama, was bei den frommen Buddhisten große Freude auslöst. Mit meinen Kenntnissen der nepalesischen Sprache und dem bescheidenen Gastgeschenk ist es leicht, eine Brücke zu diesen freundlichen Menschen zu schlagen.

Anderntags ist es soweit. Wir verlassen das Lager, sobald die ersten Sonnenstrahlen die Zelte treffen. Rasch steigen wir bergauf und erreichen nach zwei Stunden das Ufer des Dhud-Kund-Sees. Ich habe ihn mit einer grauweißen Eis-

decke bedeckt in Erinnerung, denn damals war es Winter. Heute ist er eisfrei, seine Wasseroberfläche leuchtet türkisblau. Wir sind den Gletschern und Gipfeln von Numbur und Kariolung jetzt so nahe, daß wir den Kopf in den Nakken legen müssen, um hinaufzublicken. Eine spanische Bergsteigerexpedition ist dort oben unterwegs, aber wir erfahren später, daß sie wegen schlechter Schneeverhältnisse den Gipfel nicht erreichen konnte. Margret, Karin, Klaus und ich gehen um den Dhud-Kund herum bis an sein Nordende. In einer Bucht liegt feiner Schwemmsand, und hier machen wir Mittagspause. Der See atmet eine heilige Ruhe und füllt unsere Gemüter mit Gelassenheit. Ein Ort, der einer Pilgerreise würdig ist. Unsere jungen Medizinerfreunde sind inzwischen auf der anderen Seeseite etwas den Hang hinaufgestiegen. Klaus und ich erklimmen gemeinsam mit ihnen ein verschneites Geröllfeld, während unsere Frauen ins Lager auf dem Almboden zurückgehen. Wir klettern durch den Blockhang bis auf einen Gratkopf in 5100 m Höhe und sitzen dort lange in der Sonne. Tief unter uns grüßt das ovale Türkisauge des Dhud-Kund-Sees, gegenüber öffnen sich imposante Blicke in die Eiswände des Numbur. Erst als Wolkenfelder von Süden heranrücken, steigen wir über breite Schrofenbänder in ein kleines Seitental ab. Blühender Rittersporn begleitet unseren Weg, und an einer Stelle finden wir Bergkristall und Turmaline im bröckeligen Gestein. Als wir am Nachmittag zu den Zelten zurückkommen, hat sich meine innere Spannung gelöst. Viele Jahre lang habe ich vom Dhud-Kund-See gesprochen, habe mich zu ihm zurückgesehnt. Jetzt habe ich ihn wiedergesehen, er ist uns allen vertraut geworden, und ich konnte ihn meiner Frau und meinem Bruder zeigen.

Wir wandern dann noch einige Tage durch das Sherpaland. Am Taxindupaß queren wir die Hauptroute, die von Kathmandu in das Khumbugebiet führt. Wir treffen hier viele Trekker aus westlichen Ländern, die alle zum Everest-Basecamp wollen. An manchen Tagen sind es sicherlich an die 50 Menschen, die über den Paß kommen. Der Gedanke an die Touristenmengen, die sich dort oben drängeln, läßt uns schaudern. Wir genießen die stillen Wege im Solu. In den Wäldern aus Hemlocktannen und Tränenkiefern entdecken wir Waldagamen, deren Männchen grasgrün, deren Weibchen aber braun wie trockenes Laub gefärbt sind; eine Anpassung an das Laubsubstrat des Waldbodens, in das die Weibchen ihre Eier legen. Überall neben den stattlichen Häusern unterhalb von Ringmo haben die Sherpas Apfelbäume gepflanzt, die reichlich Frucht tragen. Die Apfelplantagen sind eine Neuerung und eine Bereicherung der landwirtschaftlichen Erzeugnisse, die man vor 22 Jahren im Sherpaland noch nicht kannte. Wir kosten die Äpfel und finden sie voll Saft und herber

Direkt unter dem Gletscher des Numbur liegt der heilige See.

Süße. Von der Ortschaft Loding steigen wir schließlich zum Berg Pike auf. Um 5 Uhr früh verlassen wir noch in der Dunkelheit unser Waldlager in 3600 m Höhe und suchen im Schein der Taschenlampe unseren Weg durch die Rhododendronwildnis. Um 7 Uhr stehen wir in der Morgensonne auf dem kahlen, etwa 4100 m hohen Pikegipfel und betrachten atemlos vor Staunen ein gewaltiges Panorama. Man sieht hier 8 Achttausender auf einen Blick, mit einer Kopfdrehung von Dhaulagiri und Annapurna im Westen über Manaslu, Shishapangma, Everest, Lhotse und Makalu bis zum Kangtschendzönga im Osten. Lediglich der Cho Oyu ist von Numbur und Kariolung verdeckt. Nur schwer können wir uns von diesem wohl eindrucksvollsten Panorama im Himalaya losreißen. Unsere unbeschwerten Wandertage klingen schließlich aus in der Begegnung mit einer gastfreien Sherpafamilie im Dorf Goli Gyapso. Einen Abend lang sitzen wir, zusammen mit unseren Sherpabegleitern, in der Küche unserer Gastgeber, trinken Tschang und Buttertee und spinnen einen langen Gesprächsfaden. Der Hausherr ist ein nachdenklicher Mann mit feinen Gesichtszügen; die Mutter dirigiert und lenkt in unauffälliger Weise alle Arbeiten in der Küche; der Sohn studiert an der Tribhubanuniversität und die ältere Tochter leitet in Kathmandu eine Teppichwerkstatt, beide besuchen in den Ferien ihr Elternhaus; die jüngere Tochter ist Nonne, ein stilles und freundliches Mädchen, mit hohen Backenknochen und schönen, dunklen Augen. Alle waren schon in Kathmandu und so ist die Aufgeschlossenheit dieser Menschen den Fremden und ihren Erzählungen gegenüber verständlich. Wir fühlen uns wohl bei den selbstbewußten Sherpas, die in der Abgeschiedenheit der Soluberge zu Hause sind, aber doch wissen, was in der weiten Welt draußen vor sich geht.

Rund um die Annapurna

»Sieht sie nicht aus wie eine Prinzessin? Welch schöne Kleider sie trägt; wie glatt und sauber ihre Haut ist!« Wie Spatzen auf der Stange sitzt eine Schar Nepalikinder auf der Mauer hinter unserem Rastplatz und tauscht Beobachtungen über die fremden Touristen aus, die da im Schatten eines großen Feigenbaumes lagern. Hauptziel der schnatternden Neugier auf der Mauer ist unser dreijähriges, tibetisches Töchterchen Dolma, das mit meiner Frau und mir, ihren halbwüchsigen Brüdern Peter und Jakob, sowie Onkel, Tante, Kusine und zwei Freunden der Familie aufgebrochen ist, die Annapurna zu umwandern. Selbstverständlich muß Dolma dies nicht mit ihren eigenen Beinchen tun, sondern sie legt den Weg in einem Bambuskorb auf dem Rücken ihrer Sherpa-Kinderfrau Ang Dali zurück. Auf die Menschen Nepals und vor allem auf die Kinder, wirkt sie wie ein Wesen aus einer anderen Welt, denn obwohl sie den Zentralasiaten ähnlich sieht, trägt sie europäische Kleider, spricht Deutsch und gehört ganz offensichtlich zu uns Fremdlingen. Wir wollen zunächst das Marsyandital aufwärts gehen, dann über den mehr als 5000 m hohen Torong-Pass, drüben durch das Kali Gandaki-Tal wieder hinunter und zurück nach Pokhara auf der Südseite der Annapurna. Wir sind mit der gesamten Familie unterwegs und diese Tatsache wird uns einen besonderen Zugang zu den Menschen Nepals eröffnen, denn nur selten reisen die europäischen Touristen mit ihren Kindern an. Ich erinnere mich an die Worte eines nepalesischen Gesprächspartners aus dem Jahre 1962, als er mir kurz vor meiner Rückreise nach Europa sagte: »Wer weiß, vielleicht besuchen Sie uns nach ein paar Jahren wieder mit Ihren Kindern. Wir freuen uns, wenn die Besucher mit ihren Familien, mit Frau und Kindern in unser Land kommen«. Jetzt ist es soweit; die Voraussage von damals hat sich bewahrheitet, und ich bin 18 Jahre später mit meiner Familie wiedergekommen.

Wegen der Schulferien fällt unsere Wanderung in die Monsunzeit. Dies bedeutet, daß wir oft kräftig eingeweicht werden, dies bedeutet aber auch, daß das ganze Land von üppigem Pflanzenleben strotzt. Auf den Terrassenfeldern steht der Reis im Wasser. In den Waldstücken, die wir queren, sind die Stämme dicht von Philodendren und anderen Schlingpflanzen überzogen, stecken blühende Orchideen mit ihren Bulben im Moos auf den Ästen. Wie ein Schwamm hat die Landschaft die Nässe aufgesaugt; überall tropft, rinnt und rauscht das Wasser zu Tal. Die hohe Luftfeuchtigkeit läßt einen die schwüle Tropenhitze doppelt fühlen. Wir sind in Dhumre am unteren Marsyandifluß in nur 450 m Seehöhe gestartet und wandern nun nach Norden flußaufwärts. Oft müssen wir auf den schmalen Erdwällen zwischen Reisterrassen balancieren, und zum großen Gaudium der ganzen Reisegesellschaft plumpst immer wieder jemand in das schlammige Wasser der Felder. Der Marsyandifluß unter uns tobt und brüllt wie eine reißende Bestie. Seine graubraunen Fluten schäumen und gischten über die Stromschnellen; bisweilen brechen sie sich mit unglaublicher Wucht an haushohen, im Flußbett liegenden Felsen. Der Fluß wirkt wie ein lebendiges Wesen, das nur durch die felsigen Ufer gebändigt wird. Von den Seitenhängen stürzen oft kleine Wasserfälle herab, herrliche Naturduschen, unter denen man sich während der Rasten erfrischen und waschen kann. Die hohen Berge des Lamjung Himalaya werden meist von Wolken verhüllt; nur ganz früh am Morgen geben sie gelegentlich und für wenige Minuten den Blick auf ihre Eisgipfel frei. Unser junges Volk genießt das Wanderleben ganz offensichtlich. Das Verhältnis zwischen unseren 15- bis 17-jährigen Kindern und den nur wenige Jahre älteren Sherpas ist ungezwungen und selbstverständlich. Junge Menschen finden leicht zueinander, sind noch nicht in das Korsett von Konventionen und Förmlichkeiten gezwängt. Es wird viel gelacht, und Neckereien gehen hin und her. Dordschi und Ongdschu spritzen Neli und Jocki beim Wasserfall pitschnaß, dafür rächen diese sich, indem sie heimlich schwere Steine in das Gepäck der beiden Sherpas praktizieren oder ein großes Büschel Gras in den Schlafsack von Rinji, unserem Sirdar, stopfen. Die Unterschiede zwischen Dienenden und Bedienten verwischen sich. Zwar hat jeder seine Position – die Sherpas tun ihre Arbeit und unsere jungen Leute ordnen sich dem Rhythmus des Wander- und Lagerlebens unter –, aber die Kommunikation verläuft auf gleicher, am Menschen ausgerichteter Ebene. Unserer Gemeinschaft bekommt diese Gleichwertigkeit des Verhaltens gut, wir verschmelzen rasch zu einer harmonischen Gruppe. Unsere kleine Dolma steuert das ihre zu dieser

Die dreijährige Dolma wird von ihrer Sherpa-Kinderfrau im Bambuskorb um die Annapurna getragen.

Entwicklung bei. Schon bald hat sie sich mit der Kinderfrau und den Sherpas angefreundet. Bei der Rast kämmt sie Ang Dalis lange, schwarze Haare; während des Marsches sitzt sie streckenweise und vergnügt krähend auf den starken Schultern von Ongdschu oder Bag Bir. Den Mangar Bag Bir hat sie besonders in ihr kleines Herz geschlossen. Es gehört zu ihren größten Vergnügungen, mit ihm zwischen den Zelten Verstecken zu spielen oder ihm zuzuschauen, wenn er mit dem Kukri an einem Holzstück schnitzt.

Auf dem Wege von Tschame nach Pisang wandelt sich die Vegetation. Die Wälder werden dichter und zusammenhängender. Eichen herrschen vor, dazwischen stehen Tränenkiefern und Fichten. Am Boden blühen Läusekräuter, Astern, Bodenorchideen, Springkräuter und die grünen, kobrakopfähnlichen Aronstäbe. Schmetterlinge, wie große, schwarze Schwalbenschwänze, Aurorafalter oder das Lebende Blatt, fliegen im Taumelflug durch das Geäst. Einmal rauscht eine Herde Languraffen in den Baumwipfeln am gegenüberliegenden Ufer. Übermütig springen und turnen die vielen Jungaffen auf den Kiefernzweigen herum, während der mächtige Leitaffe aufmerksam zu uns herübersichert. Wir erreichen die Durchbruchsschlucht des Marsyandi, wo er seinen west-ostwärts gerichteten Oberlauf nach Süden umbiegt und sich zwischen senkrechten Felswänden durch den Himalayahauptkamm hindurchzwängt. Am Ufer liegt ein weißer Granitklotz, den das Hochwasser zu einer modernen Skulptur ausgewaschen hat. Eine Holzbrücke aus Auslegerbohlen spannt sich hier über den Fluß. Unter ihr entdecken wir ein Büschel blühender Nepallilien; sie sind fast mannshoch und ihre nahezu faustgroßen Blütenköpfe erinnern an gelb-violett gefärbte Turbane. Wir queren die Brücke direkt an der Marsyandischlucht und erreichen nach einem kurzen Anstieg die Apfelfarm Bardang. Früher stand hier ein Militärlager der Kampas, der osttibetischen Guerillakrieger, die die Flucht des Dalai Lama aus Tibet gedeckt hatten und Mitte der 70-ger Jahre von der nepalesischen Armee aus Nepal vertrieben wurden. Die Holzbrücke, über die wir eben gekommen sind, wurde noch von den Kampas gebaut. Heute dient der Platz allerdings friedlichen Zwecken. Der Verwalter der Apfelfarm erzählt mir über dieses Projekt: »Mit 5 Panchayats – 5 Dorfgemeinschaften – des Manang-Distriktes haben wir hier etwa 12 000 Apfelbäume gepflanzt; mit der Erzeugung und Verarbeitung der Früchte wollen wir eine zusätzliche Einnahmequelle für unsere Dörfer erschließen. Um die Arbeit für dieses Projekt gerecht zu verteilen, müssen aus jeder Familie in jedem der fünf Dörfer eine Frau oder ein Mann 3 Tage im Jahr unentgeltlich in der Plantage Pflanz- und Pflegearbeiten leisten. Der erzielte Gewinn wird nach einem Schlüssel teils auf die beteiligten Haushalte aufgeteilt und teils für öffentliche Aufgaben verwendet. Derartige Hand- und Spanndienste besitzen in Nepal eine uralte Tradition und funktionieren auch heute noch reibungslos.« Ich bin beeindruckt von dem, was ich höre. Das traditionelle System gemeinschaftlicher Arbeitsleistung ist in diesem Schulbeispiel lokaler Privatinitiative wirklich sinnvoll eingesetzt worden. Dabei scheint die Arbeit Spaß zu machen, denn die Frauen und Mädchen, die gerade frische Setzlinge pflanzen, singen zur Pflanzarbeit ein fröhliches Lied.

Nach meinem Gespräch mit dem Verwalter der Apfelplantage und nach einem ausgiebigen Mittagessen aus gebackenen Kartoffelküchlein, Karottengemüse und Vanillepudding wandern wir durch die Schlucht und folgen dem nun nach Westen ansteigenden Pfad. Wieder hat sich das Landschaftsbild gewandelt. Die Eichenwälder sind weiter unten zurückgeblieben. Von einer Anhöhe aus blicken wir in ein weites Trogtal, das von lichten Kiefernbeständen bedeckt wird. Es duftet gut nach Kiefernharz und auf dem federnden Boden aus Kiefernnadeln geht man wie auf einem Teppich. Eine Beobachtung aber bestürzt uns. Immer wieder treffen wir auf umgeschlagene Bäume, die oft mannshoch über dem Boden abgehackt worden sind und deren hohe Strünke verfaulen. Meist ist nur ein einziger Balken aus dem Stamm geschlagen und das dicke Span- und Abfallholz bleibt einfach liegen, ohne als Brennholz verwertet zu werden. Viele Baumstämme und bisweilen ganze Baumgruppen sind schwarz verbrannt. Hier wird offensichtlich eine große Verschwendung mit dem kostbaren Rohstoff Holz getrieben, die nur auf Unwissenheit beruhen kann. Nicht die vielen durchziehenden Touristen sind es, die diese Verschwendung verursachen, sondern die einheimische Bevölkerung treibt solchen Raubbau an ihren Wäldern. Es ist sicherlich noch eine Menge Aufklärungsarbeit notwendig, um die bäuerlichen Menschen der Himalayatäler davon zu überzeugen, daß der Wald kein Feind, sondern ein wertvoller Energie- und Rohstofflieferant ist, mit dem man pfleglich umgehen muß.

Ein Stück oberhalb der Ortschaft Pisang liegen am Fuß der Annapurna einige kleine, klare Bergseen. Ich bin im vergangenen Jahr mit einer Reisegruppe vom Torong-Paß herunterkommend hier durchgezogen. Es war Mai und das Frühjahr hatte viele Bergbachfrösche an die Seen getrieben, wo die zwei Fingerglieder langen, schwarzbraunen Fröschchen eifrig Hochzeit hielten. Da die Aktivitätsperiode im Hochgebirgssommer kurz ist, müssen sich die Bergbachfrösche mit dem Laichen beeilen. Ich fand damals verpaarte und ablaichende Frösche, Kaulquappen in allen Entwicklungsstadien und frisch umgewandelte Jungfröschchen, die soeben vom Wasser abwanderten. Die Bergbachfrösche des Himalaya sind sogenannte »Schnellentwickler«. Am Laichgewässer angekommen, setzen sie sofort ihre Eier ab, aus denen nach wenigen Tagen die Kaulquappen schlüpfen, die wiederum in Windeseile heranwachsen und sich rasch in winzige Jungfrösche umwandeln. Alles ist in eineinhalb bis zwei Monaten erledigt. Als wir jetzt im Juli erneut an die Seen kommen, können wir keine Bergbachfrösche mehr entdecken. Sie sind längst wieder in ihre Sommerverstecke verschwunden.

Ein schneeweißer Tschörten kurz vor Pisang hat uns angezeigt, daß wir nun durch rein buddhistisches Land wandern. Am Nachmittag biegen wir dann um einen Bergvorsprung und stehen überrascht vor dem Dorf Bragha, das sich wie aus einem Baukasten zusammengesetzt an steilem Berghang emporzieht. Ein Haus scheint jeweils auf dem flachen Dach des unteren zu stehen. Ganz zuoberst über den Wohngebäuden stehen die rot und weiß getünchten Tempel der berühmten Bragha-Gompa. Der Dichterheilige Milräpa soll sie gegründet haben, und der mystische Padmasambhava, der dem Buddhismus zur Volksreligion verhalf, soll der Legende nach hier meditiert haben. Eine Schar Kinder läuft uns entgegen. Die größeren Mädchen tragen ihre kleinen Geschwister, die noch nicht richtig laufen können, im Tragtuch auf dem Rücken. Alle staunen über Dolmalein, die in ihrem Bambuskorb am Stirntragband von Ang Dali thront, auf der Mundharmonika bläst und gnädig von ihrer Höhe auf die Braghakinder herablächelt. Sie fühlt sich sicher hier oben, wo sie vor den neugierigen, kleinen Händen geschützt ist. Sie schätzt es gar nicht, wenn man sie betastet, um festzustellen, ob sie vielleicht doch aus Porzellan oder Tsampamehl besteht.

Wir stellen unsere Zelte auf dem Dorfanger vor den Häusern auf. Rinji tritt auf mich zu und sagt: »Im Tempel oben wird morgen ein religiöses Fest gefeiert. Die Lamas treffen heute schon alle Vorbereitungen. Wollen wir nicht nach dem Mittagessen hinaufgehen und ihnen zuschauen?« Wir stimmen sofort zu, und nachmittags steigen wir die unglaublich steile Dorfgasse hinauf, die eng und schmutzig zwischen den Häuserwänden zur Gompa emporführt. Im Dhukang, der großen Versammlungshalle, herrscht lebhaftes Treiben. Einige Lamas sind damit beschäftigt, aus Tsampa und Butter ganze Reihen von Tormas – Opferkuchen – zu formen. Einer hockt vor einem Holztrog, in dem er einen riesigen Teigklumpen knetet. Andere sitzen daneben, greifen sich ein Stück Teig und modellieren mit geschickten Händen die handlangen, stupaähnlichen Tormas. Dolma erregt auch hier freundliche Aufmerksamkeit. Sie darf sich auf die Sitzbank für die Lamas setzen, ein Mönch reicht ihr einen kleinen Teigklumpen und nun drückt und knetet sie nach Herzenslust. Wir anderen besichtigen inzwischen die Tempelräume. Im Dhukang stehen an den Wänden bemalte Tonfiguren von Buddhas, Bodhisattvas und Heiligen, darunter immer wieder Milaräpa mit der rechten Hand zwischen Ohr und Mund. So ruft er seine Gesänge weit über das Land. An den Stützpfosten in der Mitte des Raumes hängen Dämonenmasken, die man für die religiösen Tschamtänze braucht. Ein kleinerer Tempel, der Gönkang, ist den dämonischen Schutzgottheiten vorbehalten; Frauen dürfen diesen Raum nicht betreten. Schließlich bewundern wir in einem dritten Tempelgebäude eine riesige, vergoldete Figur des zukünftigen Buddha Maitreya, der hier nicht mit herabhängenden Beinen auf einer Bank sitzend, sondern ganz ungewöhnlich im Lotossitz dargestellt wird. Alle Statuen und Wandmalereien sind sehr alt und von hoher, künstlerischer Qualität. Als wir in den Dhukang zurückkehren, sitzt unser Mädelchen immer noch auf der Bank und knetet Tsampateig. Die Mönche und Nonnen sind entzückt von ihr, und einer hat für sie aus dem Teig einen kleinen Vogel geformt. Nur schwer bringen wir Dolma dazu, mit uns den Tempel zu verlassen und ins Dorf hinabzusteigen. Vom Dach eines Hauses ruft uns eine junge Frau zu: »Hallo Sahib! Warst du nicht letztes Jahr schon hier bei uns zu Gast? Sind dies nun deine Frau und deine Kinder? Komm herein und koste etwas von unserem guten Tschang!«

Es stimmt tatsächlich. Ein Jahr zuvor habe ich dieses Haus besucht. Erstaunlich, daß ich trotz der vielen, vorbeiziehenden Trekkingtouristen sofort wiedererkannt werde. Mit großer Freude begrüßt uns das Hausbesitzerspaar mit seinem Sohn und seinen beiden bildhübschen Töchtern. Sie staunen über unsere großen Buben und über die kleine Dolma. Ihre Freude ist echt und herzlich, denn man schätzt im Himalaya das Wiederkommen von früheren Gästen. Wir lassen uns auf der Dachterrasse nieder und finden den uns angebotenen Tschang so köstlich wie im Vorjahr. Da hängen auch die Fotografien meiner Familie und meiner Eltern, die ich beim letzten Besuch hier ließ, an der Fotowand des Hauses, umrahmt von Bildern der Hausbesitzersfamilie. Fotos sind in den Himalayatälern begehrt, man kann kaum ein beliebteres Gastgeschenk hinterlassen. Wir strecken die Füße von uns und genießen die friedliche Atmosphäre auf dem Dach. Auf der gegenüberliegenden Talseite sieht man gerade den untersten Teil eines gewaltigen Gletschers. Die Häupter der Annapurna-Eisriesen bleiben von Monsunwolken verhüllt. Im letzten Jahr waren wir geblendet von ihrem Glanz, als wir einen ganzen Tag lang, vom Torong La heruntersteigend, auf die Nordseite der Annapurna-Berggruppe zuwanderten. Wir sprachen damals wenig, denn die Majestät und Urgewalt des Gebirges hatte uns verstummen lassen. Heute bleibt uns zwar der Blick auf die höchsten Gipfel verwehrt, aber der Eindruck der Landschaft ist gleichwohl großartig. Der Fluß rauscht schäumend unten im Talgrund, die Buchweizenfelder blühen mit einem zartrosa Farbenhauch und die breiten Gletscherzungen vermitteln eine Vorstellung von der gewaltigen Größe, die sich oben in den Nebeln verbirgt.

Der Nachmittag findet uns wieder im Dhukang. Die religiöse Zeremonie

hat bereits begonnen. Die Lamas rezitieren aus den heiligen Büchern, ab und zu spielt die Tempelmusik aus Hörnern, Schalmeien und Becken einen langgezogenen Tusch, andächtig sitzen die Dorfbewohner auf dem Fußboden hinter den Reihen der Lamas. Eine heiter-gelöste Stimmung herrscht im Raum. Das war im letzten Jahr anders. Als wir damals den Dhukang betraten, konnten wir uns gerade noch in die hintersten Ecken quetschen, so voll war er. Man meinte, das gesamte Dorf mit Kind und Kegel habe sich im Tempel versammelt. Eine knisternde Spannung lag über den Menschen, die durch die dumpfen Töne von Pauken, Trommeln, Schneckenhörnern und Schalmeien noch verstärkt wurde. Plötzlich sprangen vier Tänzer hinter dem Altar hervor, in Seidengewänder gehüllt, Dämonenmasken vor dem Gesicht. Auf schmalen Gängen zwischen der dicht gedrängten Menge begannen sie einen Tanz aus hohen Sprüngen und wirbelnden Pirouetten. Gleichzeitig brach ein unbeschreiblicher Lärm los – Johlen, Pfeifen, Lachen, Geschrei – und die Trommelwirbel steigerten sich zu einem rasenden Furioso. Staub wirbelte auf und mischte sich mit dem Rauch der Butterlampen, dem Duft der Räucherstäbchen und dem Schweiß der Menschen zu einer atembeklemmenden Atmosphäre.

Dreimal wiederholte sich diese Tanzdarbietung, dann waren die Dämonen und bedrohenden Kräfte vertrieben; das Böse war vom Dorf abgewendet. Eine Segnungszeremonie schloß sich an. Der alte Abt Dorje Lama ging durch die Menschenreihen und segnete jeden einzelnen mit einem blumengeschmückten Stab. Ein Helfer reichte geweihtes Wasser, Tsampakugeln und Reisbällchen. Inzwischen hatten sich Frauen und junge Mädchen aus Bragha im hinteren Teil der Tempelhalle aufgestellt und begannen, Volkslieder zu singen und Volkstänze zu tanzen. Sie verliehen so ihrer überquellenden Freude über den Sieg der guten Kräfte spontanen Ausdruck. Ihre Tänze erinnerten mich lebhaft an die Stampftänze der Sherpas, an denen ich so oft teilgenommen hatte. Tief beeindruckt von der Mischung aus intensiver Religiosität und Volksfest verließen wir damals den Tempel. Heute geht es hier ruhiger zu. Aber auch diesmal leitet Lama Dorje den Gottesdienst. Als ich ihm die Fotos vom Vorjahr überreiche, zeigt er sich hoch erfreut, läßt mir einen weißen Katakschal überreichen und segnet mich und Dolmalein mit Butterklümpchen, die er uns ins Haar drückt. Nun riechen wir zwar etwas ranzig, sind aber mit dem heiligen Segen wohlgerüstet für die bevorstehende Paßbesteigung.

Am nächsten Morgen wandern wir weiter talaufwärts durch das große Dorf Manang, von dem das obere Marsyandital den Namen Manangboth

Die Straßen in den Dörfern des Marsyanditales und des oberen Kali-Gandakitales sind eng und steil.

trägt. An der Wasserzapfstelle auf dem Dorfplatz sind Männer und Frauen gerade bei der Morgentoilette. Ein Bursche und ein älterer Mann kommen uns mit großen Holzbalken für einen Hausbau entgegen. Aus ihren breitknochigen, tibetisch wirkenden Gesichtern grüßen uns freundliche Augen; ihre Hosen und Jacken sind löcherig und vielfach geflickt. Diese Manangis sehen oft ärmlich aus und sind doch häufig wohlhabend. Viele von ihnen sind Handelsleute, die Kontore in Kathmandu und sogar in Bangkok oder Singapur unterhalten. Früher besaßen sie einen etwas zweifelhaften Ruf als Goldschmuggler und auch heute noch sollen sie die Gelegenheit zum illegalen Goldtransfer nutzen, sofern sie sich günstig bietet. Wenn die vermögenden Handelsherren allerdings in ihre Heimatdörfer im hintersten Marsyandital zurückkehren, dann verwandeln sie sich oft in abgerissene Bergbauern, denn wie alle bäuerlichen Menschen tragen sie ihren Wohlstand nicht gerne zur Schau.

Nach einer Nacht mit Schneeregen und Kälte verlassen wir unser Hochlager in 4500 m Höhe schon sehr früh, um bald auf den Torong-Paß zu gelangen. Nebel ziehen an den Berghängen entlang und immer wieder nieselt leichter Regen. Auf den Almwiesen blühen gelbe Primeln, Lerchensporn, rosarote Läusekräuter, Lauch, Mehlprimeln, Enzian und ein hoher, sonnenblumenähnlicher Korbblütler. Wir haben in Bragha einige Mulis für das Gepäck gemietet, um unsere braven Träger auf dem Anstieg zum hohen Paß zu entlasten. Mit uns ziehen ein paar wild aussehende, aber sehr freundliche Tibeter, die aus einem Dorf hinter dem Achttausender Manaslu kommen und die drüben in Jomosom Salz einkaufen möchten. Steil windet sich der Pfad empor und bringt uns bei jedem Schritt außer Atem. Es beginnt zu schneien und bald ist der Boden von einer dünnen Schneedecke überzogen. Da bleibt mein Bruder in etwa 5000 m Höhe überrascht stehen. »Schau dir diese Pracht an!« ruft er, »was sind das für Blumen?« Ich eile näher und stoße ebenfalls einen Ruf der Überraschung aus. »Blauer Scheinmohn. Die blaue Blume des Himalaya!« sage ich. Da steht er, der oft besungene blaue Scheinmohn. Zartblau, mit kleinen Schneehäubchen auf den Blütenblättern. Hier einer, dort ein weiterer, die ganze Schrofenhalde ist übersät mit den Blumen. Wir sind begeistert, fotografieren.

Aber schließlich müssen wir weiter. Dolma, die heute von Bag Bir getragen wird, weint in ihrem Korb, und ich eile keuchend hinterher. Es sind kritische Stunden für meine Frau Margret und mich, wissen wir doch nicht, wie das kleine Kind in einer Höhe von über 5000 Metern reagieren wird. Wir sind bereit, die Tour jederzeit abzubrechen und zurückzueilen, sollte sich eine gesundheitliche Gefahr für unser Mädchen zeigen. Doch es geht alles gut. Völlig erschöpft, aber überglücklich erreichen wir die Paßhöhe und schließen unser Kind in die Arme. Wir haben den etwa 5400 m hohen Torong La geschafft.

Auch alle übrigen Reiseteilnehmer sind froh, die Höhe erreicht zu haben. Gut gestiegen sind sie, ohne zu klagen, sowohl unsere halbwüchsigen Kinder, als auch mein Bruder, seine Frau und die beiden Freunde. Immer noch ziehen die Nebel, aber es hat aufgehört zu schneien. Wir sitzen und rasten ein wenig. Da reißt der Nebelvorhang für einige Augenblicke auf. Geblendet müssen wir die Augen schließen. Hoch über uns ragt der mehr als 6000 m hohe Torong Peak in den blauen Himmel, seine Gletscher und Schneefelder glänzen und schimmern. Dann schließt sich die Nebelwand wieder und wir eilen zu Tal. Muktinath, die heilige Pilgerstätte, ist unser Ziel.

Als wir in immer noch fast 5000 Metern Meereshöhe unsere Mittagsrast halten, tanzt und lacht Dolma schon wieder und neckt sich mit ihrer Kinderfrau; keine Spur mehr von der Atemlosigkeit auf der Paßhöhe. Wir steigen tiefer, bis die Nebel zurückbleiben und sich vor uns eine weite Talmulde auftut. Muktinath mit seinen heiligen Pagodentempeln und seinen buddhistischen Gompas. Es ist ein Wallfahrtsort mit weit verstreut liegenden Gebäuden, Tempeln und Rasthäusern für die Pilger. Hindus und Buddhisten pilgern gleichermaßen hierher. Die Hindus finden eine dem Shiva geweihte Quelle, die an einer kleinen Pagode in 108 bronzene, stierköpfige Wasserspeier mündet. Die Buddhisten verehren ein heiliges Feuer, das unter dem Altar in einer Gompa brennt. Erdgas strömt hier aus einer Felsspalte und hat sich irgendwann einmal entzündet; gleich daneben sprudelt klares, kaltes Wasser aus dem Boden. Das ist das Wunder: Feuer brennt aus dem Boden und das Wasser daneben wird doch nicht heiß! Unsere Sherpas bringen am Altar ein Geldopfer.

Unsere Zelte werden auf einem Sportplatz vor den Rasthäusern aufgestellt. Bald brennt das Feuer und die Küche versorgt uns mit heißem Tee. Jocki bläst inzwischen einen Volleyball auf, der als Geschenk für die Schule in Marpha gedacht ist, und gleich darauf beginnen Peter, Neli und Jocki zusammen mit den jungen Sherpas auf dem Sportplatz ein Volleyballspiel. In wilder Hatz toben sie mit dem Ball umher, obwohl sie am selben Tag den 5400 m hohen Torong-Paß überwunden haben und sich immer noch in einer Höhe von rund 3800 Metern befinden. Die Kondition der jungen Leute ist bewundernswert. Muktinath selber prangt dieses Jahr in üppigem Wiesengrün. Als ich im Vorjahr hier vorbeikam, war alles braun vertrocknet; eine öde Halbwüste dehnte sich an den Hängen. Jetzt, nach schweren Regenfällen in den letzten Tagen, blühen Primeln, Läusekräuter, Anemonen und Mannsschild im Gras – ein für Muktinath ungewohnter Anblick. Weit ziehen die regenträchtigen Wolkenmassen nach Tibet hinein, aber am Abend kommt für kurze Zeit der gewaltige Dom des Dhaulagiri aus den Wolkenvorhängen im Süden. Wir stehen auf einem Hügel und staunen in die überwältigende Himalayalandschaft.

Von Muktinath steigen wir nach Kagbeni am Kali Gandaki-Fluß hinunter. Kurz vor dem Dorf ist Dordschi etwas vorausgeeilt, bleibt plötzlich in dem von nur wenigen Dornbüschen bestandenen Schotterfeld stehen und winkt mich heran. »Ein Tscheparo dort vorne, sicher wird dich das interessieren Sahib,« flüstert er. Ich schaue angestrengt auf einen Felsbrocken und entdecke tatsächlich eine kleine Echse, etwa doppelt so lang wie mein Daumen, mit dickem Kopf und graubraun gefärbt. Ich bin wie elektrisiert, denn die Krötenkopfagame habe ich im Vorjahr an genau derselben Stelle erstmalig für Nepal nachweisen können. Nun begegne ich diesem Bergsteiger unter den Echsen, der in Tibet über 5000 Meter hinaufsteigt, ein zweites Mal. Vielleicht kann ich ein Exemplar für meine Verhaltensstudien im Terrarium einfangen. Vorsichtig und unendlich langsam führe ich die an einem Bambusstöckchen befestigte Schlinge aus dünnem Perlonfaden über den Kopf des Tieres und ziehe dann plötzlich an. Die Agame zappelt in der Fadenschlinge und wird in einem Leinensack verstaut, in dem sie die Reise bis nach Europa unbeschadet überstehen kann. Es ist ein Weibchen, das einige Tage später im Leinensack zwei Junge gebiert. Der Beweis dafür, daß diese Echsenart als Anpassung an das rauhe Hochgebirgsklima ihrer Heimat lebende Junge zur Welt bringt.

Im sehr tibetisch wirkenden Dorf Jomosom, mit seinen schmutzigen Gassen, seinen Flachdachhäusern und seiner halbwüstenartigen Umgebung, steuern wir geradewegs auf das Haus von Tschakraman zu. Er ist ein Thakali-Kaufmann und hat im Jahr 1973 unserem damaligen Forschungsteam ein Haus als mehrwöchiges Standquartier vermietet. Wir haben uns in jenen Tagen mit ihm und seiner Familie ein wenig angefreundet und sind oft bei Tschang und lustiger Unterhaltung in seiner großen Küche beisammengesessen. Jetzt ist die Überraschung der Familie Tschakraman groß, als wir mit unseren Kindern durch die Türe treten und Margret und ich sofort erkannt werden. Die alte Mutter und eine Nonne, eine Verwandte des Hauses, hocken wie damals am Feuer, blasen in das Herdfeuer und füllen uns Tschang oder Buttertee in die Tassen. Wir sitzen auf den niedrigen Sitzbänken und erzählen, während unsere Küchensherpas in einem Nebenhaus unser Mittagessen zubereiten.

Jomosom und seine Umgebung stecken voller Erinnerungen an die zoologische Forschungsexpedition 1973, als wir mit einer 7-köpfigen Forschergruppe versuchten, ein Bild von der Tier- und Pflanzenwelt und den Lebensbedingungen im oberen Kali Gandaki-Tal zu ermitteln. Auch meine Frau Margret war damals mit von der Partie. Wir sind hinübergelaufen in die alte, verfallene

Aus den Tälern nördlich des Dhaulagiri kommen Erntearbeiter in das fruchtbare und reiche Kali-Gandakital herunter.

Siedlung Alt-Tini, wo wir am Fuß der Burgruine erkannten, welch strategisch wertvolle Lage dieser Platz für die Kontrolle des wichtigen Handelsweges nach Tibet besessen haben muß. Keine Karawane konnte hier vorbeiziehen, ohne von den Wachen der Burgherren bemerkt und besteuert zu werden. Heute ist es ruhig geworden auf der Karawanenstraße. Nur gelegentlich kommt eine kleine Gruppe von Yaks oder Eseln, die mit Wolle und Salz beladen sind, vom tibetischen Hochland herunter. Der Handel hat sich völlig auf die neue Autostraße verlagert, die von Kathmandu nach Lhasa führt und vor einigen Jahren von den Chinesen erbaut wurde.

Nicht weit von Alt-Tini haben wir einen kleinen See mit schwefelhaltigem Wasser besucht, aus dem Frösche mit eigenartigem Flötenton riefen. Man konnte von diesem See aus in das Shiang-Hochtal hineinblicken, in dem unsere Forschungsexpedition ein Hochlager errichtet hatte. Es war unendlich mühsam gewesen, die mit unserem Gepäck beladenen Tsopkios – eine Yak-Rind-Mischung – mit lauten »Tja-ja-ja-Rufen« dort hinaufzutreiben. Die naschhaften Tiere blieben bei jedem wohlschmeckenden Kräutlein am Wegrand stehen, um ein wenig zu grasen und setzten sich nur unwillig wieder in Bewegung, wenn man sie mit Gewalt vorantrieb. Ein paar Mal brachen sie sogar aus und warfen ihre Lasten ab. Wir waren reichlich erschöpft und völlig heiser, als wir unseren Lagerplatz erreichten. Von unserem Hochlager aus sammelten wir Hochgebirgsschmetterlinge, beobachteten Pfeifhasen, ermittelten die Lebensbedingungen in den verschiedenen Kleinlebensräumen und notierten alle vorkommenden Vogelarten. Einmal war ein Wettermacher, ein alter Lama aus Shiang, heraufgekommen. Da es trotz des Monsuns zu trocken geworden war, sollte er für das nötige Himmelsnaß sorgen. Er saß dann die ganze Vollmondnacht am Bergbach, verbrannte Weihrauchkräuter, schwang seine Handtrommel und blies bisweilen schaurige Töne auf seiner Knochentrompete über das Tal. Wie stark sein Zauber wirklich war, blieb uns verborgen, aber als er am Morgen seine Instrumente und Geräte einpackte, begann es zu regnen.

Ein andermal stiegen Margret und ich an einen steilen Geröllhang oberhalb unseres Standquartiers und fanden Versteinerungen. Riesige Gesteinsplatten waren bedeckt mit Amoniten, Belemniten und versteinerten Muscheln. Wir fanden Fossilien aber auch im Flußbett des Kali Gandaki, schwarze Geröllbrocken, die den prächtig geformten Amoniten erst frei gaben, wenn man sie aufschlug. Solche fossilienhaltigen Schwarzjurakiesel werden in Nepal »Saligram« genannt und man schätzt sie als beschützende Amulettsteine.

In Jomosom brachten in jenen Tagen »Gastarbeiter« aus dem Dolpogebiet nördlich des Dhaulagiri die Gerstenernte für die wohlhabenden Landbesitzer des Ortes ein. Wir hatten sie am Ende der Ernte als Träger für unseren Rückmarsch nach Pokhara verpflichtet. Am Abend, bevor wir aufbrachen, tanzten sie ihre traditionellen Stampftänze. Wir hatten ihnen einen großen Eimer voll Tschang spendiert, und nun stampften und sangen sie die ganze Nacht. Sie hatten einen großen Kreis gebildet, die Männer auf der einen, die Frauen und Mädchen auf der anderen Seite. In der Mitte stand ein junger, hübscher Bursche, der eine Laute mit geschnitztem Pferdekopf schlug, die Lieder eröffnete und den Takt angab. Alle Tänze und Lieder begannen ganz langsam und getragen, so wie ich es früher bei den Sherpas erlebt hatte und endeten in einem wirbelnden Furioso. Wir saßen dabei und ließen uns von dem nächtlichen Zauber des Schauspieles einfangen. Die ovalen, tibetisch geschnittenen Gesichter der Tänzer strahlten, der Einzelzopf der Männer und die Doppelzöpfe der Frauen flogen nur so bei den Drehungen und Wendungen. Als wir schon längst in unseren Schlafsäcken lagen, klangen draußen noch die Gesänge und trommelten die tanzenden Füße auf den harten Lehmboden. Die Tänze aus dem Dolpo begleiteten in dieser Nacht unsere Träume.

Unsere Erzählungen und Erinnerungen werden plötzlich lautstark unterbrochen. Draußen vor dem Haus ist eine Eselskarawane aus den Tälern im Norden eingetroffen. Die kleinen Tragtiere sind mit Doppelsäcken aus Yakhaar beladen, in denen Salz transportiert wird. Das Steinsalz aus dem tibetischen Hochland ist eine begehrte Ware in den südlichen Tälern und der nordindischen Ebene. Bei Tschakraman wird diese Ware umgesetzt. Die Esel werden von Männern begleitet, die tibetisch aussehen. Ihr langes, schwarzes Haar ist in einen wirren Zopf geflochten, das Vlies ihrer dicken Schaffellmäntel tragen sie nach innen, die Füße stecken in hohen Filzstiefeln und im Ohr baumelt ein riesiger Türkis. Sie stammen aus der Landschaft Mustang, die nördlich Kagbeni beginnt und wie ein Blinddarm auf das Hochland von Tibet reicht.

Das Fürstentum Mustang war lange Zeit selbständig – auch die Chinesen bestätigen, daß es nicht ein Teil Tibets war –, gehört aber heute zum nepalesischen Staatsgebiet und ist dem fremden Reisenden verschlossen. Eine alte Stadt mit geschlossener Stadtmauer soll dort oben liegen, in ihrer Mitte steht der Palast des Maharadschas. Nur wenigen Besuchern aus den westlichen Ländern war es vergönnt, Mustang kennen zu lernen, und heute ist dieses verbotene Gebiet Sehnsucht eines jeden Nepalkenners. Wir haben inzwischen unser Mittagessen verzehrt und müssen uns von Tschakraman und seiner Familie verabschieden. Bevor wir gehen, schenken wir ihm noch Fotos, die wir in Jomosom bei unseren früheren Reisen aufgenommen haben. Die Freude ist groß im Hause Tschakramans und als Gegengeschenk erhalten wir einen Sack voll Tsampa.

Unser Weg führt nur zwei Stunden unterhalb von Jomosom durch das große Dorf Marpha. Hier besuchen wir unseren langjährigen Freund Bakti und seine liebenswürdige Frau. Wie staunen sie über unsere großen Söhne und die kleine Dolma! Das Kind faßt auch sofort Vertrauen zu unseren Gastgebern und läßt sich von Baktis Frau auf den Schoß nehmen. Wir sitzen in Baktis gemütlichen Wohnraum direkt oberhalb der sauberen, mit Steinplatten belegten Hauptgasse von Marpha. Wieder gehen die Gedanken zurück in das Jahr 1973, als wir Bakti das erste Mal kennenlernten. Er hatte Margret und mich hinauf nach Alt-Marpha geführt, das etwa eine Stunde oberhalb des heutigen Dorfes in rund 3000 m Höhe liegt. Es war für uns ein Ausflug an einen verwunschenen Ort. Das Dorf war schon lange nicht mehr bewohnt, nur Grundmauern und ein paar Ruinen standen noch am Rande des kleinen Bergplateaus. Terrassierte Felder, teils verwildert und teils mit Weizen bepflanzt, zogen sich bis an den jäh abfallenden Plateaurand. Uralte, knorrige Pfirsichbäume hängten ihre Zweige, an denen kleine grüne Früchte wie Perlen an einer Kette saßen, schattenspendend über die Legesteinmauern am Rande der Felder. Salbeibüsche, Kamille und Thymian erfüllten die Luft mit ihrem würzigen Duft. Tauben und Steinhühner liefen geschäftig zwischen den Steinen hin und her, immer auf der Suche nach Futter. Die Pfirsichbäume sahen aus wie Olivenbäume auf Naxos, und Alt-Marpha besaß für uns den Zauber einer griechischen Ägäisinsel.

Oberhalb Alt-Marpha stießen wir auf einen dichten, ungeschnaitelten Wald aus Kiefern und Zypressen mit einem Unterwuchs von Berberitzen, Rosen und Wacholdern. Marpha ist heute ein gut funktionierender, straff geführter Panchayat. Die Verwaltung der Dorfgemeinschaft wird in Versammlungen geregelt. So besitzt Marpha beispielsweise ein echtes Bannwaldsystem. Jeder Haushalt bekommt seiner Größe entsprechend ein Holzkontingent für Brenn- und Bauholzbedarf zugewiesen, das weitab oberhalb des Dorfes liegt. Die Baumbestände direkt über dem Dorf dürfen nicht angetastet werden; man kennt ihre Schutzfunktion. Wer mehr schlägt, als ihm zusteht, oder gar Bäume im Bannwald fällt, wird drastisch bestraft. Der Wald oberhalb Alt-Marpha gehört noch in die Bannwaldzone. Auch die Wasserzuteilung im Bewässerungssystem für die Felder und Gärten ist genau geregelt. Schließlich gibt es in Marpha eine Grund- und eine Mittelschule. Bakti ist Lehrer an der Mittelschule, und er zeigt sich hocherfreut, als wir ihm die beiden Volleybälle überreichen, die wir für seine Schule als Spende vorgesehen haben. Er erzählt uns, daß nun ein Volleyballturnier der Schulen im oberen Kali Gandaki-Tal gesichert sei, das man schon absagen wollte, weil der letzte vorhandene Ball geplatzt war. Es ist geradezu rührend, mit welch geringen Mitteln man in diesen abgelegenen Himalayatälern wirkungsvolle Hilfestellung leisten kann.

Der Hang jenseits des Tales zieht unmittelbar zum Eisgipfel des Dhaulagiri hinauf.

Von Marpha wandern wir weiter talabwärts durch Larjung mit seiner Tunnelstraße, die unter den Wohnhäusern hindurchführt, bis an den reißenden Gletscherbach, der von den Dhaulagirigletschern herunterkommt und seinen Lauf fächerartig aufteilt, bevor er in den Kali Gandaki mündet. Am Bachufer steht ein hölzernes Teehaus, in dem wir uns mit Tee und Spiegeleiern stärken, ehe wir ins eisige Gletscherwasser waten. Die Eiseskälte treibt uns Tränen in die Augen, während die knietiefe Strömung Geröllbrocken gegen die Füße und Waden spült. Nach jedem durchwateten Bacharm sind die Füße gefühllos geworden, doch sobald das Blut heiß und schmerzhaft in die Beine zurückschießt, muß man schon in die nächste Rinne steigen. Margret und Karin werden von den Sherpas hinübergeleitet. Am besten aber geht es Dolma, die vergnügt lachend auf Ongdschus Schultern sitzt und sich über unser Stöhnen und Geschrei amüsiert.

In Kalopani rasten wir in der Herberge, hinter der 1973 eines unserer mehrwöchigen Forschungscamps stand. Hier habe ich, mit meinem Präparator zusammen, zwischen den Steinen Himalaya-Grubenottern gefangen, die in Aussehen und Lebensweise den Kreuzottern der Alpen ähneln. Von hier sind wir zu unseren Ausflügen auf die Almen am Dhaulagiri auf der westlichen und an der Annapurna auf der östlichen Talseite aufgebrochen. Unter dem Dhaulagiri fanden wir den roten Scheinmohn, einen fast mannshohen Vetter der blauen Blume vom Torong La. An der Annapurna hatten die Yakkühe gerade gekalbt. Überall lagen oder standen die Yakmütter mit ihren braunweißen, schwarzweißen oder einheitlich braun und schwarz gefärbten Kindern, gemütlich wiederkäuend oder den Jungen das gefüllte Euter darreichend. Aber der friedliche Schein trog. Sobald man sich einem Yakkalb nähern wollte, senkte die Kuh ihre mächtigen Hörner und schnaubte bedrohlich. Eine tibetische Hirtenfrau hatte damals schallend gelacht, als ich mit mächtigen Sprüngen vor einer angriffslustigen Yakmutter Reißaus nehmen mußte.

Auch in Kalopani erkennt man mich sofort wieder. Die Hausfrau, ihre beiden hübschen Töchter und der alternde Vater erinnern sich gut an die verrückten Fremden, die vor einigen Jahren auf der Wiese hinter dem Haus Schmetterlinge, Echsen und Schlangen gefangen haben und die am Abend so gerne zum Tschangtrinken in die Herberge kamen. Die Begeisterung über mitgebrachte Fotos ist groß. Staunend begutachten die Hausleute Dolma, ihre gro-

An einem frühen Augustmorgen reißen die Monsumwolken auf und geben den unnahbaren Gipfel der Annapurna frei (oben).

Nach der Zeremonie zur Abwehr böser Kräfte stellen sich die Frauen und Mädchen im Tempel von Bragha zum Volkstanz auf (unten).

ßen Brüder und die blonde Kusine Neli. Da wird unsere Unterhaltung von einem Lärm abgelenkt, der draußen vor der Tür entsteht. Eine italienische Reisegruppe ist eingetroffen, um an dieser Stelle Mittagsrast zu halten. Wir sind etwas verblüfft über die Aufmachung und das laute Auftreten der Italiener. Die Männer laufen mit nacktem Oberkörper herum, die Frauen tragen lediglich Shorts und Büstenhalter. Mit gezückten Fotoapparaten und Geschrei fallen sie über alles her, was ihnen interessant erscheint. Eine Reisegruppe, wie sie nicht auftreten sollte und wie sie glücklicherweise auch nicht die Regel ist. Für uns ist es selbstverständlich, daß wir Menschen, die wir fotografieren möchten, vorher um Erlaubnis fragen und daß wir uns entsprechend den Gepflogenheiten der Einheimischen kleiden. Aber die Konfrontation, die der zunehmende Trekkingtourismus angesichts der unterschiedlichen Verhaltensgewohnheiten der Gäste und der Gastgeber in die Himalayatäler bringt, wird uns am Beispiel der italienischen Reisegruppe deutlich bewußt. Die Italiener erweisen sich allerdings später im Gespräch als freundliche und nette Menschen, die lediglich schlecht vorbereitet und wohl auch nicht allzugut geführt sind. Es ist sicherlich unsinnig, wenn man alle Probleme des Entwicklungslandes Nepal den bösen Touristen in die Schuhe schieben will. Am Verschwinden der Bergwälder oder am erosionsfördernden Straßenbau trifft sie keine Schuld. Hier muß man die Ursachen in der rasant wachsenden Bevölkerung, die nach neuen Siedlungs- und Anbauflächen strebt und in einer falsch verstandenen Entwicklungsplanung suchen.

Zwei Tage unterhalb Kalopani wandern wir am Spätnachmittag im Nieselregen unserem Etappenziel in Tatopani zu. Plötzlich höre ich hinter mir einen erschreckten Aufschrei, drehe mich um und sehe, wie meine Tochter im hohen Bogen in das Gras am Wegrand fliegt. Die Kinderfrau Ang Dali, mit ihren 16 Jahren selber noch ein halbes Kind, hat sich wieder einmal mit den Trägern herumgeneckt. Bei dem Versuch, einen von ihnen ganz schnell zu überholen, ist sie auf einem nassen Felsen ausgerutscht, hat das Übergewicht bekommen, und der Korb samt Dolma ist über ihren Kopf nach vorne geflogen. Nun liegen beide Mädchen im Gras und heulen. Es hat sich glücklicherweise niemand verletzt und so können wir beide Verunglückten rasch trösten. Wenige Minuten später singen sie schon wieder und spielen Mundharmonika. In Tatopani – das heißt auf Deutsch »Heißwasser« – sitzen wir am Abend in den warmen, schwefelhaltigen Quellen und genießen ein kreislaufförderndes Bad.

Dolma ist nach wie vor der Liebling unserer Reisegesellschaft. Besondere Freundschaft hat sie mit dem Koch Pardan geschlossen, einem freundlichen und verantwortungsbewußten Familienvater. Jedesmal, wenn Pardan vorübergeht, ruft er: »Dolma! Trekking dsane ho!« Das heißt ungefähr: »Jetzt seht nur,

Die Thakali im Kali-Gandakital sind stolze und selbstbewußte Menschen. Lieblingssport der Männer ist das Bogenschießen.

wie tüchtig Dolma wandert!« Unsere Tochter erwidert die Zuneigung Pardans. Als wir nach mühseligem Aufstieg im Monsunregen in einem Rasthaus am Ghorapanipaß Unterschlupf für die Nacht finden, sitzt Dolma während der Essensvorbereitungen auf Pardans Schoß und rührt eifrig im Kochtopf. Es bereitet unseren Sherpas und Pardan ganz offensichtlich großes Vergnügen, sich mit dem Kind zu beschäftigen.

Einen Tagesmarsch vor Pokhara gibt es noch einmal Aufregung. Am Nachmittag hat uns unterhalb Dikjendunga ein Wolkenbruch von unvorstellbarer Wucht überrascht. Wir können gerade noch unter das Vordach eines Hauses flüchten, dann verwandelt sich der vorbeiführende Weg in einen Sturzbach. Als es nach einer Stunde zu regnen aufhört, eilen wir weiter, denn wir wollen das Etappenziel Biretanti noch vor Dunkelheit erreichen. Kurz vor Biretanti hemmt allerdings ein riesiger Bergrutsch unsere Eile. Auf einer Länge von 300 Metern ist der Hang abgerutscht und hat den Weg mitgerissen. Lediglich Steigspuren führen über die gefährliche Stelle. Immer wieder gerät der Boden ins Rutschen und große Felsbrocken kollern herab. In großen Abständen hasten wir hinüber; Jocki, Peter und Neli in großen Sprüngen, die Träger sich mit nackten Zehen wie mit Gemsenhufen in den Boden krallend. Dordschi nimmt Ang Dali den Tragkorb mit Dolma ab und balanciert wie ein Seiltänzer über den Hang. Als er die Mitte erreicht, poltert es über ihm und ein gewaltiger Felsbrocken stürzt herab. Aber Dordschi ist schnell genug, sicher bringt er unser Kind auf festen Untergrund. Margret ist allerdings der Schreck dermaßen in die Glieder gefahren, daß sie ihren Regenschirm fallen läßt; er rutscht über den glitschigen Hang hinunter, fällt in den Fluß im Talgrund und schwimmt davon, dem Ganges entgegen. In Biretanti erholen wir uns dann in einem Teehaus bei heißem Tee und versuchen, unsere nassen Kleider am Herdfeuer zu trocknen.

Unsere Wanderung nähert sich unweigerlich ihrem Ende. Ein letztes Mal steckt Neli Grasbüschel in Rinjis Schlafsack; ein letztes Mal versuchen Jocki und Peter mit den Sherpas bei einem steilen Aufstieg Schritt zu halten. Ihr Ehrgeiz ist es, ebenso gute Geher zu sein wie die Sherpas. Beim Abstieg nach Pokhara werden unsere Schritte immer langsamer. Wir möchten uns noch nicht trennen von dem unbeschwerten Wanderleben der vergangenen Wochen. In jedem Teehaus am Wegrand kehren wir ein, trinken den heißen Milchtee und unterhalten uns mit den einheimischen Wirtsleuten oder den vorbeiziehenden Lastenträgern, die sich ebenfalls hier ausruhen. Die Nepalesen sind viel unter-

Die Ruinen der Burg von Alt-Tini erinnern an die Zeiten, als noch Handelskarawanen nach Tibet hier vorbeizogen.

wegs auf ihren Bergpfaden; ein reiselustiges Völkchen, das ständig irgendwohin wandert.

Meinem Bruder Klaus und seiner Frau Karin geht es so wie Margret und mir. Sie kommen an diesem Tage nur langsam voran, sitzen hier lange auf einer Tschautara-Mauer oder bleiben dort vor einem Bauernhaus stehen, um die Menschen bei ihrem täglichen Tun zu beobachten. Wir übernachten heute in Hendscha kurz vor Pokhara in einer Herberge. Pardan kocht als Abschiedsessen Mongmo – tibetische Ravioli – mit einem scharf gewürzten Gemüse und dazu einen Pudding als Nachspeise. Mit einem großen Topf Tschang, den wir gemeinsam leeren, erleichtern wir uns nach dem Essen den Abschied von den Sherpas. Wir werden die treuen und hilfsbereiten Burschen vermissen. In der Dämmerungsfrühe am nächsten Morgen tönt die Stimme meines Bruders vor dem Haus: »Das ist ja überwältigend! Das müßt ihr sehen, kommt schnell heraus!« Wir springen aus den Schlafsäcken, eilen vor die Tür und brechen in bewundernde Rufe aus.

Hoch über dunklen, regenschweren Wolkenfetzen thront in blendendem Neuschneekleid das Gipfelmassiv der Annapurna. Wie ein schneeweißes Götterschiff scheint sie am Himmel zu schweben. Wochenlang hat sie ihr Haupt verhüllt, aber heute, am letzten Morgen, zeigt sie sich uns in makellosem Feiertagsgewand. Eine Abschiedsgeste, die unserer unvergeßlichen Wanderung einen letzten Glanzpunkt aufsetzt.

Bei den Sherpas im Khumbu

Auf dem Weg von Junbesi nach Ringmo sehe ich ihn zum ersten Male: Den höchsten Berg der Erde! Wir biegen um eine Schluchtkante, die ein kleiner Bach aus dem Wiesenhang herausgefressen hat und stehen unversehens dem schimmernden Gebirgsmassiv gegenüber. Ein eisgepanzerter Gipfel reiht sich an den anderen, scharf stechen die Spitzen in den Himmel. Die Firnwände sind von Lawinenfurchen geriffelt wie riesige Reibeisen. Über alle diese Gipfel und Wände hebt sich eine runde, dunkle Berggestalt, die aussieht, als sitze sie auf dem gebeugten Rücken der anderen Berge. An ihrem steilen Grat hängt ein Wolkenfähnlein. Man könnte meinen, jemand winke entfernten Freunden mit einem Taschentuch zu. Es ist der Mount Everest, mit 8848 Metern die höchste Erhebung des Himalaya und zugleich aller anderen Gebirge. Ich betrachte ihn mit dem Fernglas. In der Vergrößerung kann ich deutlich erkennen, daß der obere Teil des Gipfelaufbaues heller gefärbt ist, als das Dunkelgrau der umgebenden Felswände. Ein Geologe hat mir schon in Kathmandu von dieser Erscheinung erzählt. Die Gipfelkuppe des Mt. Everest besteht aus Kalk, während der tiefer liegende Bergstock und die umliegenden Berge vorwiegend aus kristallinen Gesteinen aufgebaut sind, aus Gneisen und Graniten. Man findet im östlichen Himalaya selten Kalk. Daher erscheint es als humorvolle Laune der Natur, daß sie dem höchsten Berg der Erde eine Kalkmütze aufgesetzt hat.

In den nächsten Tagen bleibt der Mt. Everest unseren Augen verborgen, denn hinter dem Taxindu-Paß müssen wir in eine Talschlucht absteigen, hinunter an den Dhud-Kosi-Fluß. Wir folgen diesem reißenden Bergwasser, das vom Sand der Gletscher oben an der tibetischen Grenze milchigtrüb gefärbt ist. Der Pfad schlängelt sich Hunderte von Metern über dem Flußbett am Hang entlang, denn die steilen Felsenufer erlauben es nicht, den Weg weiter unten anzulegen. Einen halben Tagesmarsch oberhalb der Ortschaft Ghat beobachten wir

Kloster Thengpotsche im Khumbugebiet am Mount Everest.

während der Mittagsrast ein Rudel Gorals. Die klettertüchtigen Bergziegenantilopen stehen in der gegenüberliegenden Felswand und äugen wachsam auf uns herab. Mit traumhafter Sicherheit bewegen sie sich über dem Abgrund, federn mit einigen Sprüngen von Felsabsatz zu Felsabsatz und verschwinden im Dschungel. Die Wände des Tales ragen unvorstellbar steil in die Höhe, selten dringt ein Sonnenstrahl bis auf den Boden. Nur an den Stellen, an denen ein Seitental in die Hauptschlucht mündet, lugt ab und zu ein beschneites Berghaupt von weit oben herab. Kurz bevor wir den Steilhang erreichen, der zum Sherpadorf Namche Bazar hinaufführt, müssen wir den tobenden Fluß auf einer Notbrücke überqueren. Ein paar Baumstämme sind über die Steinblöcke gelegt, die Lücken dazwischen mit Gesträuch und Erde aufgefüllt. Knapp einen Meter brausen die schäumenden Wasser unter der Brücke hindurch. Mit Wucht gischten sie gegen die Felsbrocken, als wollten sie an den grauen Granitsteinen ihre Wut darüber austoben, daß sie das Menschenwerk nicht erreichen und verschlingen können. Vorsichtig balancieren wir über den schwankenden Steg und atmen hörbar auf, sobald wir das sichere Ufer erreicht haben. Ein Sturz in den Fluß würde unweigerlich den Tod bedeuten, denn aus der tosenden Wasserhölle gäbe es kein Entrinnen.

Viel habe ich in Expeditionsberichten über Namche Bazar gelesen, den wichtigen Umschlagsplatz für den Handel mit Tibet. Ich beschleunige meine

Schritte, biege um eine letzte Wegkehre und bleibe enttäuscht stehen. In einer weiten Mulde ducken sich einige Dutzend unscheinbare, graue Steinhäuser zwischen Kartoffeläcker. Gebetsfahnen flattern im Wind, auf dem Dorfplatz steht ein großer Tschörten. Die Hänge über den Häusern sind kahl und vom Vieh ausgetreten. Auf den Dorfstraßen liegen faulende Knochen und Unrat. Man merkt, daß Namche Bazar ein Durchgangsort ist, daß viele Menschen hier flüchtigen Aufenthalt nehmen.

Aber kaum eine Stunde hinter Namche haben wir den schmutzigen Trübsinn seiner Gassen bereits vergessen. Wie auf dem Theater der Vorhang den Blick in die Kulissen freigibt, treten die Vorberge zur Seite und öffnen die Sicht auf den Everest und seine gletscherbewehrten Nachbarn. Wir steigen zwischen blühenden Rhododendronbüschen steil zum berühmten Kloster Thengpotsche hinauf, das auf einem alten Moränenrücken steht. Von hier kann man das Everestmassiv ungehindert bewundern: Ein Gebirgsdach aus Fels und Eis. Rechts der Lhotse mit schlanker Gipfelpyramide, links die gewaltige Mauer des Nuptse und über der Mitte die ebenmäßige Rundkuppe des Mt. Everest, der Tschomolongma.

Ein betagter Mönch führt uns zur Audienz bei dem Abt von Thengpotsche, der als Reinkarnation eines Lamaheiligen verehrt wird. Wir finden uns einem jungen Mann gegenüber, mit geistvollen Zügen und gemessenen Bewegungen. Er lädt uns zu Tee und indischen Keksen ein und erkundigt sich nach unseren Vorhaben. Auf meine Bitte erklärt er mit leiser Stimme die Symbolbedeutung des vergoldeten Tschörten, der sich vor dem Kloster in edlem Gleichmaß gegen die Wildheit der Kangtegagletscher abhebt:

»Der Tschörten entspricht dem indischen Stupa. Jedem Teil dieses turmartigen Bauwerkes wird eine bestimmte Bedeutung zugesprochen, die aber aus verschiedenen Bereichen der religiösen Vorstellung stammen kann. Einmal sind es die fünf Elemente, die sinnbildlich dargestellt werden, zum anderen Beispiele aus der buddhistischen Weltenlehre. Der rechteckige Sockel symbolisiert die Erde, der runde Mittelbau das Wasser, der aufsteigende Pfeiler mit dreizehn Ringwülsten das Feuer, der Halbmond darauf die Luft und die züngelnde Flamme an der Spitze den Äther, den Bereich des Geistes.«

Der Abt macht eine kleine Pause und nötigt mich freundlich, meine Tasse Tee zu trinken. Dann fährt er in der Belehrung fort:

»Der Eingeweihte legt die Bauelemente des Tschörten tiefer aus. Der Sockel bedeutet für ihn die unterste Stufe des Weltenberges, der Mittelteil ist der Sitz des Urbuddha, der Pfeiler mit den dreizehn Ringen stellt die dreizehn Himmel der heiligen Bodhisattvas dar, Halbmond und Flamme vereinen sich zur leuchtenden Lehre Buddhas.«

Die Frauen der Sherpas und Tibeter waschen, kämmen und verspinnen die Wolle der Bergschafe, ehe sie daraus die dichten, farbenprächtigen Wollteppiche knüpfen.

Am späten Nachmittag verlasse ich den gelehrten Rimpotsche. Unsere Unterhaltung, mit Hilfe eines Nepali-Dolmetschers, war etwas mühsam, aber ich habe den Lama verstanden. Wenn ich jetzt an dem Tschörten vorübergehe, spricht er zu mir in den Bildern, die der Abt von Thengpotsche beschrieben hat.

Gegenüber dem Dorf Pangpotsche, im Tal der wilden Imja Kola, richten wir auf einem Almgelände unser Zeltlager ein. Wir wollen ein paar Wochen im Herzen des Khumbu wohnen, in der Heimat der Sherpas. Diesmal nehmen wir nicht die Gastfreundschaft eines Sherpahauses in Anspruch, denn die ärmlichen Steinhütten bieten nur wenig Platz. Für die wissenschaftliche Arbeit sind wir mit unseren Zelten beweglicher. Über Mangel an Gesellschaft brauchen wir uns jedoch nicht zu beklagen, täglich bekommen wir Besuch aus dem nahen Dorf. Vor allem auf die Jugend von Pangpotsche übt unser Zeltlager eine unwiderstehliche Anziehungskraft aus. Morgens stapfen sie vom Bachgrund herauf, riesige Bambuskörbe auf den Rücken, in denen sie Laubstreu aus dem Wald hinter der Alm holen. Bei unseren Zelten werfen sie die Körbe ab und hocken sich stundenlang neben uns. Wie eine Schar Tiere drängen sie sich eng aneinander und schauen zu, wie ich einen Film in die Kamera lege oder Notizen in meine Feldbücher eintrage. Bald schließen wir Freundschaft, und kleine Geschenke von Schokolade und Keksen machen die Besucher zutraulich. Es dauert nicht lange, da kann ich meine Freunde in ihren geflickten Wämsern auseinanderhalten. Der kleine Norbu bringt mir Adlerfedern, Dawa Tensing bohrt gedankenvoll in der Nase, wenn er micht beobachtet, die kleinen Mädchen Digi und Schilamo kokettieren mit ihren schrägen Schlitzaugen wie schnurrende Kätzchen. Oft bricht eine Balgerei aus. Dann kugelt die lustige Gesellschaft schreiend und kreischend auf der Wiese umher, bis alle außer Atem kommen. Manchmal setzt sich ein zahnloser alter Mann auf den Stein vor meinem Zelt. Er spricht niemals mit uns, grinst freundlich und dreht einen Rosenkranz aus roten Nüssen in der Hand. Unentwegt murmeln seine Lippen das fromme Om Mani Padme Hum.

Eines Abends bleibt eine junge Frau vor unseren Zelten stehen und grüßt mit scheuem Lächeln. Am Stirntragband hängt auf ihrem Rücken eine rechtekkige Wiege aus Bambusgeflecht. In dieser Tragwiege schleppt die Frau ihren Säugling den ganzen Tag mit sich herum, er begleitet die Mutter auf die Alm hinauf oder zur Feldarbeit auf den Kartoffelacker. Am Rande des Ackers wird der Kleine abgestellt. Friedlich verdöst er die Zeit. Wenn der Hunger sich rührt, genügt ein schriller Plärrer, damit die Mutter herbeieilt und ihm die ersehnte Milchquelle in das Mäulchen schiebt. Die junge Sherpani bittet um Medizin für die Augen ihres Kindes, die rot entzündet sind. Sie muß den Buben unter einer Schicht getrockneten Yakmistes hervorziehen, der auf der Decke des Kinderbettchens liegt. Yakmist ist kein Schmutz, er bedeutet wertvolles Brennmaterial für den Herd daheim. Ich träufle dem kleinen Kranken Augentropfen unter die Lider, er läßt es, ohne sich zu mucksen, geschehen. Mit vielen Dankesworten und verlegenen Verbeugungen verabschiedet sich die Mutter und tappelt eilig den Weg zum Bach hinunter.

Khumjung ist neben Namche Bazar das bekannteste Dorf im Khumbu. Die meisten Hochgebirgssherpas bei den Expeditionen auf den Everest, den Lhotse, Nuptse oder Cho Oyu stammen von dort. Eines Tages mache ich mich mit Jasman und Pratab auf den Weg, um dieses Dorf zu besuchen. Unterhalb Thengpotsche halten wir auf einer Wiese Mittagsrast, unweit der Stelle, an der die beiden Flüsse Imja-Kola und Dhud-Kosi sich in einer Schlucht vereinigen. Das Rauschen der Eiswasser dröhnt zu uns herauf. Mit unvorstellbarer Gewalt pressen sich die Fluten durch die Felsenge, über die ein luftiger Holzsteg führt. Während wir uns bequem im trockenen Gras ausstrecken, bekommen wir Besuch. Neugierig nähert sich eine junge Frau mit ihrem Töchterchen. Die beiden hüten Tschauririnder, eine Kreuzung aus Yak und Bergrind. Äußerlich kann man diese Tiere von den Yaks kaum unterscheiden, sie sind ebenso gedrungen gebaut, besitzen langes, dichtes Haar, einen buschigen Schwanz und kräftige Hörner. Die Frau erkundigt sich bei meinen Begleitern nach unserem Marschziel; das Töchterchen hockt sich neben mich und sieht mich unentwegt an. Es ist ein bildhübsches Kind, mit kurzem, dichtem Haar, leuchtenden Mandelaugen und einem verschmitzten Lächeln um den Mund. Meine freundlichen Worte kann es nicht verstehen, als Antwort strahlt es mich mit einem übermütigen Lachen an, als seien wir alte Bekannte. Zutraulich rutscht das Mädchen ein wenig näher. Vor ein paar Tagen ist ein Träger aus dem Unterland mit Obst, Zucker und anderen Nahrungsmitteln eingetroffen. Ich schenke meiner kleinen Freundin eine Banane und ein paar Kekse. Mit einem Jubelruf springt sie auf, läuft zur Mutter und zeigt ihr die Geschenke. Die Kekse verschwinden in der weiten Tschuwa, dem Mantelkleid der Mutter. Die Banane darf das Mädchen sofort verspeisen. Während es den Leckerbissen in den Mund stopft, blitzt es mich kokett aus den Augenwinkeln an. Es ist leicht, den Weg zu den Herzen dieser Menschen zu finden, ein paar Freundlichkeiten und eine kleine Gabe genügen.

Khumjung erreichen wir am späten Nachmittag. Eine flache Mulde, rings von Bergrücken umgeben, bietet Raum für etwa 100 bis 130 Häuser, die sich auf zwei Dörfer verteilen. Im tieferen Teil liegt Khumjung, das »Unterdorf«, darüber am ansteigenden Hang Kunde, das »Oberdorf«. Die Wege zwischen den Äckern und Hausmauern sind sauber, die Häuser aus Natursteinen sorgfältig gefügt, die Holzschindeldächer mit Steinen beschwert. In der Gompa, dem roten Dorftempel, wird mein Nachtlager aufgeschlagen. In einem kleinen Alkoven über dem Tempeleingang liegt meine Luftmatratze, ich kann von diesem Platz den ganzen Raum übersehen. In dem flackernden Schein der Butterlämpchen vor dem Altar erwachen die Dämonen- und Götterfiguren zu geisterhaftem Leben. Die blau, rot und grün gemalten Schutzgötter an den Wänden scheinen mit grotesken Verrenkungen zu tanzen; Julkorssung, der Königswächter der östlichen Himmelsgegend, zupft die Saiten seiner Gitarre. Es dünkt mich, als winke mir die große Buddhafigur in der Altarnische mit hoheitsvollem Lächeln zu und strecke die rechte Hand mit segnender Gebärde gegen mein Lager. Im Gefühl, von den Gottheiten wohlwollend bewacht zu werden, schlummere ich ein. Im ersten Morgendämmern wecken mich tappende Schritte. Ein alter Lama schlurft zum Altar vor, beugt sich mit zusammengelegten Händen dreimal zu Boden und versorgt die Lämpchen mit frischem Fett. Nach und nach folgen Leute aus dem Dorf, die ihre Morgenandacht zu Buddhas Ehren im Tempel verrichten. Die Spukgestalten von gestern abend

Die Sherpas, deren Kultur aus dem tibetischen Hochland stammt, sind als Bergführer und Trekkingbegleiter berühmt geworden.

sind stumm und unbeweglich, aber mir will scheinen, es bestünde jetzt eine heimliche Verbundenheit zwischen ihnen und mir. Beim Hinausgehen blinzle ich ihnen verstohlen zu.

Nach dem Frühstück besuche ich Galden, einen Verwandten meines Sherpafreundes Tendi Lama in Junbesi. Ich werde herzlich willkommen geheißen. Kaum habe ich mich niedergelassen, bringt mir eine Tochter des Hauses Tschang und Buttertee. Galden ist Künstler, er malt Thankas und schnitzt hölzerne Druckstöcke für die heiligen Bücher. Gern erlaubt er, daß ich ihm bei der Arbeit zusehe. In einen Holzrahmen hat er mit Schnüren eine Leinwand so straff gespannt, daß sie nicht ein einziges Fältchen wirft. Auf diese Leinwand hat er ein Gemisch aus Kreide und Leim als Grundierung aufgelegt und darauf mit feinen Linien die Skizze eines Heiligenbildes gezeichnet. Jetzt taucht der Maler seine Pinsel in die Farbtöpfe und trägt mit sorgfältigen Strichen Farbe auf die Heiligenfiguren. Schon kann man das rote Gewand eines Buddha erkennen, wie Sonnenstrahlen glänzen die dünnen Goldlinien des Heiligenscheines, und ein Stückchen Himmel leuchtet blau über die weißen Flächen. Stundenlang sitzt Galden vor seiner Leinwand. Ohne Hast führt er die Arbeit fort, bis sie genau nach den vorgeschriebenen Regeln beendet ist. Er hat seine Kunst in einem tibetischen Kloster gelernt und dort ein Skizzenbuch angelegt. Es liegt während der Arbeit aufgeschlagen neben ihm, damit er Haltungen und Attribute nach der richten Anweisung übertragen kann. Stolz zeigt Galden mir ein paar Thankas, die in der Fülle der Figuren und der Feinheit der Pinselstriche einen Meister erkennen lassen. Ich bitte ihn, mir vorzuführen, wie Druckstöcke geschnitzt werden. Bereitwillig holt er seine Schnitzmesser und einige längliche Holztafeln aus einer Truhe. Mit gekreuzten Beinen läßt er sich auf der Bank nieder, hält eine Tafel im Schoß und setzt behutsam das Messer an. Mit kurzen Schnitten holt die gekielte Klinge Buchstaben um Buchstaben aus dem Holz. Es sind tibetische Schriftzeichen, und sie müssen in Spiegelschrift geschnitzt werden, damit später auf dem Papierabzug die Worte in der richten Reihenfolge von links nach rechts stehen. Galden beherrscht die Schnitzmesser mit bewundernswerter Sicherheit. Er hält die Buchstaben genau gleich groß, so daß man meinen könnte, sie seien mit einer Maschine gestanzt. Manchmal verziert er einen Druckstock mit der Darstellung eines Bodhisattvas oder eines Schutzdämonen. Diese zierlichen Holzschnitte sind Kunstwerke, deren Anmut und Lebendigkeit mich begeistern. Es bereitet Galden sichtlich Vergnügen, daß er einen Verehrer seines Handwerks gefunden hat. Er streicht schwarze Farbe auf die Holztafeln, zieht einige Blätter ab und schenkt sie mir. Einen alten Druckstock, der nicht mehr gebraucht wird, darf ich ebenfalls mitnehmen. Die Zeit bis zum Abend ist mir im Hause des Künstlers wie im Fluge vergangen. Nach ausgiebigem Abendessen, es gibt Mongmo, Buttertee und später Tschang, verabschiede ich mich von den freundlichen Leuten. Noch eine zweite Nacht schlafe ich im Tempel, dann geht es zurück zu unserem Almlager.

Hoch über Pangpotsche kleben ein halbes Dutzend Häuschen wie Schwalbennester am Steilhang. An einem klaren Vormittag steige ich die vielen Wegkehren hinauf, um ein Lamaehepaar zu besuchen, das dort oben wohnt. Nach mühseligem Aufstieg erreiche ich tiefatmend die kleine Plattform vor dem obersten Häuschen. Man hat das Gefühl, im Horst eines Adlers zu stehen, so schmal ist der bebaute Platz und so steil sind die Hänge ringsum. In den Alpen könnte man an einer solchen Stelle keine Häuser mehr bauen. Die Lawinen würden sie im Winter hinwegfegen. Hier aber fällt wenig Schnee an den unteren Bergseiten, und die Sonne brennt tagsüber so heiß, daß sich keine Schneemassen auftürmen können. Ich trete an die niedrige Steinmauer, die den winzigen Hof gegen das Tal hin begrenzt und schaue hinüber zu den schwin-

Im Tempel von Pangpotsche bewahrt man einen »Yetiskalp« auf.

delerregenden Himalayahöhen. An einer flatternden Gebetsfahne vorbei geht mein Blick zu den Eisbalkonen der Amadablam auf der anderen Talseite. Links steht die vertraute Burg der Everestgruppe, rechts spießt der Kangtegagipfel mit nadelscharfer Spitze eine kleine Wolke auf.

Ein Geräusch hinter mir schreckt mich aus meiner Versunkenheit. Eine kleine Sherpafrau steht in der Haustüre. Ihr schwarzes Haar ist in einen Zopf geflochten, vor der Brust trägt sie ein silbernes, mit Türkisen eingelegtes Amulettkästchen, und um die Hüften hat sie die buntgestreifte Sherpaschürze gebunden. Mit schüchternem Lächeln bittet sie mich ins Haus. Ich folge ihr die enge Stiege hinauf und begrüße den Hausherrn. Aus den tausend Runzeln und Fältchen seines Gesichtes lacht der Schalk, die wenigen Haarstoppeln auf dem Kopf sind grau, im Mund fehlen einige Zähne. Trotz seines Alters sprüht der Lama vor Lebenskraft, bald sind wir vor unseren Tschangtöpfen in ein Gespräch vertieft. Die Frau sorgt dafür, daß unsere Schalen nicht leer werden. Der Lama erzählt mir, daß unten im Dorftempel eine seltene Reliquie aufbewahrt wird: Die Hand und die Kopfhaut eines Yeti. Wenn ich heimginge, solle ich mir diese Trophäen von dem Tempelwächter zeigen lassen.

Bevor ich gehe, schauen wir ein Weilchen zum Fenster hinaus. Der alte Mann zeigt mir die verschiedenen Almen und nennt mir die Namen der Täler. Tief unten erkennen wir die hellen Flecken unserer Zelte, die grauen Häuser und Steinwälle von Pangpotsche. Der Blick durch das Fenster verstärkt die Vorstellung, in einem Raubvogelnest zu sitzen. Man wünscht sich Flügel, um von der luftigen Kanzel davonzuschweben.

Ich verlasse das gastfreie Ehepaar und eile im Trab die vielen Schlingen des Pfades hinunter ins Dorf. Auf den Stufen, die zur Gompa hinaufführen, sitzt der greise Tempelwächter. Auf meine Frage nach den Yetireliquien streicht er sich seinen schütteren Bart und wiegt bedenklich den Kopf. Ich verspreche ihm ein Geldgeschenk für den Tempel. Daraufhin schlurft er eilig davon und verschwindet im Halbdämmer des Tempelraumes. Kurz danach erscheint er wieder mit einem Bündel, das in ein gelbes Tuch geschlagen ist. Er holt daraus einen roten Kasten und einen Lederhelm hervor, der mit spärlichen, rötlichen Borsten bedeckt ist und nach oben spitz zuläuft. Quer über den Helm, der wie ein Hut auf meinen Kopf paßt, verläuft ein Streifen senkrecht stehender Haare. Ob dieses vertrocknete Fellstück wirklich die Kopfhaut eines unbekannten Wesens ist, kann ich nicht mit Sicherheit erkennen. Es scheint jedenfalls sehr alt zu sein. In dem Kasten liegt die zweite Sehenswürdigkeit: Das Skelett einer Hand. Die Fingerglieder werden von Messingklammern zusammengehalten, die Handwurzel ist mit pergamenttrockenen Hautstücken überzogen. Man könnte meinen, es sei eine kleine Menschenhand. Nachdem ich die beiden Stücke bewundert und fotografiert habe, setze ich mich neben den Tempelwächter und bitte ihn, mir die Geschichte dieser Yetireliquien zu erzählen. Der alte Lama spricht gut Nepali, so daß die Verständigung keine Schwierigkeiten bereitet:

»Vor langer Zeit gab es hier, wo heute die Häuser von Pangpohe stehen, nur die rote Gompa. Sie ist viel älter als das Dorf. Damals lebte im Tempel ein Lama von den spärlichen Opfergaben, die ihm Pilger hie und da aus den tiefer im Tal gelegenen Dörfern brachten. Eines Tages wurde der fromme Mann krank und beschloß, an den Fuß des eisigen Berges Tabotsche zu steigen, um dort in der Wildnis zu meditieren und dadurch Genesung zu finden. Mühsam schleppte er sich den Fußpfad hinauf, bis er im Anblick der fernen Tschomolongma

Aus den Morgennebeln hinter dem Sherpahaus taucht der eindrucksvolle Gipfel des Numbur auf (oben).

Blitzendes Kupfergeschirr in einem wohlhabenden Sherpahaus (unten).

niedersank, der ihr Sahibs den sonderbaren Namen »Mount Everest« gegeben habt. Aber der Lama konnte sich nicht in Meditation versenken. Sein knurrender Magen hinderte ihn daran, denn er hatte seit Tagen nichts mehr gegessen. Als er sich abmühte, sein körperliches Verlangen zu bezwingen, gewahrte er eine Gestalt, die zwischen den Steinblöcken auf ihn zustrebte. Es war ein Yeti, ein Schneemensch. Das Geschöpf war größer als ein gewöhnlicher Mensch. Dichtes, rötliches Haar bedeckte seinen Körper und die langen Arme, auch von seinem spitz nach oben gezogenen Kopf hing es in Strähnen herunter. Der kranke Mann erschrak nicht, wie du wohl erschrecken würdest, Sahib, beim Anblick eines solchen Ungeheuers. Er war bei seinen Meditationsübungen am Rande der Gletscher schon öfters dem Herrn der Höhen begegnet. Der Yeti kniete vor dem Lama nieder und bot ihm süße, wohlschmeckende Wurzeln an, die er zwischen den Rhododendronsträuchern ausgegraben hatte. Der Lama aß und versank alsbald in tiefe Meditation. Als sein Geist in die Wirklichkeit zurückkehrte, fühlte er sich frisch und kräftig, die böse Krankheit war von ihm gewichen. Er erhob sich und ging in seine Behausung zurück. Der Yeti aber begleitete ihn und lebte von nun an ständig in der Gompa. Er wurde der Diener des Lamas, brachte ihm das Essen, wusch seine Kleider und versorgte ihn wie eine Mutter. Der fromme Mann konnte sich ausschließlich seinen religiösen Pflichten widmen und erwarb große Weisheit.

Der Ruf des heiligen Mönches und die Kunde, daß ein Yeti als Diener in der Gompa im Imja-Kola-Tal lebte, lockte Pilger aus dem ganzen Land an. Sogar aus Pö, das ihr Sahibs Tibet nennt, kamen sie. Viele Pilger blieben, bauten sich Häuser, rodeten das Land und legten die Kartoffeläcker und Getreidefelder an, die noch heute Frucht tragen. So entstand das Dorf Pangpotsche, dessen Mittelpunkt der rote Tempel bildete, in dem der Lama und sein Yeti wohnten. Sie lebten nicht schlecht von den Opfergaben der frommen Leute. Im Laufe der Zeit bezogen weitere Lamas, als Schüler des Heiligen, Quartier in der Gompa. Wenn abends die Litaneien und die Musik der Pauken, Becken und Gongs aus dem Tempelinneren tönten, wußten die Dorfbewohner, daß Dämonen und Erdgeister keine Macht über sie gewinnen konnten.

Eines Tages starb der weise Lama, und gleichzeitig starb sein treuer Yeti. Man nahm die Kleider des Verstorbenen, den Skalp und die Hand seines Dieners und bewahrt seither diese Dinge in einer großen Truhe auf. Der Mönch erlebte später noch mehrere Wiedergeburten, die alle im Dorf wohnten. Ein Schneemensch hat jedoch nie mehr mit Menschen zusammen gelebt. Wir Sher-

Namtüsse ist Wächter des Nordens und Schutzheiliger des Reichtums, erkennbar am Rundbanner und am edelsteinspeienden Mungo.

pas glauben, daß jener Yeti eine Inkarnation des Lamas war, die zu gleicher Zeit mit ihm in die Welt kam. Wir betrachten dieses Ereignis als ein Wunder und sind überzeugt, daß das Dorf Pangpotsche diesem Wunder seine Entstehung verdankt.«

Der alte Tempelwächter hüllt den Skalp und die Kiste mit der Hand wieder in das Tuch ein. Er bedeutet mir, ihm zu folgen. Nachdem er die Reliquien in einer Truhe neben dem Altar verwahrt hat, führt er mich in den Oberstock des Tempels. Masken, Felle, Musikinstrumente und liturgische Geräte verstauben in den Winkeln und am Boden. Das alles sei persönlicher Besitz des inkarnierten Heiligen, erklärt der Alte, man dürfe kein Stück davon aus der Gompa entfernen. Er nimmt eine riesige, grinsende Dämonenmaske auf, aus deren Rachen Tuchfetzen hängen.

»Diese Maske hat ebenfalls eine Geschichte«, sagt er, »sie trug sich einige Zeit nach der Begebenheit mit dem Yeti zu. Damals lebte hier eine spätere Inkarnation des ersten Lamas von Pangpotsche. Ein mißgünstiger Schüler begleitete den heiligen Mönch eines Tages in den Wald, unter dem Vorwand, sich in Meditationen unterweisen zu lassen. An einem abgelegenen Platz erschoß er seinen Lehrer mit einem Gewehr, das er dort versteckt hatte. Damit die Seele nicht aus dem Körper entweichen und sich an ihm rächen konte, verstopfte der Mörder alle Körperöffnungen des Toten mit Tuchfetzen. Daraufhin eilte er ins Dorf zurück und verkündete, der Heilige sei in eine Kluft gestürzt. Nun wurde der ungetreue Schüler selber in das Amt des ersten Lamas von Pangpotsche eingesetzt und alle Opfergaben gehörten ihm. Doch eines Tages trat aus dem Wald ein alter Lama hervor, zum Entsetzen des bösen Mönches hielt er zwischen den Zähnen ein paar Fetzen ausgeblichenen Tuches. Der Mordbube hatte vergessen, das Ein- und Ausschußloch ebenfalls zu verstopfen, so daß die Seele trotz aller Vorsichtsmaßnahmen entweichen konnte und sich in einem anderen Körper reinkarniert hatte. Die Dorfbewohner erkannten ihren geliebten Tempelherrn wieder, jagten den Bösewicht davon und setzten den Heimkehrer in seine alten Rechte ein. Der ruchlose Schüler starb arm und elend in der Fremde.«

Der Tempelwächter hängt die Maske an einen Nagel in der Wand. »Wir tanzen manchmal eine Pantomime«, erklärt er, »in der diese Erzählung dargestellt wird.«

Wir klettern die Stiege wieder hinunter, und beim Abschied drücke ich dem alten Mann einige Münzen in die Hand. Sein runzliges Gesicht strahlt aus allen Falten vor Freude über das ansehnliche Geldgeschenk. Er hat es verdient für den Eifer, mit dem er mir zu den beiden Erzählungen verhalf und für die Farbigkeit, mit der er sie ausschmückte.

Yaks im Himalaya

Unsere kleinen Zelte stehen wie verloren in der gewaltigen Moränenlandschaft des Khumbu. Tief unter uns rauscht in ihrem scharf eingeschnittenen Bett die grüne Imja Kola, die von den Gletschern des Everest, Lhotse, Nuptse und vieler anderer Eisriesen gespeist wird. Schroff und abweisend blicken die Berghänge auf uns herab. Es gibt wenig Grün in dieser Landschaft. Hinter unseren Zelten steht an steilem Hang ein schütterer Wald aus Tannen und Rhododendren. Den Unterwuchs bilden Wacholder, Zwergrhododendren und Berberitzen. In dem dichtverfilzten Gestrüpp finden viele Tiere Unterschlupf und Wohnung. Da nisten die Drosseln, die morgens auf den Tannenwipfeln sitzen und das Tal mit ihrem Flötengesang erfüllen. Da schlüpfen Wiesel auf der Mäusejagd durch das verknotete Wurzelwerk. Da saugen die scheuen Moschustiere prüfend die Luft durch die Nüstern, ehe sie das Unterholz auf dem Gang zur abendlichen Äsung verlassen. Es sind skurrile Tiere mit überlangen Hinterläufen, die von weitem wie Rehe aussehen. Ihr Kopf, mit beweglichen Ohren, erinnert an den eines Hasen. Die weit hervorstehenden Eckzähne des Oberkiefers verleihen ihnen ein schüchternes Aussehen, so, als bäten sie ständig um Verzeihung.

Anfang Mai ziehen jeden Mittag dicke Wolkenbänke als Vorboten des nahenden Monsuns von Süden her das Tal herauf. Sie hüllen alles mit ihrem feuchten Nebelatem ein, die Landschaft wird grau und bedrückend. Oft fällt ein leichter Nieselregen und drückt auf unsere Stimmung.

An solch einem trüben Mainachmittag steht plötzlich ein Phantom am Berghang etwas oberhalb der Zelte. Es scheint aus den Zwergrhododendren gewachsen zu sein. Unbeweglich steht es, als sei es aus weißem Marmor gehauen. Der erste Gedanke beim Anblick der hellen, bewegungslosen Gestalt ist: Ein

Yeti, ein Schneemensch! Aber das, was sich da aus dem Nebel hebt, ist ein Rind, ist ein uriger, alter Yakbulle mit langem, dichtwolligem Haar. Er steht dort, als sei er ein Stück Berglandschaft. Nur aus seinen großen Augen funkelt Leben; neugieriges, witterndes Leben. Er beobachtet unser Treiben, als müsse er irgendwo einen genauen Bericht über das abgeben, was wir tun. Doch den ganzen Nachmittag kann man sich nicht Aug in Auge gegenüberstehen, und so wenden wir uns im Lager wieder der täglichen Arbeit zu.

Als ich einmal den Kopf hebe, um nach dem Yak zu sehen, ist er verschwunden. Verschluckt vom Nebel. Aufgesogen von der Landschaft, als habe es ihn nie gegeben. Meinen Dienern, die am Feuer das Abendessen kochen, rufe ich zu, ob sie den Yak hätten fortgehen sehen. Nein! Auch sie wundern sich über das jähe Verschwinden des Tieres, wenngleich weniger als ich. Wenn etwas plötzlich erscheint und ebenso plötzlich verschwindet, ist ihnen das selbstverständlich. Es erscheinen und verschwinden täglich viele Dinge. Wer wollte so vermessen sein, zwischen der Welt der Wirklichkeit und der des Scheins zu unterscheiden? Mich bewegt jedoch der Gedanke an den Yakbullen noch lange Zeit. Ich wußte bisher nicht, daß es weiße Yaks gibt. Es erstaunt mich, daß ein einzelnes Tier ohne Begleitung der Herde hier herumlaufen soll. Hat die Gestalt wirklich dort zwischen den Büschen gestanden, ober haben mich meine Augen in der Höhenluft genarrt?

An einem sonnigen Frühlingsmorgen wandere ich mit Damai nach Thengpotsche hinunter. Ich möchte den jungen Abt wiedersehen und ein wenig im Kloster herumstromern. An den hellgrünen Birkenblättern schimmern Tautropfen, der Gesang der Drosseln auf den Tannenspitzen stimmt uns fröhlich. Als wir die Wiese vor dem Kloster erreichen, an deren Ende der Tschörten mit dem vergoldeten Halbmond steht, zupft mich Damai am Ärmel. Er weist zu den Mauern des Klosters hinüber. Dort steht unser Nebelbesucher, der weiße Yakbulle. Voll Kraft, wie ein Teil des ehrwürdigen Klosterbaues. Wir wollen ihn als einen alten Bekannten begrüßen, aber er würdigt uns keines Blickes. Seine Aufmerksamkeit gilt ausschließlich einigen dunkelbraunen Yakkühen, die neben der Klostermauer das kurze Gras abweiden. Es ist derselbe Yak, darüber gibt es keinen Zweifel. Ein alter Mönch bestätigt uns das. Es gäbe nur diesen einzigen weißen Bullen hier in der Umgebung, am liebsten weile er in der Gegend von Pangpotsche. Weshalb jedoch dieses veränderte Verhalten? Damals hat er uns mit unverhohlener Neugier und wacher Aufmerksamheit beobachtet, heute nimmt er überhaupt keine Notiz von uns. Auch unser Anruf rührt ihn nicht. Als ich mich ihm nähere, zeigt er die gleiche Scheu wie die Yakkühe in seiner Gesellschaft und stellt mit ein paar leichtfüßigen, seitlichen Trippelschritten den gebührenden Abstand zwischen Tier und Mensch wieder her.

Die fette Milch der Yakkühe braucht man für den Buttertee.

Einige Zeit später unternehme ich mit zweien meiner Träger einen Ausflug in das Sherpadorf Thame, das im breiten Bothe-Kosi-Tal liegt. Durch dieses Tal führt eine uralte Handelsstraße über den 5500 m hohen Nangpa-Paß nach Tibet. Sie ist für die Sherpahändler der Landschaft Khumbu lebenswichtig, denn sie stellt ihre einzige Verbindung mit den Nachbarn im Norden dar. In Namche Bazar, dem Hauptort des Khumbu, werden alljährlich große Mengen Wolle, Salz, Teppiche und Schmuckwaren aus Tibet gegen Reis, Gewürze, Tuche oder Farbstoffe aus Nepal und Indien umgesetzt. Wie aber werden alle diese Waren über den hohen Paß, durch Eis und Schnee transportiert? Ich frage den Händler Dawa Nurbu, der uns seit Namche Bazar begleitet. Er gibt mir Auskunft:

»Das machen die Yaks, Sahib. Auf den Rücken der Yaks wird der größte Teil der Waren über den Himalaya gebracht. Ich selbst will mich in einigen Wochen auf eine ausgedehnte Handelsfahrt begeben und dabei bis nach Lhasa reisen. Ich werde dazu meine 15 Lasttiere mitnehmen und hoffe, mit gutem Gewinn zurückzukehren.«

»Hast du außer diesen 15 Tieren noch andere Yaks?« will ich wissen.

»Natürlich«, antwortet Dawa Nurbu, »ich bin nicht nur Händler, sondern auch Viehzüchter. Ich habe einen guten Yakstier und eine Anzahl Zuchtkühe.

Sie müssen dafür sorgen, daß immer genügend Tragtiere zur Verfügung stehen, denn auf den gefährlichen Reisen durch Tibet büße ich manches Tier ein. Die Kühe, die wir »Naks« nennen, sind mit den Kälbern den ganzen Sommer über auf den Hochalmen. Drüben in der Gegend von Pangpotsche, wo du zur Zeit wohnst, reichen die Almen bis an den Rand der Gletscher hinauf.«

»Dienen euch die Yaks nur zum Tragen von Lasten, oder nutzt ihr sie auch auf andere Weise?« frage ich weiter.

»Der Yak ist unser wichtigstes Haustier«, sagt mein Sherpafreund, »er bedeutet für uns Reichtum und die Grundlage unseres Lebens. Wegen seiner Genügsamkeit und seiner großen Körperkräfte ist er unentbehrlich für Handelsreisen über die hohen Pässe. Daneben liefert er vieles, was wir täglich brauchen. Aus den Haaren kann man Decken und Zeltplanen weben. Die fette Milch der Kühe wird zu Butter oder Quarkkäse verarbeitet. Das Fleisch schmeckt gut und kräftig. Allerdings müssen wir warten, bis einer der wandernden Schlächter aus Tibet kommt, die wir als niedrige Geschöpfe verachten, oder bis der Schneeleopard ein Tier aus der Herde schlägt. Wir sind Buddhisten und dürfen nicht selbst töten. Endlich verwerten wir auch den Mist unserer Yaks. Weil in den hochgelegenen Dörfern Holz Mangelware ist, wird oft Yakmist als Herdfeuerung benutzt. In getrocknetem Zustand brennt er ausgezeichnet und glüht lange nach.«

Dawa Nurbu macht eine Pause und zieht aus seiner Tasche einige bröckelige, grauweiße Stücke hervor. »Dies hier ist getrockneter Yakkäse«, sagt er und reicht sie mir. »Probiere ihn einmal Sahib. Der Käse ist sehr nahrhaft und fast unbegrenzt haltbar. Ein vorzüglicher Proviant für lange Wanderungen.«

Ich schiebe ein Stück in den Mund und kaue eine Weile auf der harten Masse herum. Dawa Nurbu betrachtet mein angestrengtes Gesicht und lacht. »Man braucht gute Zähne und viel Geduld, um den Käse zu zerkleinern. Aber wenn man stundenlang geht, wirkt das Kauen beruhigend. Schmeckt er dir?«

Ich nicke höflich, obwohl der zähe Klumpen eher fad und ein wenig schimmelig als nach würzigem Käse schmeckt.

Kurz vor Thame begegnet uns eine Herde massiger, dunkler Yaks. Sie kommen vom Nangpa-La herunter und tragen Doppelsäcke mit Salz nach Namche Bazar. Vor ihnen geht ein tibetischer Karawanenhirt her, der ständig ruft und pfeift. Er ist in einen Schafspelz gekleidet, über seinen Rücken baumelt ein schwarzer Zopf. Hinter den Tieren laufen ein paar Treiber, die dafür sorgen, daß die Gruppe eng beisammen bleibt. Im Vorbeigehen lachen sie uns freundlich zu und strecken höflich die Zunge heraus; ein Gruß, der unter Tibetern als

Schwarz und zottig steht ein Yak auf der Alm unter dem Tabotsche.

wohlerzogen gilt. Sie werden froh sein, wenn sie nach den Strapazen der Reise das Sherpadorf erreicht haben und den klingenden Lohn für ihre Mühe erhalten. Dumpf schnaufend und grunzend drängen die dichtwolligen Tiere an uns vorüber und sind bald in einer Staubwolke talauswärts verschwunden. Wir aber erreichen nach wenigen Minuten Thame und folgen Dawa Nurbu in das Haus seiner Verwandten, wo wir zu heißem Buttertee und gebratenen Kartoffeln eingeladen werden.

An einem strahlenden Sonnentage steige ich mit dem treuen Jasman und zwei Sherpafrauen, die mein Gepäck tragen, auf die einsame Yakalm Tabotsche. Sie liegt wie ein Raubvolgehorst auf einem kleinen, ebenen Platz am steilen Hang, hoch über Pangpotsche. Nachdem die beiden Frauen ihren Trägerlohn erhalten haben und fortgegangen sind, richten wir uns in einer der Almhütten häuslich ein. Sie besteht aus rohgefügten Trockensteinmauern, das Dach ist mit Holzschindeln gedeckt, die man mit Steinbrocken beschwert hat. Die ungefüge Holztür bewegt sich quietschend in zwei großen Zapfen. Im Inneren ist der eine Teil des Bodens mit duftenden Wachholderzweigen ausgelegt, den anderen bedeckt eine dicke Lage Yakmist, denn hier haben im Sommer die Kälber ihren Platz. Eine rechteckige, mit Lehm verkleidete Vertiefung an der Wand ist für das Feuer bestimmt. Jasman hockt alsbald an der züngelnden Flamme, um für den Magen seines Herrn nach besten Kräften zu sorgen.

Ich trete vor die Tür, damit mir der Abendwind die Augen kühlt, die vom beißenden Rauch tränen. Drüben im Südosten vergoldet ein letzter Sonnenstrahl den Doppelgipfel der Kangtega. Ihr Name bedeutet in der Sherpasprache »Yaksattel«. In der Tat sieht der Gipfelaufbau dem zweigehörnten Sattel täuschend ähnlich, den man zum Reiten auf den langhaarigen Rindern benutzt. Rasch bricht die subtropische Nacht herein. Über mir entzündet sich Stern an Stern. Ich bekomme plötzlich Angst vor der bedrohlichen Majestät der Berglandschaft und gehe eilig in die Hütte zurück. Hier gibt es einen Menschen, mit dem ich reden kann. Hier brennt ein wärmendes Feuer, und der Duft von gebratenem Hühnerfleisch läßt mir das Wasser im Munde zusammenlaufen.

Am folgenden Morgen stehe ich früh auf. Der Nachthimmel ändert seine Farbe soeben von Violettblau nach Hellgrün. Es ist empfindlich kalt. Ich will den dunklen Felsberg oberhalb der Alm besteigen, der mehr als 5000 m hoch ragt und von dessen Gipfel ich mir einen Blick in den hintersten Winkel des Khumbutales erhoffe. Mich treibt die Neugier zu sehen, was hinter dem Berg liegt. Es ist immer dasselbe mit diesen Bergen, Rücken und Pässen. Steht man oben, so ist man überrascht und enttäuscht zugleich. Neue Berge und Pässe tun sich auf, und das offenbarte Geheimnis weist nur auf neue Geheimnisse hin.

Weiße Wolken segeln über den Gipfel des Pumori nach Tibet hinein.

Das Steigen auf dem steilen Wiesenhang ist beschwerlich, doch voll eines berauschenden Körpergefühls. Der Atem geht rasch und stoßweise, der Schritt ist langsam. Ich steige allein. Ich verstehe auf einmal die Heiligen und Eremiten, die sich in die Einsamkeit der Himalayaberge zurückziehen, um zu meditieren und in engster Verbindung mit der Urnatur ihrer Seele einen Weg in die Unendlichkeit zu öffnen. Ich stelle mir vor, ein bergan steigender Eremit zu sein.

Ich erreiche die Stelle, wo sich aus dem Wiesenrücken ein gebogener Felsgrat zum Gipfel emporschwingt. Ein paar Yaks weiden dort. Sie wenden die Köpfe, als sie meine Schritte vernehmen, und hören auf zu kauen. Wir sehen einander neugierig und ein wenig mißtrauisch an. Immerhin wächst aus ihren großen Schädeln ein Paar respektabler, ausladender Hörner. Eine unliebsame Begegnung mit einem Stier in den Alpen kommt mir in den Sinn. Das Herz klopft mir, als ich mich unweit eines liegenden Yaks zu Boden setze, dessen schwarzer Kopf sich wie ein Scherenschnitt gegen die weißen Gletscher der Amadablam abhebt. Nachdem ich mich ein wenig verschnauft habe, beginne ich mit dem Yak zu reden. Er reagiert überhaupt nicht, hört lediglich auf zu kauen. Ich rede weiter, leise und beschwörend. Der Yak beginnt wieder zu kauen, knurpselnd und unentwegt. Da wage ich es, ein paar Zentimeter näher zu rutschen. Er hört wieder auf zu kauen und wendet ganz langsam das mächtige Haupt dem leise sprechenden Menschen zu. Einen Augenblick sieht er durch mich hindurch, dann schwingt der Kopf in die alte Lage zurück, das Malmen der Zähne beginnt aufs neue. Ich werde mutiger und rücke Zentimeter um Zentimeter näher. Dabei moduliere ich die Stimme, streue lustige und zärtliche Laute ein. Schließlich sitze ich so nahe vor dem Tier der einsamen Hochweiden, daß mich sein warmer, feuchter Atem streift. Vorsichtig und so langsam ich nur kann, hebe ich die Hand. Sie zittert. Ich lege sie leicht auf den zottigen Hals und lasse sie dort ruhen. Dann beginnen die Finger behutsam und wie zufällig, sich zu bewegen. Sie werden mutiger und fassen das weiche Haar fester. Schließlich gleiten sie unter das mächtige Kinn, wo man die Bewegung der kauenden Kiefer spüren kann. Sie kraulen es zärtlich und mit Inbrust. Da rollt ein abgrundtiefes Grunzen aus der Kehle, wie manchmal fernes Donnergrollen aus dem Grunde eines Gletschers tönt. Der Yak reckt den Kopf hoch, streckt das Maul vor und schließt die Augen. Mit überströmendem Wohlbehagen gibt er sich dem Streicheln und der beschwörenden menschlichen Stimme hin. Als mir schließlich der ausgestreckte Arm vor Anstrengung herunterzusinken droht, ziehe ich mich vorsichtig und ständig weiterredend zurück. Der Yak sitzt vor den Eisbergen wie aus Stein gehauen. Das Mahlen der Kiefer bleibt die einzige Bewegung. Er beachtet mich nicht mehr.

In mir aber singt es vor Vergnügen. Vor ein paar Tagen hat Djamba, mein alter Sherpafreund aus Pangpotsche, zu mir gesagt: »Einen Yak wirst du nie anfassen können. Sie lassen sich von Sahibs oder Leuten aus dem Süden nicht berühren. Niemals! Sie springen davon oder nehmen dich gar auf die Hörner.« Ich wünschte, daß Djamba jetzt hier gewesen wäre.

Ich steige dann keuchend auf meinen Felsberg und sitze eine Stunde lang auf seinem schmalen Gipfel. Tief unter mir liegt ein grauer Moränensee. Am Ende des Tales steht eine eisige Mauer, gekrönt von den Gipfelpyramiden des Pumori und Mt. Everest. Aber was liegt hinter dieser Mauer? Nur die weißen Wolkenflocken können es sehen. Und ich meine, sie singen zu hören: »Tibet liegt dort«, singen sie, »das weite, unendliche, geheimnisvolle Tibet.« Starr liegt die öde, braune Landschaft vor mir. Doch ist sie in Wahrheit nicht starr, sie bewegt sich. Die lange schuttgraue Zunge des Khumbugletschers fließt dort unten heran. Nicht wahrnehmbar, aber stetig. Und die Wolken singen immer noch: »Tibet – Bhoteland!« Dämonen sollen hier oben wohnen. Ich meine, ihre Nähe zu spüren und überlasse ihnen wieder ihr Reich.

Am Abend schreibe ich in mein Tagebuch einen kurzen Eintrag: »Beim Aufstieg eine Stunde lang einen Yak gestreichelt.«

Taiakbo

Über Nacht ist Schnee gefallen und hat die waldlosen Hänge der Vier- und Fünftausender im oberen Dhud-Kund-Tal überzuckert. Die Eispyramide des fast 7000 m hohen Numbur gleißt wie frisch gebleicht in der Morgensonne. Ich verlasse die Almhütte noch vor dem Frühstück und unternehme einen Spaziergang in die Umgebung. Eine Spur läuft über die weiße Decke und endet unter einem Steinblock. Sie gleicht einer Hasenspur, aber die Fußabdrücke sind viel kleiner und stehen dichter beisammen. Unter dem Stein muß der Bau des Tieres liegen, das die Fährte in den Schnee gedrückt hat, denn der Boden ist an dieser Stelle festgestampft. Ein Haufen kugelrunder Kotperlen liegt dort, vertrocknet und durch die Kälte fest zusammengebacken.

Mein geduldiges Warten wird nach einer kurzen Weile belohnt. Es rührt sich etwas neben dem Stein. Eine kleine, graue Gestalt huscht hervor und bleibt sichernd unter dem schützenden Überhang des Blockes sitzen. Das etwa meerschweinchengroße Tier ähnelt einem Kaninchen, besitzt allerdings viel kürzere Ohren. Es ist ein Pfeifhase, ein Taiakbo, wie ihn die Sherpas nennen. Er stößt ein schrilles, quiekendes Zirpen aus und huscht zwischen die Zwergrhododendren. Ein zweiter Pfeifhase schiebt sich aus seinem Bau unter einem Felsblock, ein anderer hockt vor einem Wachholderbusch, und bald tummelt sich eine Gruppe von sechs oder sieben flinken Gesellen in der Morgensonne. Sie hoppeln um die Büsche und Steine, knabbern wählerisch an den Kräutern ihrer Umgebung und sichern mümmelnd nach allen Seiten.

Plötzlich fällt ein dunkler Schatten über den Boden. Ein helles Zirpen – wie der Blitz sind die Pfeifhasen verschwunden. Die Blöcke, auf denen sich eben noch fröhliches Leben regte, liegen verlassen da. Ein riesiger Lämmergeier streicht niedrig an den Hängen entlang. Er ist ein Todfeind der Pfeifhasen, wie der Adler, der Schneeleopard oder das Wiesel. Heute hat er jedoch das Nachsehen, ohne Beute gleitet er um eine Felsnase und versucht anderswo sein Glück. Nach dem Verschwinden des gefährlichen Feindes dauert es nicht lange, bis wieder die ersten Pfeifhasenköpfe mit glänzenden Äuglein unter den Steinen hervorblinzeln.

Im Laufe der Zeit erfahre ich immer mehr über die possierlichen Mümmelmänner. Besonders im Khumbu begegne ich ihnen auf Schritt und Tritt und kann sie auf den Hochalmen ausgiebig beobachten. Ein paar Male gelingt es mir sogar, eines der Tierchen in der Falle zu fangen und aus der Nähe zu betrachten. Das gesamte Himalayagebirge wird von der Baumgrenze bis zur Sommerschneegrenze von Pfeifhasen besiedelt. Sie halten den Höhenrekord unter den kleinen Säugetieren, noch in 6000 m Höhe kann man ihre Spuren und ihre Kotperlen finden. Die graubraunen Tierchen, Verwandte unserer Hasen und Kaninchen, besitzen keinen sichtbaren Schwanz. Zwar findet man in ihrem Skelett 6 winzige Schwanzwirbel, aber diese Wirbel bleiben unter der Haut verdeckt. Im Gegensatz zu Hasen und Kaninchen, deren Schwänze man deutlich sieht. Das Haarkleid ist dicht und weich, die Fußsohlen sind mit kurzen, kräftigen Haaren samtig bepelzt, wie bei den größeren Hasenvettern. Wie alle Tiere, die in einem rauhen Klima leben, müssen die Pfeifhasen einen Haarwechsel durchmachen, der ihre Farbe im Laufe der Jahreszeiten verändert. Im Winter sehen sie unscheinbar grau aus, im Sommer sind sie leuchtend rotbraun gefärbt.

Man kennt die Pikas, wie die Pfeifhasen ebenfalls genannt werden, aus allen Teilen Zentralasiens. Der berühmte Asienreisende Sven Hedin beschreibt sie beispielsweise aus Tibet und erzählt, der Boden sei dort bisweilen so stark unterwühlt, daß man keinen Zeltpfahl fest in die Erde rammen könne. Das trifft allerdings für die Pikas im Himalaya nicht zu, denn hier wohnen sie in den Blockfeldern und zwischen den Zwergsträuchern von Rhododendron, Wachholder und Berberitze. Ähnlich leben Schneemäuse und Murmeltiere in den Alpen. Ihre Bauten legen sie unter dem Steingeröll an und polstern die Wohnhöhlen mit Gras aus. Im Sommer bringen die Pfeifhasen eine regelrechte Heuernte ein, beißen das Gras ab, legen es zum Trocknen aus und schleppen es unter die Erde. An einem Seiteneingang ihres Baues haben sie sich ein Klo eingerichtet, der Kot wird immer an dieser selben Stelle abgelegt und türmt sich zu kleinen Haufen.

Die Taiakbos sind possierliche Gesellen, man wird nicht müde, ihnen zuzuschauen. Im Khumbu widme ich eine Woche, die ich auf der Yakalm Pursur verbringe, ausschließlich ihrer Beobachtung. Den ganzen Tag über sausen sie zwischen den Sträuchern herum und springen pfeilschnell von Stein zu Stein. Besonders munter sind sie kurz nach Sonnenaufgang und abends, wenn die

Das Everestmassiv mit Nuptse, Mount Everest und Lhotse.

Sonne wieder sinkt. Um die Mittagszeit rasten sie und lassen sich seltener vor ihren Bauten blicken. Die Pikas müssen immer auf der Hut vor Feinden sein und legen daher eine nervöse Scheu an den Tag. Gern wählen sie sich einen erhöhten Platz als Aussichtspunkt, einen Steinvorsprung oder einen Erdhaufen. Bei der geringsten verdächtigen Bewegung stoßen sie ihren Schrei aus und huschen davon. Ein alter Pika-Bock ist besonders gerissen. Er hat seinen Beobachtungsposten unter einen kleinen Felsüberhang verlegt. Wenn er dort unbeweglich sitzt, kann man ihn auf mehrere Meter Entfernung kaum vom Graubraun des Steines unterscheiden. Selbst wenn ein Windstoß in sein Fell fährt und die Haare auseinanderpustet, rührt sich das Tier mit keinem Glied. Wenn ich jedoch meinen Fotoapparat etwas verrücke, um den alten Herrn zu porträtieren, zeigt er mir seine behaarten Absätze und stellt meine Geduld auf eine harte Probe, ehe er zurückkehrt.

Die meisten Pfeifhasen sind sehr neugierige Gesellen. Wenn man sie verscheucht, dauert es nicht lange, bis sie ihre Schnauzen sichernd aus dem Baueingang strecken. Gleich darauf schlüpfen sie wieder hervor und äsen zwischen den Steinen. In einer Mulde zwischen den Grasbülten liegt Sandboden nackt zutage. Ein halbwüchsiger Taiakbo hat es sich hier bequem gemacht und nimmt ein Sandbad, wie man es bei Hühnern oft sieht. Breit plustert er sich in seiner Badewanne, reibt seine Flanken im Sand und scheuert den Hinterkopf über den Muldenrand. Schließlich erhebt er sich, schüttelt das Fell, daß eine kleine Staubwolke aufstiebt und hoppelt davon. Ich bleibe mitten unter der Pfeifhasenfamilie sitzen, bis mir die Abendkälte unter den Pullover kriecht. Der Magen meldet sich knurrend, ich erhebe mich von meinem Anstand und strecke mich gähnend. Wie der Blitz flitzen die quicklebendigen Wollbälle in Deckung. Ich gehe zur Almhütte hinüber, wo Jasman bereits das Abendessen kocht. Morgen früh will ich zurückkommen, und ich freue mich schon auf den Augenblick, in dem meine Taiakbofreunde mich mit schrillem Warnschrei begrüßen.

Gleichzeitig mit den Pfeifhasen rührt sich weiteres Leben zwischen den Büschen und Steinen an der Himalayabaumgrenze. Zwei Fasanenarten teilen den Lebensraum mit den Pikas: Der Glanzfasan und der Blutfasan. Bereits Ende Januar hallt der heisere Balzruf des Glanzfasans wie ein rauher Glockenton durch die Hochtäler. Als ich eines Nachmittags einen einsamen Bergpfad entlangschlendere, überrasche ich einen der farbenprächtigen Hähne. Hochaufgereckt steht er auf einem Felsvorsprung. Das Gefieder schillert in metallischem Glanz: Der Kopf grün, der Hals kupferrot, die Flügeldecken violettblau und grün, der Schwanz rostrot. Über dem Scheitel stellt sich eine bunt schillernde Haube auf. Einen Moment starrt mich der Fasanenhahn verdutzt an, dann streicht er mit knatterndem Flügelschlag ab. Er fliegt eine kurze Strecke und segelt mit dreieckig gespreizten Schwingen auf einen neuen Standort nieder. Gleich darauf folgen ihm seine drei Hennen, unscheinbar braun gefärbt, die ich wegen ihrer Tarnfarbe am Boden nicht bemerkt habe. Ihr Flug ist ebenso schwerfällig und kurzatmig wie der ihres Gemahls. Es verstreichen nach dieser Flucht nur wenige Augenblicke, bis der laute Ruf wieder Tal und Wald erfüllt.

Die Glanzfasanen balzen von Ende Januar bis in den April hinein. Man kann die erregten Fasanenherren zu dieser Zeit gut belauschen, denn sie sind vor Liebe blind. Wir begegnen ihnen überall: auf den Grasplätzen zwischen den Wachholder- und Rhododendronbüschen und auf den Waldalmen, die von Bergbambus und Berberitzen umgeben werden. Die Hähne pflegen in der Balzzeit ihre Eifersucht. Mit vorgestreckten Hälsen verfolgen sie einander laut rufend zwischen den Steinen, während die Hennen unter den Büschen äsen. Sie werden in der Liebeszeit leicht die Beute ihrer räuberischen Feinde, des Schneeleoparden, des Adlers oder der Wölfe. Bisweilen finden wir einen verstreuten Haufen rostroter und blauschillernder Federbüschel, der vom tragischen Ende eines leichtsinnigen Fasanenhahnes kündet.

Der stille, aber nicht minder schöne Vetter des Glanzfasans, der Blutfasan, ist mit seiner Balz etwas später daran. Sie beginnt Ende März, wenn die seines Verwandten bereits nachläßt und dauert bis Anfang Juni. Der Blutfasan ist zwar nicht so prächtig gefärbt wie der Glanzfasan, aber er kann sich mit seinem schwarz-weiß-grün gestreiften Gefieder, mit den blutroten Strichen an Schwanz und Brust und mit seinen dicken, kirschroten Augenrosen ebenfalls sehen lassen. Er ist ein schweigsamer Geselle, es liegt ihm nicht, seine Liebe mit Stentorstimme durch die Täler zu schreien.

Im Khumbu leben in der Umgebung unseres Zeltlagers mehrere Gruppen von Blutfasanen. Wenn ich morgens früh über die Almwiese hinter den Zelten gehe, sehe ich unvermittelt einen Hahn auf einer der Steinmauern stehen, die die Grasflächen umsäumen. Gravitätisch spaziert er auf der Mauer entlang, denn er kann von diesem erhöhten Platz die Umgebung gut überschauen. Tiefrot leuchten die Flecken auf seiner Brust, als blute er aus einer Stichwunde. Meist sind seine Hennen, von denen er selten mehr als zwei besitzt, nicht weit. Sie sind braun gefärbt wie das Rhododendronlaub am Boden und haben viel kleinere Augenrosen als ihr Herr und Gebieter. Ich nähere mich dem Ausguck des Hahnes so weit, daß er den Rückzug antreten muß. Er springt in Deckung hinter die Steinmauer und läuft geduckt bis ins nächste Gebüsch oder zwischen die nächsten Blöcke. Die Hennen haben sich schon vor ihm verdrückt. Der Blutfasan ist ein schlechter Flieger, er benutzt die Flügel nur, um den Sprung von der Mauer oder von Stein zu Stein zu unterstützen. Lange bleiben die Fasanen nach der Flucht nicht verborgen. Kurze Zeit später steht der buntgefärbte Hahn wieder auf einem Felsblock, reckt den Hals und äugt umher, ob sich die Gefahr verzogen habe. Dann springt er herunter und balzt mit hängenden Flügeln vor seiner Henne. Er umkreist sie mit raschen Trippelschritten und zieht die Spiralen immer enger. Schließlich läuft die Umworbene in das nahe Gebüsch, verfolgt von dem liebestollen Gemahl.

Pfeifhase, Glanzfasan und Blutfasan – drei Tiere an der Baumgrenze im Himalaya. Flink und neugierig der eine, laut und herrisch der andere, heimlich und still der dritte. Eines Vormittags sitze ich unbewegt zwischen den Wacholder- und Azaleenbüschen und genieße ein Erlebnis, das ich nie mehr vergessen werde. Vor makellosem Himmelsblau flimmern die Gletscherwände der Everestgruppe, rund um mich blühen die Azaleen und Zwergrhododendren. In der warmen Sonne tummeln sich Pfeifhasen um die Steine, und dicht vor mir balzt ein Blutfasan seine Henne an. Während ich dem possierlichen Spiel der Taiakbos zuschaue, tönt der Schrei eines Glanzfasans vom Gegenhang und hallt weit durch die Rhododendronwälder. Pulsierendes Leben im Angesicht der unnahbaren Sieben- und Achttausender.

Rückweg nach Kathmandu

Mitte Dezember heißt es für mich Abschied nehmen vom Land der Sherpas. Eines Morgens sagen wir dem gastfreien Bauern Lebewohl, dessen Haus im Dorfe Ringmo uns eine Woche lang beherbergt hat und brechen in Richtung Kathmandu auf. Den Dhud-Kund-Bach, der sich tief in den Talboden eingefressen hat, müssen wir auf einer Notbrücke aus Baumstämmen überqueren. Wenige Meter bachabwärts stand einmal eine Brücke mit Holzschindeldach. Es gibt sie nicht mehr. Nur noch Reste der Steinfundamente künden davon, daß hier eine der schönsten Holzbrücken in der Landschaft Solu von einem Ufer zum anderen führte. Eine Flutwelle hat sie hinweggeschwemmt. Ein kleiner Gletschersee hoch oben am Fuß des Numbur hatte in der Regenzeit seine Stirnmoräne durchbrochen und war ausgelaufen. Eine zehn Meter hohe Flutwelle kam das Tal heruntergeschossen und hat Bäume und Brücken wegrasiert. Man kann die Höhe der Flutwelle an dem Schlammring erkennen, der sich um die weiter oben am Uferhang gelegenen Bäume zieht. Der Wassersturz hat riesige Blöcke mit sich gewälzt und sie unterwegs liegen lassen. Das Bachbett gleicht einem Steinchaos. Ein Glück für die Menschen, daß das Naturereignis nachts eintraf, als alle in sicherer Entfernung in ihren Häusern schliefen. So brauchte man diesmal keine Menschenleben zu beklagen.

Wir statten in Junbesi unserem Freund Tendi Lama einen kurzen Besuch ab und ziehen dann weiter. Vorbei an der kleinen Gebetsmühle, die von einem Bächlein angetrieben wird, vorbei an einem halbzerfallenen Tschörten und der glatten Felswand, von der in Riesenbuchstaben das heilige »Om Mani Padme Hum« herableuchtet. In Nepal führen die Wege selten gerade zu ihrem Ziel. Meist wird es erst über Umwege und Seitenpfade erreicht. Auch unser Rückweg nach Kathmandu folgt solchen Abweichungen. Einen halben Tagesmarsch südlich der Hauptroute zwischen Kathmandu und dem Solu-Khumbu-Gebiet liegt der Pike, ein etwa 4000 m hoher, rundköpfiger Aussichtsberg, von dessen Gipfel man an klaren Tagen acht Achttausender sehen kann. Dort oben residiert mein Freund Sepp in einer kleinen Käserei, Beitrag der Schweiz für die wirtschaftliche Entwicklung Nepals. Kurzerhand entschließe ich mich, den jungen Schweizer in seiner Einsamkeit zu überraschen.

Der Weg vom Lamjura-Paß hinüber zum Pike führt durch dichten Rhododendron- und Tannenwald. Nur hie und da gibt eine Blöße den Blick auf den Hochhimalaya im Norden frei. Vor ein paar Tagen hat es geschneit. Wir überqueren die steilen Nordhänge des Pike und geraten in tiefverwehte Schneerinnen. Ich stapfe voran und spure für meine Träger, die unter ihren Lasten oft bis zum Knie einbrechen. Plötzlich stutze ich und bleibe stehen. Große, runde Spuren sind in den Schnee gedrückt, säuberlich hintereinander wie Perlen auf einer Schnur. »Yeti, Sir?« fragt Khale, als er mich erreicht. Ich schüttele den Kopf. »Ein Schneeleopard war hier«, antworte ich, »er hat dicht behaarte Pratzen, die seine Spur breit austreten, und die ihm als Schneereifen dienen. Siehst du, hier hat er seinen buschigen Schwanz im Schnee geschleift.« Die Träger sind sichtlich erleichtert, daß die Fährte von einem bekannten Tier und nicht vom gefürchteten Yeti stammt.

Gegen Abend erreichen wir die niedrigen Steinhäuser der Käserei. Sepp empfängt uns mit offenen Armen. Im Winter wird nicht gekäst. Der Ertrag des Sommers ist bereits nach Kathmandu verschickt worden, deshalb hat mein Freund Zeit für mich. In dem gemütlichen Wohnraum sitzen wir auf einer teppichbelegten Sherpabank, strecken die Hände gegen das Kaminfeuer und erzählen unsere Erlebnisse. Der Wind draußen hat sich zum Sturm gesteigert und tobt um die Hütte. Als ich von der Fährte des Schneeleoparden berichte, nickt Sepp zustimmend. »Er lebt sommers wie winters hier oben auf dem Pike. Einmal habe ich ihn gesehen. Fast wäre ich über die Raubkatze gestolpert, so gut tarnt sie das graue Fell mit den dunklen Flecken in den Geröllhalden. Nur die zuckende Schwanzspitze hat das Tier verraten. Als ich zu nahe kam, ergriff es mit weiten Sätzen die Flucht.«

Am Abend hat Sepp eine Überraschung bereit: Ein echtes Schweizer Fondue aus Yakkäse und Reisschnaps, dazu frischen Tschang. Wir schlemmen nach Herzenslust. Wir tunken das von Khale gebackene Brot in den heißen Käsebrei, schieben die Stücke in den Mund und schlürfen den Tschang so laut, daß man es trotz des Sturmtobens bis vor die Hütte hört.

Am nächsten Morgen nimmt Sepp mich mit hinunter in das Dorf Gyapso. Er möchte seinem Sherpafreund Pema einen Besuch abstatten. Unter großem Hallo heißt man uns willkommen. Sepp hat sich mit seinem offenen Wesen rasch Freunde bei den Sherpas geschaffen, und sie sehen es gern, wenn er sie besucht. Kaum sitzen wir auf der Bank am Fenster, werden wir schon mit solchen Mengen von Reis, Tukba und Tschang bewirtet, daß unsere Magenwände krachen. Während wir als Nachspeise heißen Buttertee trinken, werden wir Zeugen einer Auseinandersetzung zwischen Pema auf der einen und seiner Frau mit ihren Töchtern auf der anderen Seite. Es dauert eine geraume Weile, bevor ich merke, daß hier gestritten wird. Man könnte meinen, daß es sich um eine Frozzelei handele. Die Mutter möchte mit ihren beiden halbwüchsigen Töchtern am kommenden Sonntag auf den Markt nach Bampti gehen. Pema hält das für überflüssig und fürchtet, daß seine Frauen zuviel Geld ausgeben. Lächelnden Gesichtes setzt er ihnen seine Gegengründe auseinander und schüttelt den Kopf, als verstünde er ihre Vergnügungssucht nicht. Die Mädchen setzen ihm heftig zu, umschmeicheln den Vater, bitten und betteln. Die Mutter droht, sie würde dem Rabenvater nur noch gekochte Kartoffeln und Wasser vorsetzen. Schließlich habe sie nach der schweren Hausarbeit eine Abwechslung verdient. Immer ärger rücken die Frauen dem armen Pema auf den Leib, knuffen und kitzeln ihn, bis er sich lachend vor der weiblichen Übermacht geschlagen gibt und den Ausflug erlaubt.

Sepp schmunzelt. »So enden die Meinungsverschiedenheiten hier jedesmal«, flüstert er mir zu, »die Weibsbilder setzen immer ihre hübschen Köpfe durch.«

Am Abend schlagen die Wogen hoch in der großen Wohnstube. Einige Verwandte aus dem Khumbu sind zu Besuch gekommen und ein paar Nachbarn haben sich ebenfalls eingefunden. Man stellt sich zum Tanz auf. Mutter Schilamo setzt Tschang an und bald geraten wir in Hitze. Bis in die Morgenstunden dauert das Tanzvergnügen, ehe sich die Kehlen heiser gesungen und die Beine müde getanzt haben.

Ich scheide nicht gern von den freundlichen Sherpas und zögere den Abmarsch bis gegen Mittag hinaus. Dann brechen Sepp und ich gemeinsam auf. Er geht zurück in seine Käserei, ich stolpere, noch ein wenig benommen vom Tschang und Tanz der vergangenen Nacht, den steilen Weg zur Liku-Kola hinunter. Wir kommen an diesem Tag nicht weit, denn auch die Träger stöhnen nach dem Alkoholgenuß unter ihren Lasten. Daher mieten wir uns schon am späten Nachmittag bei einem Bauern in Bhandar ein, zwei Stunden oberhalb des Liku-Kola-Flusses. Man erreicht sein Haus über eine malerische Holzbrükke. Sie ist mit Schindeln gedeckt und steht anscheinend nur zur Zierde über dem Bach, denn der ist so flach und schmal, daß man ohne Mühe hinüberspringen kann. Heute abend wird mir, neben dem üblichen Tschang und Buttertee, eine Delikatesse serviert. Der Sohn des Hauses bringt eine vollständige Honigwabe, die er aus einem Wildbienenstock geholt hat. Der Bursche kann nur aus dem rechten Auge lächeln, das linke ist dick angeschwollen. Die erzürnten Pollensammlerinnen haben dem Honigdieb einen schmerzenden Denkzettel verpaßt. Ich streiche dem Jungen Antihistaminsalbe auf die Geschwulst und gebe ihm Antihistamintabletten, die seine Leiden rasch lindern. Die Wabe schmeckt süß und würzig. Ich lutsche den Honig aus der Wachsscheibe und lasse den rauhen Saft langsam über die Zunge gleiten. Noch nie habe ich einen solch kräftigen und belebenden Honig gegessen.

Wir überqueren anderntags die flache Hochmulde von Bhandar und steigen durch steilen Eichenwald zum Tschangma-Deorali-Paß empor. Die Bauern der Umgebung schnaiteln die Eichen; sie schneiden die Seitenäste ab, um Laub als Viehfutter zu gewinnen. Die Hauptstämme bleiben stehen und treiben neue Zweige, die aber immer wieder geschnaitelt werden. Wie große, begrünte Pfähle ragen die verunstalteten Bäume in den Himmel; Schnaitelwälder bieten einen trostlosen Anblick. Als wir den Paß erreichen, auf dem ich vor einigen Monaten die Geier gefoppt habe, tönt uns aus dem nahen Dorf lärmende Tempelmusik entgegen. Eine alte Frau ist mit uns heraufgestiegen und erklärt, daß ein reicher Händler eine große Gebetsmühle gestiftet habe. Heute wird das Heiligtum geweiht. Der anschwellende Klang der Musik leitet uns geradewegs auf den Dorfplatz vor die neue Gebetsmühle. Ihr mannshoher Zylinderkörper hängt senkrecht in einem kleinen Häuschen, das zum Platz hin offen steht. Die Sherpas nennen diese Art, die im Kloster oder in einer Hütte aufgehängt und von Hand gedreht wird: »Mani Tungjur«. Sie ist rundum mit der heiligen Formel »Om Mani Padme Hum Schi« bemalt. Wie eine Prozession ziehen sich die Lettern um die Walze. Ein Lama sitzt auf der Schwelle des Häuschens und schiebt den Ledergriff am unteren Rand der Gebetsmühle mit kräftigem Schwung vorwärts. Schwerfällig dreht sich die mächtige Trommel. Vor dem Häuschen ist ein Altar mit Buddhafiguren und Butterlämpchen aufgebaut und mit Blumen geschmückt worden. Drei alte Lamas hocken davor, rezitieren unentwegt Litaneien und lassen von Zeit zu Zeit ihre Becken und Pauken erschallen.

Die Menschen tragen ihr Feiertagsgewand. Die Männer stecken in buntverzierten Filzstiefeln und haben ihre goldgestickten Pelzmützen keck übers Ohr gestülpt. Die Frauen prangen im Glanz ihres Schmuckes: Große, goldene Ohrringe, Halsketten aus Goldplatten und aus glückbringenden Türkisen, Korallen oder Keramikperlen, silberne Armspangen mit Drachenköpfen. Jede trägt eine Silberspange an der Brust, von der, wie Orden am Ordensband, kleine Geräte herabbaumeln. Eine Pinzette hängt da, zum Ausreißen der unerwünschten Härchen an Kinn und Wangen, eine Nagelfeile, ein Löffelchen zum Auskratzen des lästigen Ohrenschmalzes und eine winzige Schere. Das Reisenecessaire der Sherpafrauen dient nicht nur als Werkzeug der Schönheit, sondern zugleich als Schmuck. Die Mädchen kichern verlegen, als ich mein Interesse für ihre Manikürgeräte bekunde, und die Männer sparen nicht mit anzüglichen Bemerkungen.

Ein hochgewachsener Mann schiebt sich durch die Menge und lädt mich mit meinen Trägern in sein Haus. Er ist der Stifter der Mani Tungjur. Gern nehme ich seine Einladung an, denn sie verheißt Tschang, Buttertee und ein fröhliches Fest. Ehe wir dem Manne folgen, lege ich ein Geldgeschenk auf das Tischchen vor den drei Lamas. Sie nicken, ohne ihre Rezitation zu unterbrechen. Als wir die weiträumige Wohnstube unseres Gastgebers betreten, schlägt uns brausendes Stimmengewirr entgegen. Der Raum ist mit Männern und Frauen vollgestopft bis in den hintersten Winkel. Alle schmausen, schmatzen und trinken. Der Tschang fließt in Strömen. Ich werde auf einen erhöhten Ehrensitz gebeten, von wo ich die Gesellschaft gut übersehen kann. Meine Träger finden Platz in der Nähe des Feuers. Mühsam bahnt sich die Hausfrau einen Weg durch die Feiernden und bringt mir gebratene Kartoffeln, Rotti mit Rahm, Bananen und Buttertsampa. Ihre Tochter füllt Reistschang in einen Silberbecher und stellt ihn vor mich hin. »She, she – trink, trink!« Ich muß als erstes den Becher bis auf den Grund leeren und bekomme sofort nachgeschenkt. Die Wogen der Festesfreude schlagen hoch, derbe Witze fliegen hin und her, schallendes Gelächter dröhnt in die Ohren. Ein alter Bauer, mit spärlichen, aber sehr langen Barthaaren, redet unentwegt auf mich ein. Ich verstehe kein Wort, nicke jedoch höflich mit dem Kopf und versuche, mich dem Bereich seines Alkoholhauches zu entziehen. An den Weitermarsch ist heute nicht mehr zu denken, deshalb schlagen wir in einem der Nachbarhäuser unser Nachtquartier auf.

Das Fest dauert am nächsten Tag noch an. Als wir vormittags das Dorf verlassen, sitzen die Lamas wieder an dem Altar vor der Gebetsmühle. Sie müssen rezitieren, bis es am Abend dunkel wird. Wir traben bereits vom Tschangma-Deorali-Paß zum Kimpti-Kola-Fluß hinunter, da hören wir noch immer von ferne die dumpfen Rhythmen der Tempelmusik und das Geschrei der tschangfröhlichen Menschen.

Ein Stück unterhalb des Tschissapani-Passes lasse ich mich in das dürre Gras am Wegrand fallen und strecke die müden Beine aus. Es ist früher Nachmittag. Khale und die Träger sind vorausgelaufen, um in Namdu ein Haus für die Nacht zu suchen. Ich schäle eine Mandarine, und während ich den Saft aus dem festen Fruchtfleisch sauge, wandern meine Augen über die Landschaft. Die Kammlinien der Höhenzüge im Südwesten runden sich weich gegen den Horizont. Dunst flimmert über Berge und Täler, er mildert die Farben zu sanftem Pastell. Vom Himmel glänzt ein seidiges Blau, die Erde atmet warmes

Braun. Dazu das Grün der Wälder auf den gegenüberliegenden Bergseiten: mit einem Gelbstich die Kiefern, dunkler und saftiger Rhododendren und Tannen. Die Hänge weiter unten sind durch Tausende von Reis- und Maisterrassen gegliedert. Ein Falke rüttelt über den Feldern. Ich schließe die Augen und lasse mir von der Sonne die Haut streicheln. Es ist gut, Sonnenwärme zu speichern, denn die Nacht wird wieder empfindlich kalt werden.

Lautes Hufegetrappel weckt mich aus dem Halbschlummer. Ein Reiter kommt den Bergpfad herauf. Bloßfüßig, ohne Steigbügel, sitzt er auf seinem zottigen Tibetpony. Es trippelt mit kurzen Schritten und nickendem Kopf heran, bleibt vor mir stehen. Der Mann grüßt zu mir herab. Er trägt die übliche nepalesische Kleidung, der silberbeschlagene Griff eines Kukri schaut aus seinem offenen Hemd. Nach den einleitenden Fragen über meine Reiseziele erklärt er mir, daß er Tamang sei und in das Städtchen Those wolle, um einen Bruder zu besuchen. Wer nicht weiß, welch ruhiges und freundliches Gemüt die Tamangs besitzen, könnte sich vor dem Kerl mit seinem verwitterten Gesicht fürchten. Er gleicht eher einer Gestalt von Ali Babas 40 Räubern als einem friedfertigen Handelsmann. Unruhig scharrt das Pferdchen mit dem Vorderhuf, auf ein leises Schnalzen seines Herrn setzt es sich wieder in Bewegung. Wo der Weg sich in eine Schlucht senkt, fällt es in kurzen Trab. Der Mann hockt ganz vorn am Hals des Tieres, klammert sich mit den Schenkeln fest an die Flanken und folgt weich jeder Bewegung des Ponykörpers. Roß und Reiter verschwinden um eine Wegbiegung. Aus dem Tal tönt fernes Schafeblöken und Hundegebell. Es wird kühl, der Sonnenball berührt fast die Waldberge im Westen. Ich muß mich beeilen, wenn ich noch vor Dunkelheit Namdu erreichen will.

Unterhalb Kerantishap führt eine Hängebrücke aus Eisenketten über eine Bachschlucht. Damai fürchtet sich vor dem schwankenden Steg und steht lange unschlüssig am Ufer. Da erweist sich Jasman als guter Kamerad. Er turnt hinüber, stellt seine Last ab, kommt zurück und lädt sich wortlos Damais schweren Korb auf den Rücken. Ohne Last wagt auch Damai den Gang über die Brücke, drüben erwartet ihn der gutmütige Spott seiner Kameraden. Doch das macht ihm nichts aus, grinsend schiebt er sich wieder unter seinen Korb und steigt singend den Pfad bergan.

Wenig später erreichen wir einen lichten Kiefernwald. Da hier ein spärlicher Wasserlauf rinnt, beschließen wir, Mittagsrast zu halten. Die Roxburgkiefern spenden wohltuenden Schatten, auf dem Nadelboden sitzt es sich weich und warm. Ich sehe Khale beim Kochen zu und lasse spielerisch die Nadeln durch die Finger rieseln. Da weckt eine Bewegung am Boden meine Neugier. Können Kiefernnadeln kriechen? Ich beuge mich nieder und erkenne ein langes, dünnes

Wesen von grauer Farbe, das auf Fadenbeinen über die Kiefernnadeln am Boden stelzt: Eine kleine Stabheuschrecke. Bei näherem Zusehen bemerke ich etliche Genossen dieses Insekts. Wenn man sie berührt, erstarren sie in der Bewegung und sind von einem dürren Ästchen oder einer dicken Kiefernnadel nicht mehr zu unterscheiden. Wartet man geduldig, kommt jedoch gleich wieder Bewegung in die dünnen Körper, und mit gravitätisch-komischen Schritten schieben sie sich auf dem Waldboden voran. Ich suche weiter herum und entdecke bald darauf ein anderes, sonderbares Insekt. Auf einem Stein unter tiefhängenden Ästen sitzt eine fingerlange, grüne Gottesanbeterin. Die Vorderbeine mit den scharfen Dornen nach unten geklappt, den Kopf erhoben, gleicht sie einer frommen Büßerin. Aber wehe, wenn ein Käfer oder ein Schmetterling in die Nähe kommt. Dann schnellen die Fangbeine hervor und aus den nadelspitzen Greifzangen gibt es für die zappelnde Beute kein Entrinnen mehr. Ich stupfe das Tier mit einem Stöckchen, aber es rührt sich nicht. Neckerei und Beute weiß es wohl auseinanderzuhalten. »Essen fertig – Sir!« ruft Khale. Diesem gebieterischen Ruf kann man sich nicht widersetzen und so unterbreche ich meine Unterhaltung mit Stabheuschrecken und Gottesanbeterin.

Am Weg nach Manga Deorali hinauf sitzt eine Frau vor ihrem Haus und webt. Sie hat ihren einfachen Webrahmen am Türstock befestigt und läßt mit flinken Fingern den Webfaden hin und her wandern. Die schmalen Stoffbahnen, die so entstehen, werden gewalkt und zu kleidsamen Jacken zusammengenäht. Die Frau ruft einige Worte in das Haus, worauf ein junger Mann mit einer Jacke über dem Arm erscheint. Ob ich sie kaufen will? Diese Jacke, grau mit dunkelbraunen Streifen am Rand und an den Nähten, wurde nicht zugeschnitten. Ihr guter Sitz hängt von der Geschicklichkeit ab, mit der die Schneiderin die rechteckigen Bahnen aneinanderfügte. Knöpfe gibt es nicht, der hintere Rand ist mit braunen Fransen verziert, dreiviertellange Ärmel reichen bis knapp über den Ellenbogen. Man läßt sie kurz, damit sie im regenfeuchten Monsun nicht so schnell naß werden. Ich schlüpfe in das Kleidungsstück, es paßt wie angegossen. Ein Weilchen feilschen wir um den Preis, einigen uns aber bald zu beiderseitiger Zufriedenheit. Stolz auf meinen Kauf laufe ich den Trägern nach. Die rauhe Wolle kratzt ein wenig auf der Haut, doch daran werde ich mich gewöhnen. Khale bestätigt mir später, daß mich die Jacke gut kleidet. Das schmeichelt meiner Eitelkeit. »Du siehst fast wie ein Nepali aus, Sahib,« lacht er, »Nepalijacke und Nepalimütze, man kann dich nur noch an deiner Größe erkennen.«

Hinter Manga Deorali sitzen die Träger schwatzend und rauchend am Wegrand. Neben ihnen hocken zwei Mädchen mit großen Tonkrügen und blitzenden Messingschalen. Sie betreiben einen Tschangausschank für vorbeiziehende

Meine Tamangträger beim Kochen ihres Mittagsmahles. Es sind fröhliche Menschen, die gerne lachen, singen und Geschichten erzählen.

Reisende. Eine Schale voll des frischen Getränks kostet nur wenige Peissa. Überall längs der Hauptwege begegnet man an heißen Tagen diesen »Tschang-Wirtshäusern«, die mitunter auch Süßkartoffeln und Mandarinen anbieten. Auf meinen Wunsch bringen die hübschen Schenkkellnerinnen mir ebenfalls eine Schale, und ich schlürfe durstig den guten Trunk. Wie alle Kellnerinnen sind die Mädchen nicht auf den Mund gefallen. Ohne zu erröten, vergelten sie Damais Anzüglichkeiten mit einer Kaskade von Gespött. Der zieht verdutzt den Kopf zwischen die Schultern, grinst verlegen und verstummt unter dem Gelächter der anderen. Wir sitzen noch eine Zeitlang faul neben den Tonkrügen, bis Khales eindringliches »Dzao, dzao!« zum Weitergehen mahnt.

Je näher man dem Mittelland und dem Kathmandutal kommt, um so lebhafter wird der Verkehr auf den Wegen. Bauern schleppen schwere Bambuskörbe auf ihren Rücken. Hinter Rishingo überholen wir eine große Ziegenherde, die von wandernden Hirten nach Kathmandu getrieben wird. Nur mühsam bahnen wir uns einen Pfad durch die meckernden und stoßenden Tiere. Immer wieder treffen wir auf Gruppen von Männern und Frauen, die eine gackernde, kakelnde Last aufgeladen haben. In mehreren Bambuskäfigen übereinander tragen sie lebende Hühner in die Hauptstadt. Oben auf dem Käfigturm ist jedesmal ein Hahn angebunden, der seinen Harem anscheinend bei guter Laune halten soll. Oft kann man das Krähen weithin hören. Manchmal stirb es jäh ab, wenn der Träger stolpert und der Hahn flügelschlagend um sein Gleichgewicht ringen muß. Doch gleich darauf ertönt wieder fröhliches »Kikeriki« und mischt sich in den Wortschwall der Lastträger.

In Jiblo unter dem Tschiaubas-Paß richten wir uns in einem kleinen Tamanghaus für die Nacht ein. Vor dem Haus wächst ein riesiger Feigenbaum, unter dem eine kleine Mauer zum Abstellen schwerer Lasten einlädt. In den Ästen turnt ein Baumhörnchen herum. Sein Fell ist hellbraun, auf dem Rücken mit dunklen Flecken gesprenkelt. Seine Ohren sind kürzer als die des Eichhörnchens und ohne Haarpinsel. Mit waagerecht ausgestrecktem Schwanz springt es von Ast zu Ast und schimpft auf den Störenfried herab, der es so unverwandt anstarrt. Es dämmert. Ein Stern nach dem anderen erscheint. Die Konturen der hohen Gipfel verschwimmen allmählich. Nach dem Abendessen sitzen wir zusammen mit unseren Gastgebern um das Feuer, das seinen zuckenden Schein auf die braunen Gesichter wirft. Damai hat seine Angst vor der Kettenbrücke vergessen und führt das große Wort.

»Morgen kommen wir in das Gebiet der Dunua, Sahib«, sagt er, »das sind gefährliche Leute.«

Die anderen nicken bestätigend. »Erzähl dem Sahib, warum sie gefährlich sind und weshalb man in ihren Dörfern nicht rasten darf«, fordern sie ihn auf.

Damai läßt sich das nicht zweimal sagen, denn Erzählen ist seine Leidenschaft: »Die Dunua bewohnen vereinzelte, kleine Dörfer zwischen dem Sun-Kosi-Fluß und der Ebene von Panschkal. Sie werden von ihren Nachbarn gefürchtet, weil sie hexen können. Ihre schlimmste Zauberei ist die Verwandlung in Tiger. Ein Dunua geht in den Wald und beginnt eine geheimnisvolle Zeremonie. Er streut einen Kreis von rotem Shindur-Pulver auf den Boden und legt sich hinein. Dabei murmelt er solange Zaubersprüche, bis er sich in einen Tiger verwandelt. Daß es kein echter Tiger ist, erkennt man daran, daß er an den Zehen Menschennägel behält. Solch ein Zaubertiger reißt dann Kühe, Büffel, Ziegen und Hunde, manchmal sogar Menschen. Vor allem hat er es auf Mädchen abgesehen, die einzeln zum Laubholen in den Wald gehen. Wenn man ihn bei der Verwandlungszeremonie belauscht, muß man sterben. Es ist gut, einen großen Bogen um die Dunua-Dörfer zu machen.«

Nach dieser Erzählung verstummt das Gespräch einen Augenblick. Draußen heult plötzlich ein Schakal. Khale schmunzelt: »Damai liebt es, mit seinen Geschichten Angst einzujagen. Vielleicht war er in einem vorherigen Leben ein Maina, daß er so gern schwatzt und erzählt.« Da lachen auch die anderen, und Damai stimmt fröhlich ein. Lachen und Plaudern übertönt das Geheul der Schakale, das immer leiser wird und sich schließlich in der Ferne verliert.

Das letzte Gespräch

Lange vor meinen Gefährten erreiche ich das kleine Dorf Hukse. Es sind die letzten Tage meines freien Wanderlebens, gedankenverloren eile ich oft weit voraus. Ich muß Abschied nehmen von den roten Lehmhäuschen, von den schütteren Buschwäldern und den rauschenden Bergbächen. Da bleibe ich gern mit meinen Gedanken allein, das vergnügte Geschwätz meiner Träger holt mich erst bei den Rasten ein. Der Sun-Kosi-Fluß, dessen rasch dahinschießende Fluten wir am Morgen auf einer Hängebrücke überquerten, liegt weit unten zurück. Der Weg herauf ist steil gewesen, tief aufatmend setze ich mich auf die Lehmstufen vor einem kleinen Tuchladen. Ein paar braune Kinder gesellen sich zu mir und starren mich neugierig an. Aus einer Bambushütte mitten auf dem Dorfplatz tönt Musik, eine monotone Melodie von Tontrommeln, Becken und einem kleinen Harmonium, dazu näselnder Gesang. Drei lange Bambusstangen ragen in den klaren Himmel, dessen Reinheit durch ein paar Zirren gestört wird. Die Sonne malt mit den Blättern eines alten Feigenbaumes Goldkringel auf die Bambusmatten und in den Wegstaub. Ein Mann hockt in dem Laden hinter mir, und raucht hingegeben seine Wasserpfeife. Der Nachmittag atmet Melancholie, das Lied aus der Bambushütte stimmt mich wehmütig.

Laute Stimmen kommen den Pfad herauf und zerreißen die Wehmut. Es sind meine Träger, die einige Mädchen überholt haben, um ihnen und sich selbst den Weg mit Neckereien und Gelächter zu verkürzen. Die Frauen, die Blumenkränze und Körbe mit Früchten tragen, verschwinden in der Hütte. Khale klärt mich auf, daß hier ein Fest zu Ehren des Gottes Hari Krishna gefeiert werde. Daher das pausenlose Lied. Sein Rhythmus hallt noch eine Weile hinter uns her, als wir von Hukse in die Ebene von Panschkal hinuntertraben, der letzten Nacht im Freien mit Lagerfeuer und dem Geruch von schwelendem Holz entgegen.

Schon am nächsten Mittag stehen wir auf dem Paß vor Banepa. Noch einmal gleitet der Blick über das Land, das offen im staubigen Sonnenglast liegt. Aus der Ferne tönen Gesang und die Rufe eines ackernden Bauern. Wie Wellen reihen sich die Vorbergkämme im Dunst hintereinander, bis sie gegen die glänzenden Eisflanken stoßen. Weit hinten liegt Junbesi, liegen Bigu, Ringmo und die Häuser von Pangpotsche. Irgenwo dort drüben malt Galden an einer Thanka, rezitieren die freundlichen Mönche ihre Litaneien, satteln Tendi Lamas Söhne die Yaks zu einer neuen Handelsfahrt nach Lhasa. Gewaltsam reiße ich mich von den Erinnerungen los und eile, ohne mich umzublicken, Khale und den anderen nach. Da steht wieder die schöne Pagode vor den Toren der Stadt Banepa, da umfängt uns das lebhafte Treiben der kleinen Basarstadt. Wir feilschen mit dem Besitzer eines altersschwachen Jeeps um den Fahrpeis. Schließlich willigt er in unser Angebot ein und läßt seinen Wagen an. Das Fahrzeug schaukelt, beladen mit dem Gepäck, drei Trägern, Khale und mir, in geruhsamem Tempo durch die liebliche Landschaft des Kathmandutales. Von Zeit zu Zeit hoppelt es eilig ein paar Sprünge voran, wie ein lendenlahmes Pferd, dem sein Reiter plötzlich die Sporen gibt. Spät am Abend erreichen wir Kathmandu.

Diesmal quartiere ich mich im Paras Hotel ein, das mitten in der Stadt liegt. Damai, Jasman und Pratab erhalten ihren Lohn und ein paar kleine Geschenke. Damai den großen Kukri, Jasman meinen warmen Pullover, Pratab ein Hemd und eine Hose. Außerdem drücke ich jedem ein ansehnliches Bakschisch in die Hand. Der Abschied von den treuen Burschen verläuft kurz und unsentimental, obwohl sie alle drei heftig mit den Augen plinkern. »Die Sonne war heute zu stark«, sagt Damai, »mir brennen die Augäpfel.« Pratab nickt nur mit dem Kopf. Dann sind die Begleiter der letzten Monate fort. Sie wollen im Basar noch das eine oder andere einkaufen, ehe sie in ihr Heimatdorf zurückkehren. Khale bleibt die letzten Wochen, bis zu meiner endgültigen Abreise von Nepal, bei mir und hilft bei den Vorbereitungen.

Am Abend wandere ich noch ein wenig über die Felder zwischen Kathmandu und Patan. Es fällt mir auf, daß überall luftige Reisstrohhütten errichtet wurden und daß aus allen Tempeln Musik tönt.

»Es ist wegen des Erdbebens«, sagt Khale, »die Priester und Astrologen haben eine große Katastrophe für Anfang Februar prophezeit. Man befürchtet ein Erdbeben, wie es schon einmal vor fast dreißig Jahren das Tal heimgesucht hat. Damals wurde ein großer Teil von Kathmandu zerstört und viele Menschen mußten sterben.«

Eine Prozession kommt uns entgegen, voran Männer mit Trommel, Flöte und Handbecken, dann eine Sänfte, in der eine Statue getragen wird, dahinter ein kleiner Zug von Männern und Frauen.

»Der Gott gehört zu einem Tempel in der Nähe. Er soll Unheil von den Feldern und Hütten abwenden.« Khale ist mit mir zur Seite getreten, um die Prozession vorüberziehen zu lassen.

Die Erdbebenprophezeiung ist in dieser Woche Hauptgesprächsthema. Ich unterhalte mich mit dem Buchhändler, der seinen Laden gegenüber dem Paras Hotel hat. Er erzählt, daß die Astrologen die Möglichkeit einer Katastrophe aus dem Zusammentreffen von acht Planeten errechnet haben. Man könne aber keinesfalls von Panikstimmung unter der Bevölkerung sprechen. Jeder träfe mit Gelassenheit seine Vorbereitungen. Wer es sich leisten könne, baue auf den Feldern und in den Gärten vor den Häusern eine Bambus- oder Reisstrohhütte, in der er die fraglichen Nächte mit seiner Familie verbringen wolle. Überall würden besondere Gottesdienste abgehalten. Die hohen Brahmanenpriester beteten Tag und Nacht. Auf meine Frage nach seinen eigenen Vorkehrungen lächelt der Buchhändler.

»Ich bin ein armer Mann«, sagt er, »ich bleibe in meinem Haus und warte ab. Was mir bestimmt ist, wird eintreffen. Vielleicht hilft das Beten.«

Am Abend des 10. Januar besuche ich einen europäischen Freund. Ich bin sonderbar unruhig und kehre bald in das Hotel zurück, um mich schlafen zu legen. Doch ich kann keinen Schlaf finden. Die Stimmung dieser Nacht ist seltsam. Die Hunde, die gewöhnlich nachts schweigen, bellen unentwegt. Klar und scharf hallen die Rufe von Nachtvögeln aus dem Dunkel. Selbstverständlich war die Erdbebenprophezeiung bei meinen Freunden Hauptgesprächsthema gewesen, und ich kann von den Gedanken an dieses Gespräch nicht loskommen. Ich stehe auf und öffne das Fenster. Kühle Nachtluft strömt herein. Bald fern, bald näher bellen die Hunde. Irgendwo klingen Gongs und Gebetsglokken aus einem Tempel. Ich lege mich erneut nieder und werfe mich unruhig hin und her. Endlich schlummere ich mit dem frühesten Morgenschimmer ein. Erst gegen ½9 Uhr erwache ich aus bleiernem Schlaf. Nun ist die Gefahr glücklicherweise vorüber, denke ich; wie leicht man sich durch Gerüchte und Legenden ins Bockshorn jagen läßt! Im selben Moment höre ich ein dumpfes Grollen. Mein Bett fängt an zu schaukeln, als wäre es ein Boot auf einem wellenbewegten See. Gleichzeitig erhebt sich vor dem Fenster vielstimmiger Lärm: Vögel kreischen, Hunde bellen, Menschen rufen und schreien. Mit einem Satz springe ich aus den Decken und renne im Schlafanzug auf die Straße. Eine erregt schnatternde Menschenmenge empfängt mich. Niemand bleibt mehr in den Häusern; Frauen, Männer und Kinder drängen sich auf dem kleinen Platz vor dem Hotel. Die elektrischen Leitungen wippen heftig auf und nieder und eine Fahnenstange schwankt, als herrsche nicht Windstille, sondern Sturm. Mein Buchhändlerfreund steht auch unter den erschreckten Nachbarn.

»Das war ein kleines Erdbeben«, sagt er, »die Straßendecke hat sich richtiggehend aufgewölbt, als schlüge sie Wellen. Wir wollen noch eine Viertelstunde warten. Wenn bis dahin alles ruhig bleibt, können wir in die Häuser gehen.«

Der leichte Erdstoß bleibt für diesmal das einzige Zeichen, das die Götter von ihrer Allmacht geben. Die Tage der kritischen Planetenkonstellation gehen vorüber. Nichts geschieht. Zwar lachen die Europäer und Amerikaner über den Aberglauben der Nepalesen, die einige Nächte in ihren Zelten und Bambushütten verbringen. Aber als wieder einmal das Gerücht von einer Katastrophennacht im Tal umgeht, findet man viele der aufgeklärten Skeptiker vor Whisky- oder Gin-Gläsern in den Bars. Geschlafen hat im Kathmandutal in dieser Nacht wohl niemand. Die Erde jedoch bleibt ruhig.

An einem Nachmittag schlendere ich durch die engen Gassen des Basars in Kathmandu. Männer mit schweren Lasten am Tragband winden sich eiligen Schrittes zwischen heiligen Kühen, Hunden und spielenden Kindern hindurch. Frauen preisen Bananen, Mandarinen, Rettiche und Gurken an. Der Geldwechsler an der Ecke hat vor sich auf dem Boden seines Ladens viele kleine Häufchen aus Münzen errichtet. Mit flinken Fingern zählt er die Scheine, die ihm ein Gehilfe zureicht. Bauern aus den Bergen, den Kukri im Gürteltuch, wühlen mit glänzenden Augen in einem Stoß farbiger Stoffe. Eine Frau im blauen Seidensari feilscht ausdauernd und gestenreich um weiße Wolldecken, die ein Händler aus dem Gebirge anbietet. Ein junges Newarimädchen schlägt gegen die Glocke vor dem Straßentempelchen und legt mit anmutiger Gebärde ein Blumenopfer vor der Götterstatue nieder. Als sie sich erhebt, wirft sie mir ein scheues Lächeln zu und verschwindet in der Menge.

Ich gehe durch die rufenden, laufenden, pfeifenden und lachenden Menschen zurück zum Hotel. Plötzlich schrillt eine Fahrradglocke neben mir, hell und ausdauernd. Ich hebe den Kopf und bleibe überrascht stehen. Mein Gesprächspartner aus dem Royal Hotel, der mir an einem der ersten Tage in Nepal die Vorlesung über sein Land gehalten hat, fährt langsam auf einem Fahrrad neben mir her.

»Sind Sie aus den Bergen zurück?« ruft er mir zu und schwingt sich aus dem Sattel. »Ist es Ihnen gut ergangen? Sie müssen viel zu erzählen haben!«

»Ich bin noch ganz benommen und erfüllt von all dem, was ich erlebte«, entgegne ich, »wollen wir uns nicht im Paras Hotel bei einer Tasse Tee zusammensetzen und ein wenig plaudern?«

Gern nimmt mein Freund die Einladung zum Tee an. »Erzählen Sie«, sagt er, nachdem wir uns an einem kleinen Tisch niedergelassen haben, »sind Sie nach Rishingo und Bigu gekommen, konnten Sie den kleinen Lama und Netra Bahadur Tschetri besuchen?«

»Ich soll Ihnen von beiden Grüße ausrichten. Sie waren sehr freundlich zu mir und haben mich gastfrei aufgenommen. Was Sie mir seinerzeit über die Gastfreundschaft Ihrer Landsleute erzählten, hat sich voll und ganz bewahrheitet. Überall bin ich wie ein erwarteter Besucher aufgenommen worden.«

»Sie haben mehr erlebt und gesehen als viele Leute aus Kathmandu. Wenige von uns Städtern kommen so weit in den Bergen herum. Waren Sie am Mount Everest?«

»Ich habe ihn mehrere Wochen lang täglich bewundern können. Aber die anderen Berge sind nicht weniger schön und eindrucksvoll, der Gaurisankar z. B. oder der Sumuri Parbat in der Nähe von Bigu.«

»Sind Sie zufrieden mit dem Abschluß Ihrer Arbeiten?« fragt der Nepalese weiter, »hat Ihnen unser Land das gezeigt, was Sie erwarteten?«

Ich bin mehr als zufrieden«, antworte ich, »ich wurde mit Erlebnissen überreich beschenkt. Wenn man mich fragt, was mir am besten gefallen habe, so wird mir die Antwort schwer. Da blühten die Rhododendren mit unvorstellbarer Pracht, die possierlichen Pfeifhasen tummelten sich in den Geröllhalden hoch oben am Fuß des Mount Everest, und der rauhe Schrei des Glanzfasans klingt mir noch im Ohr. Was mich jedoch am meisten beeindruckt hat, war die Begegnung mit den Menschen. Als ich aus Europa nach Nepal kam, habe ich die Himalayalandschaft mit ihren gewaltigen Eisbergen erwartet. Gefunden habe ich dann die nepalesischen Menschen.«

»Das ist ein Kompliment für uns«, mein Freund lächelt, »Sie müssen es gut verstanden haben, sich den Verhältnissen unseres Landes anzupassen, die sich doch von denen Ihrer Heimat erheblich unterscheiden.«

»Es hat mich überrascht, daß die Menschen in Nepal gar nicht so verschieden von denen in Europa sind. Jedenfalls in ihren Grundregungen, in dem, was ihren Alltag bewegt. Die gleichen kleinen Freuden und Sorgen, die Mühe um das tägliche Brot, die Liebe zu den Kindern, die Besuche bei Verwandten, Krankheiten, Feste, Tänze und Lieder, Gewiß, oberflächlich betrachtet sind sie anders: im Aussehen, in der Kleidung, in ihren Bräuchen, auch in ihren äußeren Lebensumständen. Aber wenn man eine Weile mit ihnen zusammenlebt, erkennt man, daß ihre Gefühle von den eigenen kaum abweichen.«

»Sie sind mit ihren Trägern gut ausgekommen?«

»Sehr gut. Oft habe ich gespürt, daß uns ein gemeinsames Band verknüpft. Im Winter bin ich mit einem der Tamangs in ein einsames Hochtal gestiegen. Es war mühsam, wir keuchten, die Sonne brannte heiß, und wir hatten Durst. Wir trugen eine Flasche voll Tee im Rucksack, aus der wir gemeinsam tranken, erst mein Träger, dann ich. Darauf sahen wir uns an und lachten. Wir waren nicht mehr Herr und Diener, sondern zwei Menschen, die ihren Durst aus einer

Flasche löschten. In der Urnatur dieses Hochtales waren wir zwei kleine Lebewesen, die eilig die Geröllhalden hinunterliefen, um noch vor Dunkelheit die Wärme des Feuers und die Nähe der Gefährten in einer rohgefügten Almhütte zu erreichen. Das Gefühl, mit den Bewohnern der Himalayatäler verbunden zu sein, hatte ich oft. Ich meine, in der Begegnung mit anderen Menschen sollte man zuerst das Verbindende suchen, nicht das Trennende.«

Der junge Nepalese nickt langsam mit dem Kopf. »Sie haben mehr erfahren als nur einige Abenteuer und fremdartige Episoden, die sich hübsch erzählen lassen, aber einen nicht weiter anrühren. Sie sind den Menschen des Himalaya begegnet, nicht jedem Besucher gelingt das.«

»Es ist nicht mein Verdienst«, entgegne ich, »denn ich bin guten und wohlmeinenden Menschen begegnet, und ich bin überzeugt, daß ich selbst geleitet wurde. Ich war bereit, aber zur Bereitschaft gehörte das Entgegenkommen der anderen. Sie werden mich vielleicht für schwärmerisch halten, doch manchmal kam es mir vor, als sei Nepal die Heimat meiner Seele.«

»Sie haben recht, in glücklichen Zeiten werden wir bisweilen an Orte geführt, die uns entsprechen und in denen wir uns daheim fühlen. Daß Ihnen dies in meinem Heimatland widerfuhr, freut mich besonders. Sie werden bald wieder nach Hause reisen? Ihre Frau und Ihre Kinder warten gewiß sehnsüchtig auf Sie?«

»Ich habe keine Kinder«, sage ich verlegen.

»Das tut mir leid. Kann Ihre Frau keine Kinder bekommen?«

»Ich bin auch nicht verheiratet, noch nicht«, antworte ich.

Mein Gesprächspartner sieht mich bestürzt an. Aufrichtiges Mitgefühl steht in sein Gesicht geschrieben; Mitgefühl darüber, daß ich armer Mann allein durch die Welt irren muß. »Aber wenn Sie heimkommen, gibt es doch ein Mädchen, das auf Sie wartet?« fragt er unsicher, als wolle er mir eine letzte Chance geben.

»Ja, das gibt es«, kann ich ihn beruhigen, »ich möchte sogar bald nach meiner Rückkehr dieses Mädchen heiraten.«

Da atmet mein Freund erleichtert auf. »Das ist schön. Ich dachte schon, Sie müßten weiterhin einsam bleiben. Ich wünsche Ihnen viele Kinder, und wer weiß, vielleicht besuchen Sie uns nach ein paar Jahren wieder. Vielleicht mit ein oder zwei Kindern. Wir freuen uns, wenn die Besucher mit ihren Familien, mit Frau und Kindern in unser Land kommen. Sie werden wissen, daß nach unserer Auffassung Mann und Frau erst dann ausgewachsene Menschen sind, wenn sie geheiratet und eine Familie gegründet haben. Mann und Frau gehören zusammen wie die zwei Hälften einer Mango. Der Kern symbolisiert die Kinderschar, die der Gemeinsamkeit entsprießt. Ein erwachsener lediger

Mensch erscheint uns immer etwas unvollständig, es sei denn, er lebt als Mönch. Aber das ist etwas anderes. Mit den Mönchsgelübden begibt sich ein Mensch bewußt außerhalb der üblichen menschlichen Gesetzmäßigkeit.«

Es ist Abend geworden, das matte Glühen der elektrischen Birnen verleiht dem Raum mehr Dämmerung als Helligkeit. »Ich muß jetzt gehen«, sagt der junge Nepalese, »Frau und Kinder erwarten mich. Leben sie wohl. Ich wünsche Ihnen eine gesunde Heimreise und daß Ihre Hoffnungen sich erfüllen. Es war ein großes Glück für mich, daß ich Sie gefunden und mit Ihnen gesprochen habe.«

Er legt die schmalen Hände vor der Brust zusammen und verneigt sich. Ich erhebe mich und antworte mit der gleichen Geste. Dann verschwindet er durch die Tür. Ich wandere am Abend noch ein wenig durch die Straßen des Basars. Vielleicht liegt es an den Nachwirkungen unseres Gesprächs, daß mich die Menschen heute besonders freundlich grüßen und daß ich nur lächelnden Gesichtern begegne.

Der gute Wunsch meines Gesprächspartners aus dem Paras Hotel ist nun in Erfüllung gegangen. Nach der Rückkehr von meiner ersten Nepalreise in die europäische Heimat habe ich geheiratet. Es kamen dann zwei Söhne, später dazu noch eine kleine Tochter, und ich bin nach Nepal zurückgekehrt. Viele Male bin ich zurückgekommen, oft mit meiner Frau, zweimal mit der Tochter und einmal sogar mit der ganzen Familie. Nepal ist für mich so etwas wie eine zweite Heimat geworden. Ich habe das bei meinem abschließenden Gespräch im Paras Hotel bereits gespürt; später wurde es zur Gewißheit. Eine derart enge Beziehung zu meinem Gastland und seinen Menschen erweckte in mir ein Gefühl der Verpflichtung und führte schließlich zu aktivem Engagement. »Laß uns Bäume pflanzen,« sagte ein nepalesischer Freund einmal zu mir, »am besten zusammen mit Schulkindern, denn ihnen gehört die Zukunft.« Ein überraschender, aber vernünftiger Vorschlag, der bald in die Tat umgesetzt wurde. Gefördert durch die Gesellschaft »Freunde Nepals« pflanzen und betreuen die Kinder mehrerer Schulen in Nepal kleine Baumhaine und beschreiten den Weg eines für sie neuen, ökologischen Bewußtseins. Sie sollen erkennen, wie wichtig Baum und Wald für die Bewohner des Berglandes im Himalaya sind.

Meine Verbundenheit mit den Menschen Nepals hat mir auf meinen Reisen immer die Wege geebnet; nicht zuletzt halfen mir dabei meine Kenntnisse der nepalesischen Sprache. Zwar spreche ich das Nepali nur gebrochen, aber man versteht mich überall. Es gehört zu den beglückenden Erlebnissen, wenn man eine Teehütte in den Bergen betritt, sich mit gekreuzten Beinen auf der Bank am Fenster niederläßt und ein Gespräch mit den Wirtsleuten beginnt. Die anfängliche Überraschung darüber, daß ein fremder Sahib Nepali spricht, weicht

Tschetrabahadur, ein Märchenerzähler im Himalaya.

bald einem Vertrauen und einer wohlwollenden Neugier. Die Themen solcher Unterhaltungen sind einfach: das Woher und Wohin des Weges, die Herkunft des Fremden, die Familie mit Frau und Kindern.

Mit einem Gespräch beginnt auch meine Bekanntschaft mit Tschetrabahadur. »Ich habe erfahren, daß du Träger für einen Ausflug in das Annapurna Basecamp suchst, Sahib,« sagt der hochgewachsene Mann vom Stamm der Tschetris, »mein Neffe und ich sind bereit, für Dich zu tragen.«

»Das freut mich,“ erwidere ich, »wir werden euch einen angemessenen Lohn von 12 Rupien pro Tag zahlen. Habt ihr 5 Tage Zeit für den Ausflug?«

»So lange du willst, Sahib,« antwortet Tschetrabahadur, »die Felder sind bestellt und die Ernte läßt noch lange auf sich warten.«

Am nächsten Morgen verlassen Margret und ich, zusammen mit unseren beiden Trägern und dem Sherpa Purba, das Zeltlager unserer Forschungsexpedition auf einer Waldwiese oberhalb der Ortschaft Gandrung. Wir wandern das Modi-Kola-Tal aufwärts, ein wildes, unberührtes Waldtal, das von den Südhängen der Annapurna herunterzieht. Unter den Eichen, Hemlocktannen und weiter oben Weißtannen bildet Bergbambus eine undurchdringliche Wildnis. Es ist Mitte Mai und gelegentliche Gewittergüsse sorgen bereits für eine hohe Luftfeuchtigkeit. Der Wald hallt wider von einem vielstimmigen Vogelkonzert. Geier kreisen im Himmelsblau, dunkelgraue Felsenagamen verschwinden in den Steinmauern am Wegesrand und an manchen Stellen übertönen die Zikaden alles mit ihrem ohrenbetäubenden Zirpen. In der Mittagspause zieht Tschetrabahadur ein abgegriffenes Büchlein hervor und liest laut heilige, hinduistische Verse, während sein Neffe Reis und Dhallinsen kocht. Der Tschetri ist ein frommer Mann, der jede Gelegenheit nützt, um sich an den heiligen Schriften zu erbauen. Nach zwei Tagen Marsch erreichen wir die Hinku-Höhle, die uns in 3100 m Meereshöhe unter einer riesigen, überhängenden Felswand Unterkunft gewährt. Von hier steigen Margret, Purba und ich anderntags über Hänge mit blühenden Rhododendronbüschen und über Wiesenmatten mit einem Teppich aus blauen und goldgelben Primeln bis zu dem Almboden auf, der vielen Bergsteigerexpeditionen als Basislager diente. Ein grandioser Blick auf die gleißende Gipfelregion der Annapurna mit ihren Schneefeldern und Eisbalkonen belohnt uns; drüben fließt die graue Schuttzunge eines großen Gletschers bis gegen die Moräne, auf der wir sitzen. Es ist vollkommen still, und eine meditative Stimmung umgibt uns.

Als wir in der Abenddämmerung zur Höhle zurückkommen, hat Tschetrabahadur bereits Tee gekocht und empfängt uns mit einem breiten Lächeln. Man kann in diesem Lächeln, das aus tiefster Seele kommt, richtiggehend baden. Wir müssen heute die Höhle mit Neuankömmlingen teilen. Zwei junge Amerikaner und eine englische Lehrerin haben sich mit ihren Trägern zu uns gesellt. Aber es gibt genug Platz für alle unter dem Felsen. Nach dem Abendessen, das Purba aus Reis, Dhal und ein wenig Hühnerfleisch für uns gekocht hat, sitzen wir gemeinsam um das Feuer, das Einheimische und Fremde gleichermaßen wärmt. Die Flamme knistert, wenn einer der Nepalesen ein neues Holzscheit auf die Glut legt und unsere Unterhaltung ist gedämpft. Da erhebt Tschetrabahadur seine Stimme, und eine eigenartige Verzauberung breitet sich in der Höhle aus. Der Tschetri beginnt, Märchen zu erzählen.

Von Prinzen und Prinzessinnen erzählt er, von Göttern, die zur Erde herniedersteigen und sich in Tiere verwandeln, um die Menschen zu prüfen. Von einem armen Bergbauern ist die Rede, der eine waidwund geschossene Antilope gesund pflegte und dafür reich belohnt wurde, denn Gott Shiva hielt sich in dem Tier verborgen. Die Luft ist erfüllt von göttlichen Wesen, die in goldenen Palästen wohnen und mit den dunklen Dämonen der Unterwelt um die Herrschaft über alle Kreatur kämpfen. Die Träger der neuangekommenen Reisenden rücken näher. Keiner, außer Tschetrabahadur, spricht mehr ein Wort. Alle hängen wie gebannt an seinen Lippen, die immer neue Geschichten hervorbringen. Leise übersetze ich seine Worte für diejenigen unter uns, die kein Nepali verstehen. Die Augen des Tschetri glänzen, seine dunkle Stimme schmeichelt sich in unsere Ohren. Mit ausdrucksstarker Mimik und theatralischen Gesten begleitet er seine Erzählungen; der Eindruck, den er auf seine Zuhörer ausübt, bereitet ihm sichtlich Vergnügen.

Ein echter, orientalischer Märchenerzähler sitzt hier tief im Himalaya in der Hinkuhöhle und entrückt die ihm lauschenden Menschen in eine phantastische Märchenwelt. Der Rauch des Feuers beißt in die Augen, aber wir achten nicht darauf. Draußen ist der Mond aufgegangen. Sein Silberlicht fällt auf die schweigenden Gletscher des Mahtsaputschare, der gegenüber unserer Höhle in das Sternenmeer des dunklen Nachthimmels ragt. Sein Gipfel scheint so unendlich fern und doch zugleich so nah und gegenwärtig, als gehöre auch er in die Zuhörerschaft des Märchenerzählers Tschetrabahadur. Wir werden diesen Mann und diesen Abend nie mehr vergessen; das Bild, das die Erlebnisse unserer Wanderungen im Himalayakönigreich Nepal in uns geformt haben, ist um ein besonders farbenprächtiges Teilstück reicher geworden.

Vor der Hinkuhöhle blickt man durch den Bergbambus auf den mächtigen Mahtsaputschare. Hier erzählt am Abend unser Träger Tschetrabahadur seine Märchen und Legenden.

Literaturverzeichnis

(eine Auswahl)

Anderson, M. M.: The Festivals of Nepal. – George Allen & Unwin, London 1971.

Apa Guides: Nepal. – Nelles Verlag, München 1983.

Armington, S.: Trekking in the Himalayas. – Lonely Planet Publications, Victoria, Australia 1979.

Arya Maitreya Mandala: Eine Einführung in den Buddhismus in sechs Lehrbriefen. – Kasar-Devi-Publications, Almora, Indien 1980.

Aryal, M. R.: The Viswaroopa Sculpture of Changu Narayan. – Nepal Vision Vol. 1, No. 2; Lumina Prakashan, Kathmandu Dec./Jan. 1982/83.

–: Changu Narayan's pillar riddle. – The Rising Nepal, Kathmandu 28th January 1983.

Baumgartner, R.: Trekking und Entwicklung im Himalaya; die Rolwaling-Sherpa in Ost-Nepal im Dilemma zwischen Tourismus und Tradition. – Konkrete Fremde Nr. 2; Verlag Rüegger, Diessenhofen, Schweiz 1980.

Bernier, R. M.: The Temples of Nepal. – Voice of Nepal ltd., Kathmandu 1970.

Bhatt, D. D.: Natural History and Economic Botany of Nepal. – Orient Longman ltd., Calcutta 1977.

Bista, D. B.: People of Nepal. – Ratna Pustak Bhandar, Kathmandu 1967/1972 (2nd ed.).

Blaikie, P.; J. Cameron & D. Seddon: Nepal in Crisis; growth and stagnation at the periphery. – Oxford University Press, Delhi-Bombay-Calcutta-Madras 1980.

Boon, J.: Mai's Weltführer Nr. 18; Nepal, Sikkim und Bhutan. – Verlag Volk und Heimat, München 1976.

Brauen, M.: Nepal, Leben und Überleben. – Völkerkundemuseum der Universität, Ethnologische Schriften, Zürich 1984.

Conze, E.: Der Buddhismus. – Urban-Bücher; W. Kohlhammer Verlag, Stuttgart 1953.

Dalai Lama: Das Auge der Weisheit. – O. W. Barth Verlag, München 1975.

Dargyay, E. K. & G. L.: Das Tibetische Buch der Toten. – O. W. Barth Verlag (bei Scherz Verlag), München 1978.

Department of Medicinal Plants: Flora of Langtang and Cross Section Vegetation Survey. – HMG Ministry of Forests, Department of Medicinal Plants, Kathmandu 1976.

Dierl, W. & U. Gruber: Habitat Conditions in the Transitional Faunal Zone in Central Nepal. – Spixiana 2, Heft 1, 1979: 1–47
Dobremez, J. F. & C. Jest: Carte écologique du Népal; 1: Région Annapurna-Dhaulagiri, 1:250.000. – Cahiers Népalais, Laboratoire de Biologie Végétale, Université de Grenoble 1971.
Dobremez, J. F.: Carte écologique du Népal; 2: Région Jiri-Thodung, 1:50.000. – Cahiers Népalais; Laboratoire de Biologie Végétale, Université de Grenoble 1972.
Donner, W.: Nepal; Raum, Mensch und Wirtschaft. – Otto Harrassowitz, Wiesbaden 1972.
Dyrenfurth, G.O.: Der dritte Pol. – Nymphenburger Verlagshandlung, München 1960.

Edwardes, M.: Illustrierte Geschichte Indiens. – Droemersche Verlagsanstalt, Th. Knaur Nachf., München-Zürich 1961.

Filchner, W.: In der Fieberhölle Nepals. – E. Brockhaus, Wiesbaden 1951.
Fleming, R. L. & R. L. jr.: Birds of Nepal. – Publications Fleming & Fleming, Kathmandu 1976.
Frank, D.: Traumland Nepal. – Süddeutscher Verlag, München 1974.
Fürer-Heimendorf, C. v.: The Sherpas of Nepal. – John Murray, London 1963/64.
–: Himalayan Traders. life in highland Nepal. – John Murray, London 1975.
Funke, F. W.: Religiöses Leben der Sherpas. – Beiträge zur Sherpa-Forschung Teil 2; Khumbu Himal 9, Universitätsverlag Wagner, Innsbruck-München 1969.
–: Die Sherpa und ihre Nachbarvölker im Himalaya. – Wolfgang Krüger Verlag, Frankfurt a. M. 1978.

Gail, A. J.: Tempel in Nepal; Band 1: Ikonographie hinduistischer Pagoden in Patan, Kathmandutal. – Akademische Druck- und Verlagsanstalt, Graz 1984.
Glasenapp, H. v.: Die fünf Weltreligionen. – Eugen Diederichs Verlag, Düsseldorf-Köln 1967.
Gruber, U.: Im unerforschten Nepal. – Komsos Nr. 12, Stuttgart 1963.
–: Siedlungsgeographie der Bergstämme Ostnepals. – Atlantis Nr. 12, 1963.
–: Schweizer Käse aus Yakmilch. – Das Tier, Juni 1966.
–: Aus dem Skizzenbuch eines Rollbildmalers im Himalaya. – Die Kunst und das schöne Heim Nr. 8, 1967.
–: Tiergeographische, ökologische und bionomische Untersuchungen an kleinen Säugetieren in Ost-Nepal. – Khumbu Himal Bd. 3, 2. Liefg., 1969: 197–312
–: Pagoden, Yaks und Lamaklöster. – Universitas Verlag, Berlin 1970.
–: Agame Japalura tricarinata aus dem zentralen Nepal-Himalaya. – Das Aquarium mit AquaTerra 9, H 77, 1975: 502–505
Gurung, H.: Vignettes of Nepal. – Sahayogi Press, Kathmandu 1980.
Gutschow, N. & B. Kölver: Bhaktapur, ordered space concepts and functions in a town of Nepal. – Nepal Research Center Publications No. 1, Komissionsverlag Franz Steiner, Wiesbaden 1975.
Gutschow, N.: Stadtraum und Ritual der newarischen Städte im Kathmandu-Tal. – Verlag W. Kohlhammer, Stuttgart-Berlin-Köln-Mainz 1982.

Hagen, T.: Dyrenfurth, G.O.; Fürer-Haimendorf, C. & E. Schneider: Mount Everest. – Orell Füssli, Zürich 1959.
Hagen, T.: Nepal; Königreich am Himalaya. – Kümmerly und Frey, Bern 1960.
–: Report on the Geological Survey of Nepal; Vol. 1: preliminary reconnaissance,

Vol. 2: Geology of the Thakola. – Komissionsverlag Gebrüder Fretz, Zürich 1969 und 1968.
Hara, H.: Photo-Album of Plants of Eastern Himalaya. – Inoue Book Company, Tokyo 1968.
–: The Flora of Eastern Himalaya, second report. – University of Tokyo Press, 1971.
Hardie, N.: Im höchsten Nepal. – Nymphenburger Verlagshandlung, München 1959.
Hari, A.M.: Conversational Nepali. – Summer Institute of Linguistics, Tribhuban University; Sahayogi Press, Kathmandu 1971.
Hasrat, B.J.: History of Nepal. – V.V. Research Institute Press, Hoshiapur (Punjab), India 1970.
Hauser, G.: Eisgipfel und Goldpagoden. – F. Bruckmann, München 1966.
Hedin, S.: Transhimalaya, Bd. 1 und 2. – F.A. Brockhaus, Leipzig 1909.
Hellmich, W. (Herausgeber): Khumbu Himal, Ergebnisse des Forschungsunternehmens Nepal Himalaya. – Universitätsverlag Wagner, Innsbruck-München 1964 ff.
Heunemann, A.: Der Schlangenkönig; Märchen aus Nepal. – Erich Röth Verlag, Kassel 1980.
Hillary E. & D. Doig: Schneemenschen und Gipfelstürmer. – F.A. Brockhaus, Wiesbaden 1963.

Iozawa, T.: Trekking in the Himalayas. – Yama-Kei Publishers, Tokyo 1980.
Jain, G.: India meets China in Nepal. – Asia Publishing House, Bombay-London-New York 1959.
Jha, H.N.: The Licchavis of Vaisali. – Chowkhamba Sanskrit Series Office, Varanasi, India 1970.

Kleinert, C.: Haus- und Siedlungsformen im Nepal Himalaya, unter Brücksichtigung klimatischer Faktoren. – Arbeitsgemeinschaft für Vergleichende Hochgebirgsforschung, Universitätsverlag Wagner, Innsbruck-München 1973.
–: Nepal-Trekking; BV-Tourenblätter Mappe 12. – Bergverlag Rudolf Rother, München 1975.
Koch, P. & H. Stegmüller: Geheimnisvolles Nepal; buddhistische und hinduistische Feste. – List Verlag, München 1983.
Kramrisch, S.: The Art of Nepal. – Asia House Gallery Publications, New York 1964.

Lall, K.: Lore and Legend of Nepal. – Ratna Pustak Bhandar, Kathmandu 1961.
Lall, K. & M. Lutterjohann: Märchen, Sagen und Legenden aus Nepal. – Mikado Verlag, Lahnau-Atzbach 1980.
Lévy, S.: Le Népal; 3 Bände. – Annales du Musée Guimet, Bibliothèque d'études 17–19; E. Leroux, Paris 1905–08.

Majupuria, T.C.: Wild is beautiful; introduction to the Fauna and Wildlife of Nepal. – S. Devi, Lashkar, Gwalior, India 1981/82.
–: Sacred and symbolic animals of Nepal. – Sahayogi Prakashan, Kathmandu 1977.
Majupuria, T.C. & I.: Sacred and useful plants and trees of Nepal. – Sahayogi Prakashan, Kathmandu 1978.
Majupuria, T.C. & S.P. Gupta: Nepal, the land of festivals. – S. Chand & Comp., New Delhi 1981.
Martens, J.: Die Fauna des Nepal Himalaya; Entstehung und Erforschung. – Natur u. Museum Bd. 109, H. 7, 1979.
Matthiessen, P.: The Snowleopard. – Chatto & Windus, London 1979.

Mierow, D. & T.B.Shrestha: Himalayan flowers and trees. – Sahayogi Prakashan, Kathmandu 1978.

Nepali, G.S.: The Newars. – United Asia Publications, Bombay 1965.

Oppitz, M.: Geschichte und Sozialordnung der Sherpas. – Khumbu Himal 8; Universitätsverlag Wagner, Innsbruck-München 1968.
–: Schamanen im Blinden Land. – Syndikat Verlag, Frankfurt a.M. 1981.

Pal, P.: The Arts of Nepal; Part 1: Sculpture. – E.J.Brill, Leiden-Köln 1974.
–: Nepal; where the gods are young. – Asia House Gallery Publications, New York 1975.
Palos, S.: Lebensrad und Bettlerschale. – Südwest-Verlag, München 1968.
Peissel, M.: Das verbotene Königreich im Himalaya. – Safari Verlag, Berlin 1968.
Petech, L.: Medieval History of Nepal. – Serie Orientale Roma 10, 1958.
Polunin, O.: The Natural History of the Lantang Valley. – in: H.W.Tilman, Nepal Himalaya; The University Press, Cambridge 1952.
Prater, S.H.: The book of Indian Animals. – Bombay Natural History Society, Leaders Press, Bombay 1971 (3rd ed.).
Pruscha, C.: Kathmandu Valley; the preservation of physical environment and cultural heritage; a protective inventory. – HMG Department of Housing, Building an Physical Planning & UNESCO; A.Schroll, Wien 1975.

Ram, R.: A history of Buddhism in Nepal, A.D. 704–1396. – Janabharati Prakasana, Patna 1977.
Regmi, D.R.: Ancient Nepal. – Firma K.L.Mukhopadhyay, Calcutta 1960.
Rijal, B.K.: Archaeological remains of Kapilavastu, Lumbini and Devadaha. – Educational Enterprises, Kathmandu 1979.

Sayami, D.: The Lotus and the Flame; an account on Nepalese culture. – Ratna Pustak Bhandar, Kathmandu 1980.
Schacht, D.: Nepaltreck zur Regenzeit; Blumen im Langtang Himalaya. – Kosmos 3/1979, Stuttgart 1979.
Schaller, G.B.: Mountain Monarchs, wild sheep and goats of the Himalayas. – The University of Chicago Press, Chicago-London 1977.
–: Stones of Silence; journey in the Himalaya. – Vikas Publishing House, New Delhi 1980 (1.publ. A.Deutsch, London).
Scheibler, G.: Bhaktapur Nepal; aktuelles Bauen im historischen Kontext. – Dissertation, Zürich 1982.
Schweinfurth, U.: Die horizontale und vertikale Verbreitung der Vegetation im Himalaya. – Bonner Geographische Abhandlungen 20, 1957: 1–373

Seeland, K.: Ein nicht zu entwickelndes Tal; traditionelle Bambustechnologie und Subsistenzwirtschaft in Ost-Nepal. – Verlag Rüegger, Diessenhofen, Schweiz 1980.
Seemann, H.: Nepal 2029, gestern noch verbotenes Land. – Bandell Verlag, Stuttgart 1973.
–: Nepal; Tatsachen-Informationen-Reiseführer. – 4.Aufl., Hauser Exkursionen international, München 1979.
Senft, W. & B.Katschner: Bergwandern in Nepal. – Leopold Stocker Verlag, Graz-Stuttgart 1975.
Shrestha, D.B.; C.B.Singh & B.M.Pradhan: Ethnic groups of Nepal and their ways of living. – HMG Press, Kathmandu 1972.

Singh, M.: Himalayaische Kunst. – UNESCO Kunstbücher 1968.
Snellgrove, D. L.: Buddhist Himalaya. – Bruno Cassirer, Oxford 1957.
–: Himalayan Pilgrimage. – Bruno Cassirer, Oxford 1961.
Sociétè d'Ethnozootechnie: Le Yak; son rolle dans la vie materielle et culturelle des eleveurs d'Asie Centrale. – Société d'Ethnozootechnie au Muséum National d'Histoire Naturelle, Paris 1976.
Stainton, J. D. A.: Forests of Nepal. – John Murray, London 1972.
Stürzbecher, K.: Bhaktapur; Architektur und Stadtentwicklung im Kathmandutal. – Dissertation, Aachen 1980.
Swami Bodhi Gayaka: Kauderwelsch; Nepali für Globetrotter. Peter Rump Verlag, Bielefeld 1984.

Tichy, H.: Cho Oyu. – Verlag Ullstein, Berlin-Frankfurt-Wien 1955.
Tucci, G.: Journey to Mustang 1952. – Ser. Bibliotheca Himalayica Vol. 23, S. I; Ratna Pustak Bhandar, Kathmandu 1977.
Tüting, L.: Nepal für Globetrotter. – Selbstverlag Ludmilla Tüting, Hagen 1980/81.

Uprety, P. R.: Nepal-Tibet Relations 1850–1930. – Puga Nara, Kathmandu 1980.

Veltheim-Ostrau, H. H. v.: Tagebücher aus Asien; 1. Teil: Bombay-Kalkutta-Kashmir-Afghanistan-die Himalayas-Nepal-Benares, 1935–1939. – Claassen Verlag, Hamburg 1956.
Villa Hügel Essen: Nepal, Kunst aus dem Königreich im Himalaya (Ausstellungskatalog Villa Hügel, Essen). – Aurel Bongers, Recklinghausen 1967.

Warth, H. & D.: Makalu, Expedition in die Stille. – EOS Verlag, Erzabtei St. Ottilien 1979.
Weber, H. & G. Bonn: Nepal; Bilder aus dem Kathmandutal. – DuMont Buchverlag, Köln 1983.
Wiesner, U.: Nepal, Königreich im Himalaya. – DuMont Kunst-Reiseführer, Verlag M. DuMont-Schauberg, Köln 1976.

Zimmer, H.: Mythen und Symbole in Indischer Kunst und Kultur. – Rascher Verlag, Zürich 1951.

Bildnachweis

Abbildung Seite 60 Anneliese Dietrich.
Alle übrigen Farb- und Schwarzweißabbildungen von Dr. Ulrich Gruber.

Register

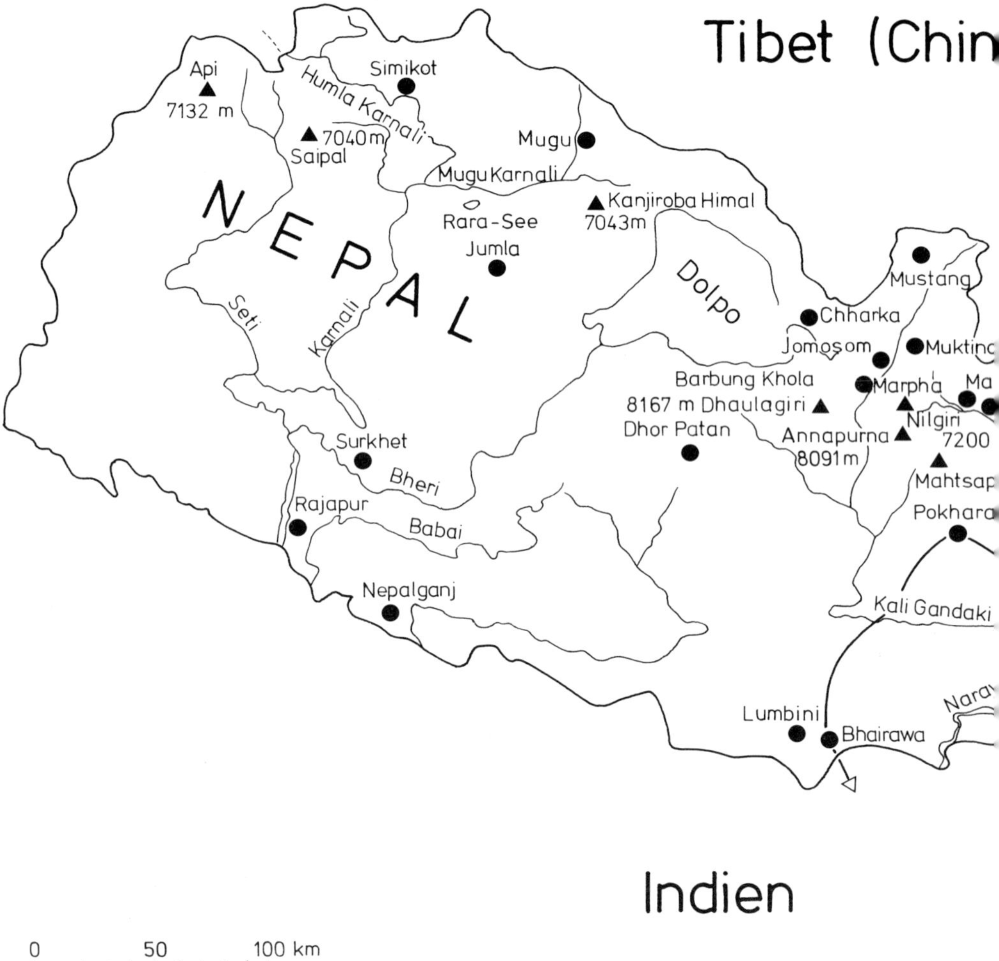

Tibet (Chin
Api
7132 m
Simikot
Humla Karnali
7040 m
Saipal
Mugu
Mugu Karnali
NEPAL
Rara-See
Kanjiroba Himal
7043 m
Jumla
Dolpo
Mustang
Chharka
Jomosom
Mukting
Barbung Khola
Marpha
Ma
8167 m Dhaulagiri
Nilgiri
Dhor Patan
Annapurna
7200
8091 m
Mahtsap
Seti
Karnali
Surkhet
Bheri
Rajapur
Babai
Pokhara
Nepalganj
Kali Gandaki
Nara
Lumbini
Bhairawa
Indien
0
50
100 km